29 개의 키워드로 읽는
한국 문화의 지형도

29개의 키워드로 읽는 한국 문화의 지형도

김기봉 외 28명 공동집필

한국출판마케팅연구소

살아 숨쉬는 한국 문화의 오늘과 내일

2000년 이후 전세계를 뒤흔든 '해리포터' 시리즈(조앤
K. 롤링)가 창출한 부가가치는 얼마일까? 댄 브라운의
『다 빈치 코드』가 서점으로 끌어들인 독자는 얼마나 될
까? 여기에 산업이라는 이름을 붙여도 시비를 거는 사
람은 없을 것이다. 이제 문화상품 하나가 창출하는 부가
가치는 다른 산업에 부럽지 않을 정도가 되었다.

그래서 우리는 문화에 많은 기대를 걸게 되었다. 하지만
오늘날 문화란 도대체 무엇을 말하는 것일까? 우리는
일상에서 문화란 말을 너무나 익숙하게 접하지만 문화
의 정의를 내리는 건 쉽지 않은 일이다. 그렇다고 단순
히 정치, 경제 하는 식으로 하나의 분류로 치부하거나
모든 사회현상을 에둘러 문화라고 이야기하자는 것은
아니다. 그보다 우리의 몸을 매개로 하여 사회적 관계의
망을 이루는 것을 문화로 보아야 한다.

우리는 집, 먹거리, 익스트림 스포츠 등에서처럼 수많
은 신체적 교섭의 장에서 생활한다. 또 미래의 문학, 인
터넷만화, 드라마 같이 우리 주위의 의미세계, 특히 사
회적으로 유통되는 텍스트를 범주로 나눠 접하기도 한
다. 이처럼 문화는 사회적 공동성의 경험과 무척 빠르면
서도 밀접하게 관계를 맺고 있다. 또 디지털 기술의 발

달로 새롭게 등장하는 미디어를 받아들이면서 과거와는 전혀 다른 공동의 의미세계를 경험하고 있다.

문화란 정치적으로 행해지기도 하지만 우리 일상에 존재하는 사회적인 틀로 만들어지기도 한다. 그런 측면에서 바라보자면, 디지털 기술은 문화장르 전반을 뒤흔들었으며 문화의 수준과 질을 현저하게 바꾸어놓았다. 예를 들어, 인터넷의 등장은 정보를 생산하고 소비하는 구조를 원천적으로 바꾸어놓았다. 책의 세계에 한정해 보더라도 검색이라는 새로운 읽기, 엄지손가락으로 누르는 쓰기, 스스로 편집을 해가며 정보를 활용하는 1인 미디어인 블로그 등으로 인해 책의 본질과 개념마저 바뀌고 있다. 디지털 기술의 등장 이후 그 시각적 효과 때문에 강력한 매체로 성장한 사진은 어떤가? 〈난타〉나 〈점프〉 같은 비언어 퍼포먼스는 우리 문화에 대한 세계적인 기대치를 한껏 올렸다.

새로운 기술은 우리 삶의 질 또한 바꾸어놓았다. 일과 놀이가 결합되면서 삶의 질 자체가 근원적으로 달라졌다. 인간이 추구하는 행복도 과거와는 크게 달라질 것이다. 인간관계 역시 근본적으로 바뀌어 가족이라는 형태가 어떻게 변할지 정확하게 예상하기가 쉽지 않다.

격주간 출판전문지 〈기획회의〉는 200호를 맞아 10년 후 한국 문화의 지형도가 어떻게 바뀔 것인지, 분야별 대표적인 키워드를 중심으로 살펴보는 특집을 마련했다. 키워드는 문화 각 영역의 변화와 생활상 변화에 초점을 맞춰 선정했다. 그 동안 한국의 '10년 후'를 내다보는 기획서가 여러 권 나왔지만 정치, 경제, 사회적인 분석 일색이고 문화 분야를 깊게 다룬 책은 없었기에 시도해본 기획이었다. 따라서 오늘의 한국문화를 읽는 데 많은 시사점을 던져줄 것으로 기대하며, 한 권의 책으로 다듬어 다시 내놓는다. 바쁜 가운데도 좋은 글을 써주신 모든 분에게 고마운 마음을 전한다.

2007년 7월
한국출판마케팅연구소 소장 한기호

29개의 키워드로 읽는 한국 문화의 지형도 —— 차 례

비언어적 커뮤니케이션의 진화

원종원

언어는 인간의 의사소통 수단으로 오랜 세월 활용되어 왔다. 하지만 언어 말고도 수많은 비언어적 코드와 커뮤니케이션 수단을 통해 우리는 생각을 주고받으며 살아간다. 적절한 장소와 상황에서 비언어적 메시지에 담긴 '기호'들은 오히려 언어적 메시지보다 간결하면서도 강렬한 인상을 남기기도 한다. 무대 위 공연 세계에서도 마찬가지다. 이른바 비언어 퍼포먼스는 바로 이러한 비언어적 상징과 은유, 코드와 기호를 활용해 의사소통을 하는 일련의 공연물을 지칭한다.

언어는 인간의 의사소통 수단으로 오랜 세월 활용되어 왔다. 그렇다고 언어만이 인간 커뮤니케이션의 모든 것이라 생각한다면 큰 오산이다. 언어적 커뮤니케이션 말고도 우리는 수많은 비언어적 코드와 커뮤니케이션 수단을 통해 생각을 주고받고 교류하며 살아가기 때문이다. 입과 귀를 이용해 말을 나누는 언어적 커뮤니케이션과 달리 비언어적 커뮤니케이션은 인간의 오감과 지각 능력, 시각적 기호와 상징을 통해 사고를 공유하는 특성을 지닌다. 보기에 따라서는 언어 체계만큼 복잡하거나 구조적이지 않지만, 적절한 장소와 상황에서 비언어적 메시지에 담긴 '기호'들은 오히려 언어적 메시지보다 간결하면서도 강렬한 인상을 남기거나 함축적인 의미를 담아내기도 한다. 백마디 말보다 한 번의 손짓이 더 압축된 메시지를 담아낼 수 있는 이치다.

무대 위 공연 세계에서도 마찬가지다. 이른바 비언어 퍼포먼스는 바로 이러한 비언어적 상징과 은유, 코드와 기호를 활용해 의사소통을 이뤄내는 일련의 장르적 속성을 지닌 공연물을 지칭한다.

비언어 퍼포먼스를 이해하기 위해서는 먼저 비언어극과 퍼포먼스에 대해 알아야 한다. 비언어극이란 앞서 설명한 비언어적 커뮤니케이션 수단을 활용하여 무대를 꾸미는 일련의 예술적 활동을 지칭한다. 그 대표적인 예는 마임으로, 보다 구체적으로는 팬터마임이라 불리는 장르다. 원래 마임이란 그리스어의 미모스Mimos에서 파생된 용어로 '흉내를 낸다'는 뜻이다. 대상의 특성을 파악하고 이를 비언어적 커뮤니케이션 코드인 손짓이나 몸짓 또는 다양한 종류의 육체 언어를 통해 재연하는 일련의 과정을 일킨는다. 한때는 촌극이나 잡극을 의미하기도 했지만, 오늘날에는 언어를 사용하지 않고 몸의 움직임이나 미세한 표정의 변화만으로 이야기나 메시지를 전달하는 연기를 총칭하는 것으로 그 의미가 확대되어 쓰인다. 사실 마임은 고대 그리스 로마 시대에서 그 초기 형태를 찾아볼 수 있을 만큼 인류사와 더불어 오랜 역사를 지녔다. 예를 들어, 발레에서는 비언어적 육체언어를 마임 또는 밈이라고 부르며 또 다른 중요한 구성요소인 무용과 함께 발레의 양대 요소라고 말한다.

한편, 무언극 또는 묵극默劇이라고 번역되는 팬터마임 역시 독특한 형식적 구조를 지닌 비언어 퍼포먼스의 속성을 이해하는 데 중요한 기본적 형태다. 팬터마임의 어원은 앞서 설명한 그리스어 미모스 앞에 '모든 것'을 의미하는 '판토Panto'를 덧붙인 것이다. 곧 팬터마임은 '모든 것을 흉내 내는 사람'이라는 의미에서 비롯된 장르인 셈이다. 팬터마임의 기원에 대한 학설은 여럿이지만, 일반적으로 그리스 시대 유명 배우였던 테레스가 손가락과 몸짓만으로 표현법을 완성한 것이 그 시초였다고 평가한다.

팬터마임이 본격적인 연극의 형태를 갖춘 시기는 로마제정시대였다. 당시 로마 사회에서는 미메Mime 또는 미무스Mimus라 불리던 흉내 내기 연극이 시민들로부터 큰 호응을 얻었는데, 여러 종류의 악기와 코러스를 반주로 코믹하거나 적나라한 내용이 주를 이루었던 것으로 알려졌다. 비속적이거나 호색적인 로마시대 오락연회의 한 형태였던 셈이다.

팬터마임의 전통은 훗날 르네상스를 거치며 등장했던 각종 무대예술 형식을 통해 계승되었다. 16세기 이탈리아

팬터마임의 전통은 르네상스를 거치며 각종 무대예술 형식을 통해 계승되었고, 20세기 마르셀 마르소 또는 찰리 채플린의 등장으로 이어졌다. 마르셀 마르소 공연 장면.

에서는 즉흥 희곡인 콤메디아델라르테가 큰 인기를 끌었는데, 특히 이 부류의 작품들에 등장했던 여러 캐릭터 가운데 피에로의 이미지는 당시 무언극의 전형적 인물로 부각되어 전유럽에 걸친 '피에로 무언극'의 인기를 창출해냈다. 18세기 영국에서는 대사를 쓸 수 있는 극장에 면허를 부가했는데 덕분에 언어가 등장하지 않는 팬터마임은 자연스레 대중극 형태로 융성하게 되었다. 이 같은 전통은 20세기까지 계속돼 장 루이나 마르셀 마르소 또는 찰리 채플린의 등장으로 이어졌다.

한편, 비언어 퍼포먼스의 또 다른 축을 이루는 퍼포먼스란 원래 회화나 조각 등 전통적 예술 장르로는 구현하기 힘든 특정의 예술적 메시지를 시간의 흐름에 따라 표현하거나 구현하는 것을 지칭한다. 몸을 활용한다는 차원에서 신체예술이라고 불리거나 결과보다 과정에 더 큰 의미를 둔다고 해서 과정예술이라고 불리기도 한다.

퍼포먼스의 기원에 대한 학설은 명확하지 않지만 인간의 원천적인 표현의 욕망을 이야기가 담긴 극적 구조를 통해 표출한다는 차원에서 본다면 원시사회의 종합적 성격의 예술행위에서 시발되었다고 할 수 있다. 퍼포먼스는 흔히 해프닝이나 이벤트라고 불리기도 했는데, 오늘날에는 이러한 총체적 행위 자체를 통틀어 퍼포먼스라고 부르는 경향이 우세하다.

퍼포먼스는 기존의 관념이나 선입견을 깨뜨리는 예술적 실험으로도 자주 등장한다. 이런 해프닝적 퍼포먼스의 초창기 사례로는 1954년 J. 케이지의 〈4분 33초〉가 있다. 이 퍼포먼스는 4분 33초 동안 아무 연주도 하지 않은 채 공연장에 모인 사람들의 소음을 녹음하는 것이었다. 이 전위음악회는 70-80년대의 세계적 전위예술 운동인 '플럭서스Fluxus 운동'에도 많은 영향을 미쳤는데, 지난 2006년 작고한 비디오 아티스트 백남준도 이 부류의 대표적 예술가로 손꼽힌다.

이렇듯 비언어 퍼포먼스는 비언어적 커뮤니케이션 수단을 활용한 전위적 예술 행위로서 의미를 지니지만, 요즘 공연산업에서 인기를 누리는 비언어 퍼포먼스는 특정한 개념적 배경을 지닌다. 보다 좁은 의미의 비언어 퍼포먼스는 무언극적 전통과 실험적 예술 행위로서 퍼포먼스가 결합된 무대 공연이라는 전통적 배경 외에도 언어적 코드가 배제된 보다 쉽고 대중적인 일련의 작품들을 통칭할 수 있기 때문이다. 일반적으로 뮤지컬의 한 부류로 구분되기도 하는데, 이는 대중적 전통을 지닌 상업 극장가에서 장기 흥행을 이룬 것이 반영된 결과이기도 하다.

세계적 규모의 상업 극장가에서 각광받기 시작한 초기 비언어 퍼포먼스 작품들로는 〈스톰프〉 〈탭덕스〉 〈튜브스〉 등이 있다. 특히 1991년 영국에서 등장한 〈스톰프〉는 이 분야의 선구자적 작품으로 평가받는다. 퍼쿠션 주자였던 루크 크레스웰과 배우 겸 음악가이자 작곡가였던 스티브

비언어 퍼포먼스의 선구자적 작품
으로 평가받는 〈스톰프〉. 1991년
루크 크레스웰과 스티브 맥니콜라
스가 처음 구상한 〈스톰프〉는 영국
남부 해안의 휴양도시인 브라이튼
에서 시작돼 런던 블룸스버리 극장
에서 프리뷰를 가졌고, 에딘버러 프
린지 페스티벌에서 대중적 성공을
거두면서 전세계로 활동영역을 넓
힌 대표적 사례다.

비언어 퍼포먼스는 뮤지컬의 한 부류로 구분되기도 한다. 〈탭덕스〉는 세계적 규모의 상업 극장가에서 각광받기 시작한 초기 작품이다.

맥니콜라스가 처음 구상한 이 작품은 영국 남부 해안의 휴양도시인 브라이튼에서 시작돼 런던 블룸스버리 극장에서 프리뷰를 가졌고 에딘버러 프린지 페스티벌에서 대중적 성공을 거두면서 전세계로 활동영역을 넓힌 대표적 사례다(덕분에 지금도 비언어 퍼포먼스들은 공연 축제 등을 통해 선을 보이고 그 반응에 따라 다시 공연시장으로 유통되는 구조를 따른다). 〈스톰프〉의 파격과 실험성은 적은 자본으로도 다양한 예술적 시도를 펼치는 미국 오프브로드웨이의 시장 환경과 맞물려 다양한 비언어 퍼포먼스 작품의 등장을 촉발했으며, 결국 비언어 퍼포먼스의 교과서적 성공 사례로 손꼽히게 됐다.

시장의 새로운 욕구와 수요에 따라 비교적 근래에 등장해 대중적 흥행을 기록한 비언어 퍼포먼스 작품들로는 〈블라스트〉나 〈델 라 구아다〉 등이 있다. 특히 아르헨티나의 암벽등반가와 드라마 스쿨의 배우들이 참여해 완성한 〈델 라 구아다〉는 실험성과 대중성, 예술성과 흥행의 여러 마리 토끼를 모두 잡은 성공적인 사례다. 스페인어로 '지켜주는 이' '관리하는 사람' 또는 '수호천사'라는 의미를 지닌 이 비언어 퍼포먼스는 1995년 첫 막을 올렸는데, 몸에 와 이어를 단 배우들이 천장을 포함한 극장의 모든 공간을 돌아다니며 날고자 하는 인간의 욕망을 몸짓으로 표현해 세계적으로 인기를 누렸다. 1998년부터는 뉴욕의 맨하탄 스퀘어극장에서 오픈 런으로 장기 공연된 바 있으며, 국내에서도 1년 가깝게 공연을 이어가는 흥행기록을 세웠다.

언어적 장벽에 비교적 구애를 덜 받는 탓에 비언어 퍼포먼스는 국내 뮤지컬계와 상업 공연계에서 한국적 적용이 용이한 장르로 주목받았다. 국내 창작 작품 가운데 가장 대표적인 비언어 퍼포먼스 작품은 단연 〈난타〉다. '난타'란 투기종목의 난타전처럼 마구 두드린다는 의미로 네 명의 남녀 조리사가 결혼피로연 요리를 급히 준비하는 과정에서 벌어지는 일련의 소동을 다룬 작품이다(그래서 이 작품의 영어 제목은 요리를 의미하는 〈쿠킹Cooking〉이다).

배경이 주방이다 보니 칼이나 도마, 냄비, 프라이팬, 접시 등 온갖 주방기구와 일상 용품들이 등장하는데, 이들을 던지고 두드리며 빚어내는 타악 리듬이 독특한 묘미를 만들어낸다. 〈난타〉의 형식에 대해 〈스톰프〉와 〈튜브스〉의 혼성 모방이라는 지적이 나오기도 하지만, 어느 정도의

〈델 라 구아다〉는 실험성과 대중성, 예술성과 흥행의 여러 마리 토끼를 모두 잡으며 성공을 거뒀다.

연관성을 인정한다손 치더라도 〈난타〉에는 한국의 사물놀이 리듬이 가미되어 있어 신명나는 공연이 되었다는 주장 또한 만만치 않다. 1997년 초연된 이래 우리 비언어 퍼포먼스로는 처음으로 에딘버러 페스티벌에 참여해 현지 관객 및 프로듀서들에게 공연을 선보였으며, 이때의 경험을 살려 국내 뮤지컬로는 처음으로 뉴욕 오프브로드웨이에서 상설 공연 무대를 꾸미기도 했다. 한편 타악 리듬을 응용한 유사한 성격의 한국 창작 비언어 퍼포먼스로 〈도깨비 스톰〉도 있다.

한국적 비언어 퍼포먼스의 또 다른 성공사례로 〈점프〉가 있다. 이 작품은 2002년 〈별난 가족〉이라는 제목으로 처음 막을 올렸고 2003년부터 제목을 〈점프〉로 바꿔 꾸준히 해외공연을 펼쳐왔다. 특히 2006년 영국 에딘버러 페스티벌에 참가해 전석 매진을 기록하며 주목을 받은 이래 런

국내 창작 작품 가운데 가장 대표적인 비언어 퍼포먼스 작품은 〈난타〉로, 네 명의 남녀 조리사가 결혼피로연 요리를 급히 준비하는 과정에서 벌어지는 일련의 소동을 다룬 작품이다. 사진＝pmc프로덕션.

〈점프〉는 2006년 영국 에딘버러 페스티벌에 참가해 전석 매진을 기록하며 주목을 받은 이래 런던 피코크 극장에 초청 공연으로 선정되는 등 큰 인기를 모았다. 사진 = ㈜예감.

던 피코크 극장에 2년 연속 초청 공연으로 선정되는 등 큰 인기를 모았다. 〈점프〉는 동양 무술과 아크로바틱스, 그리고 코미디를 뒤섞은 내용으로 3대에 걸친 무술 집안에 도둑이 들면서 벌어지는 갖가지 에피소드를 말과 대사 대신 무술과 몸놀림에 담아 표현한 작품이다.

최근 들어 한국의 비언어 퍼포먼스는 비보이 퍼포먼스와 결합하며 그 활동영역을 더욱 넓혀가는 추세다. '비보이 B-Boy'의 'B'란 브레이크 댄스를 가리키는 말로, 브레이크 댄스를 전문적으로 추는 남자를 지칭하는 용어다(여성 브레이크 댄서는 비걸B-Girl이라 부른다). 비언어 퍼포먼스와 비보이의 결합은 극적 구성을 가진 춤이라는 상품 가치를 잉태해내며 갈수록 그 활동 영역을 확장해가는데, 발레리나와 비보이가 춤을 통해 교감을 나누는 〈비보이를 사랑한 발레리나〉나 인형을 극적 구성으로 빌어온 〈마리오네트〉 등이 대표적인 흥행작이다. 최근에는 〈점프〉의 제작사에서 '비보이'를 활용한 본격적인 비언어 퍼포먼스 〈피크닉〉을 선보여 해외시장에서 좋은 반응을 얻었다.

상업적 흥행을 거둔 비언어 퍼포먼스 시장이 앞으로 어떤

최근 한국의 비언어 퍼포먼스는 비보이 퍼포먼스와 결합하는 추세다. 비언어 퍼포먼스와 비보이의 결합은 극적 구성을 가진 춤이라는 상품 가치를 잉태해내며 활동 영역을 확장한다. 〈비보이를 사랑한 발레리나〉 공연 장면. 사진＝S.E.O.R.A.P. http://seorap.dnip.net

방향으로 나아가야 할지 섣불리 결론을 내리기는 힘들다. 그러나 지금까지 전개방식이나 그 형식 또는 구조를 고려한다면 비언어 퍼포먼스에서는 늘 파격과 실험이 주요한 방향성이었으며, 앞으로도 갖가지 비언어적 커뮤니케이션 방법을 통한 형태적 진화가 지속될 듯 보인다. 형식의 해체와 틀의 파괴가 진보나 진화의 상징임을 생각한다면 비언어 퍼포먼스는 단순히 언어 장벽을 극복하기 위한 상업 자본의 '차선의 선택'이 아닌 포스트모더니즘의 충돌과 해체, 그 과정을 통해 다시 새로움이 잉태되는 현대 문화산업의 새로운 형식적 구조에 가장 적합한 대안으로서 받아들여질지도 모른다.

◆ **난타** www.nanta.co.kr

〈난타〉제작사인 PMC 프로덕션에서 운영하는
〈난타〉전용 홈페이지. 작품 개요, 줄거리,
설명, 해외공연기록 등이 담겨 있으며 〈난타〉에
관한 기사 등 다양한 자료가 잘 정리되어 있다.
'커뮤니티, 자료실' 게시판에 팬들이 올린 사진과
글들도 흥미를 자아낸다.

◆ **스톰프** www.stomponline.com

넌버벌 퍼포먼스〈스톰프〉의 영문 홈페이지.
공연 설명과 약사, 크리에이티브 팀,
캐스팅 정보, 관련 뉴스 등이 담겨 있다.

◆ **점프** www.hijump.co.kr

◆ **비보이를 사랑한 발레리나** www.bisabal.com

◆ **도깨비 스톰** tokebistorm.com

◆ **피크닉** www.thepicnic.co.kr

◆ **마리오 네트** club.cyworld.com/bboy-marionette

미술을 가장 뜨겁게 사랑하는 방법

정민영

이제 미술품을 사는 일은 더 이상 특별한
일이 아니다. 경제적으로 여유 있는
사람뿐 아니라 평범한 개인들도 미술품
구매에 나선다. 미술품을 투자 대상으로
삼는 사람들도 늘었으며, '아트펀드'를
조성해 미술시장에 본격적으로 뛰어들기도
한다. 이런 크고 작은 지원사격에 힘입어
국내 미술시장은 질주를 계속하고 있다.
무한복제가 가능한 디지털 시대에
수작업으로 완성한 미술품은 희소성을
무기로 사람들을 매혹하고 있다.

국내 미술시장이 연신 싱글벙글이다. 2006년부터였다. 미술품을 매매하는 경매장과 아트페어가 사람들로 붐빈다. 무려 20여 년 만에 찾아온 호황이다. 지난 3월 양대 경매사인 서울옥션과 K옥션의 1회 경매 낙찰 총액이 100억 원을 넘어섰다. 미술시장연구소에 따르면, 국내 아트페어들의 2006년 매출액이 전년도 대비 145퍼센트로 성장했고, 서울옥션과 K옥션 경매사들의 2006년 총 낙찰액도 전년도에 비해 252퍼센트나 늘었다. 일반인의 문화의식 성장과 해외 미술시장의 활황, 그리고 부동산시장의 냉각으로 투자처를 찾지 못한 유동자금이 부동산과 주식을 대체할 새로운 투자처로 미술품을 주목했기 때문이라는 분석이다.

이제 미술품을 사는 일은 더 이상 특별한 일이 아니다. 경제적으로 여유가 있는 사람뿐 아니라 평범한 개인들도 미술품 구매에 나선다. 또 미술품을 투자 대상으로 삼는 사람들도 늘었다. '아트펀드'를 조성하여 미술시장에 본격적으로 뛰어든다. 이런 크고 작은 지원사격에 힘입어 국내 미술시장은 질주를 계속하고 있다.

미술품은 일반 공산품과 다르다. 공산품은 대량생산과 대량소비가 가능하지만 미술품은 오직 하나뿐이다(물론 판화처럼 복제가 가능한 미술품도 있다). 무한복제가 가능한 디지털 시대에 수작업으로 완성한 미술품은 희소성을 무기로 사람들을 매혹한다.

미술품의 가격은 작가의 창작비용이 대부분을 차지한다. 평생 보이지 않는 가치를 향해 고군분투한 정신적 대가인 셈이다. 이런 작품을 사는 행위는 세상에 유일하게 존재하는 물건을 혼자 독점하는 일이다. 그런데 작품가격은 공산품처럼 일정하지 않다. 미술계에서 차지하는 작가의 위상과 작품의 예술성 등에 따라 천차만별이다.

미술시장이 원하는 양질의 작품 공급에는 한계가 있다. 그에 비해 수요가 지속적으로 늘어나는 것이 시장의 구조다. 이런 구조 속에 작품이 던져지면 수요와 공급의 원리에 따라 가격이 결정된다. 스타급 작가의 작품은 품귀현상을 빚을 정도로 높은 판매현상을 보인다. 하지만 그 밖의 작가들은 여전히 매기가 없거나 낮다. 빈익빈 부익부의 쏠림현상이 크다. 그럼에도 미술시장 전반이 홍조를 띠고 있다.

최근까지, 미술품 구매 열기에서 두드러진 현상을 세 가지만 꼽아보자. 첫 번째, '작은 손' 컬렉터(예술품 수집가)의 출현이다. 흔히 미술품은 여유자금이 있는 '큰 손'들만 구입한다고 알려졌다. 그렇지 않다. 경제적으로 넉넉하지 않더라도 월급을 조금씩 모으면 누구나 작품을 살 수 있다. 그래서 1000만 원에서 500만 원 이내의 중저가 경매와 아트페어에 작은 손 컬렉터가 몰린다. 2006년에는 이들이 절반을 차지했다. 이런 현상은 미술시장에 새로 진입한 신규 컬렉터 층이 두터워지고 있다는 뜻이다.

두 번째, 특화된 컬렉션 현상이다. 미술품 구매의 초기에는 수업기가 있다. 중저가로, 다양한 작품을 구입한다. 그러면서 미술시장의 생리와 동향에 눈을 뜨고, 서서히 장르별, 작가별, 주제별 등으로 작품 구매를 전문화한다. 이로써 미술이 컬렉션 목록과 컬렉터의 취향에 따라 또 하나의 세계를 형성한다.

세 번째, 재테크 수단으로서 컬렉션 증가다. 곧 미술품도 돈이 된다는 인식 아래 새로운 투자처의 하나로 미술품을 보는 것이다. 미술품 구매는 소유하며 즐기기 위해서 하기도 하지만, 투자의 일환으로 구매하는 경우도 있다. 잘 나가는 '블루칩 작가'의 작품을 구입하여 일정기간 소장하고 있다가 가격이 상승하면 그만큼 수익을 챙긴다. 자산증식의 수단으로서 미술품 투자는 매력적이다. 주식과 달리 미술품은 눈으로 보고 즐기는 가운데 가격이 오르기 때문이다.

미술품 컬렉션은 근본적으로 미술에 대한 애정에서 출발한다. 컬렉션에는 두 가지 길이 있다. 오로지 미술을 사랑하는 마음으로 작품을 수집하는 순수한 컬렉션과 재테크의 일환으로 수집하는 미술품 투자가 그것이다. 앞의 세 가지 현상 중 두 번째는 첫 번째가 발전된 형태라 하겠다. 반면에 돈이 개입된 세 번째 현상은 앞의 두 현상과 차원이 다르다. 이들 현상을 크게 두 가지로 나누어서 살펴보자.

가장 이상적인 컬렉션은 어떤 것일까? 순수하게 미술이 좋아서 수집하는 것이다. 순수 컬렉터라 할 만한 이들은 미술품을 관람하는 '아이쇼핑'으로 만족하지 않고, 작품을 컬렉션하여 자기만의 세계를 만든다. 그 세계는 작가의 작품세계와 달리 컬렉터 개인의 취향이 만든 또 하나의 작품세계다. 사진, 회화, 조각, 비디오 아트, 판화 등 장르별, 작가별로 다양한 작품이 컬렉터 취향에 따라 특화된 세계를 연출한다. 그렇다면 컬렉션을 관통하는 취향은 어떤 표정을 짓고 있을까?

일반인들이 그 세계의 일부를 접할 수 있는 기회는 컬렉션 전시회나 컬렉션을 바탕으로 한 체험기 출간 등을 통해서다. 이런 공개 작업은 관람객과 독자에게 컬렉터의 취향과 내면세계를 답사하는 즐거움을 선사한다.

대림미술관이 해마다 개최하는 〈컬렉터의 선택〉전은 좋은 사례다. 2006년부터 시작한 이 전시회는 예술을 즐기는 사람들의 취향과 라이프스타일을 자연스럽게 보여준다. 2006년에는 컬렉터의 거실을 전시장에 재현하여 작품이 걸려 있는 모습을 선보였다. 반면에 올해의 전시회(〈컬렉터의 선택: 컬렉션 2〉, 2007.4.12-7.8)는 한국과 일본의 대표적 컬렉터 5인에게 일정한 공간을 할당하여 컬렉션한 작품을 취향에 맞게 전시하게 했다. 각 컬렉터들은 자신의 취향과 성향, 개인적 호기심에 따라 사진, 회화, 조각, 비디오 아트, 설치작품 등 70여 점의 작품을 선보였다. 이들의 작품이 흥미로운 것은 컬렉션을 통해 자기 인생의 단면을 보여주기 때문이다.

"현재로서는 나를 위한 컬렉션이고, 내가 좋아하는 것이 무엇이냐가 훨씬 중요하지요."—컬렉터 K씨

"살아오면서 작품을 선택했던 것을 한 번도 후회하지 않았습니다. 투자목적으로 그림을 모은 것도 아니었고 즐기기 위해 그림을 모으기 시작한 것이 여기까지 온 것입니다."—컬렉터 P씨

이런 진술은, 미술품 컬렉션은 즐기기 위한 것이 먼저라는 점을 알려준다. 국적과 나이와 취향은 각기 다르지만 작품을 선택하는 기준이 한결같이 자기 자신이라는 점은 공통적이다. 그리고 작품을 구매하기 전이나 하고 나서 작가와 작품, 미술에 대한 공부를 통해 내면의 성장은 물론 삶의 변화까지 맛본다. 그것은 독자가 책을 사는 행위와 같다. 책 덕분에 내면이 풍요로워지듯이 미술 덕분에 삶이 풍요로워지는 셈이다.

"저는 작품 자체가 거울이라는 생각을 많이 합니다. 작품

<컬렉터의 선택>전은 미술품을 수집하는 컬렉터들의 전시회다. 컬렉터의 취향에 따라 재구성된 미술세계는 그들의 개성만큼이나 표정이 다채롭다. 전시회에 출품된 K의 컬렉션 <피아노 룸>(리나 김, 2003).

을 통해 제 자아를 들여다볼 수 있기를 바라죠. (…) 시간이 지나서 이 작품들을 보았을 때 제 이상과 신념, 지적 탐구의 깊이 또는 변화과정을 확인할 수 있겠지요."—컬렉터 강태성

"예술이 저의 일상생활에 영향을 주기 시작하면서부터 제 삶이 많이 바뀌었습니다. (…) 작품을 구입했던 기억, 만났던 작가들에 대한 기억, 갤러리나 아트페어를 함께 갔던 사람들에 대한 기억들이 모두 귀중합니다."—컬렉터 토시코 페리에

이들의 컬렉션을 보면 두 가지 점이 눈에 띈다. 먼저 컬렉션이 미술품에 대한 투자가 아니라 자기 인생에 대한 투자처럼 보인다는 점이다. 명품은 돈만 있으면 살 수 있다. 하

지만 미술품은 그렇지 않다. 걸작을 알아보는 안목이 필
요하다. 이 안목은 오랜 학습을 통해서 길러진다. 그런 가
운데 지적 성숙이 함께 한다.

다음으로 미술품 컬렉션에 관심이 깊어지면 차츰 특화된
컬렉션으로 나아간다는 점이다. 대부분의 컬렉터가 초기
에는 미술품을 다양하게 수집하다가 드로잉, 모노크롬,
피카소, 민중미술 컬렉션 등 일정한 맥락을 따라 전문화
의 길을 걷는다. 앞의 컬렉터들도 마찬가지다. 이우환과
권진규의 작품을 집중 수집하거나 젊은 작가의 작품을 수
집한 경우, 비디오 작품을 수집한 경우 등 특화된 컬렉션
을 보여준다.

한편 컬렉터의 취향은 전시회뿐만 아니라 컬렉션 체험을
밝힌 책으로도 만날 수 있다. 김재준의 『그림과 그림값』,
김지은의 『서늘한 미인』, 이우복의 『옛 그림의 마음씨』,
드로잉 컬렉션을 소개한 김동화의 『화골』, 김순응의 『한
남자의 그림사랑』 등이 그것이다. 이런 책은 미술품 수집
의 경험을 소개하여 독자들에게 미술을 보는 또 다른 즐거
움을 선사한다. 더불어 예술이 우리 삶에 어떤 의미와 가
치를 부여하는지를 생각하게 한다.

공통점은 그들이 작품 수집을 통해 전문가 이상의 안목을

가지고 있다는 것, 그리고 작품에 대한 애정이 각별하다는 것이다. 책에는 작품을 사랑하는 사람만이 느낄 수 있는 애정이 가득하다. 앞으로 이런 책 출간은 꾸준히 늘어날 듯 보인다.

최근 미술에 대한 일반인의 높은 관심은 미술품이 돈이 된다는 인식 때문이다. 그러니까 재테크의 수단으로 미술품이 뜨고 있다는 말이다. '아트'와 '재테크'를 결합한 '아트테크'라는 신조어까지 등장했다. '미술품＝돈'이라는 공식이 자연스레 자리를 잡아가고 있다. 2006년에는 금융시장에서 미술품에만 전문적으로 투자하는 아트펀드가 등장한 데 이어 개인을 중심으로 결성한 사모펀드 형식의 아트펀드까지 출범했다. 이들은 펀드 조성으로 투자자를 모아서 가장 가능성 있는 작품을 엄선하여 작품을 구매한다. 그리고 가장 좋은 조건으로 가장 적기에 되팔아서 수익을 챙긴다. 최근 경매에서 25억 원에 낙찰된 박수근의 〈시장의 사람들〉은 1965년 주한미군이 구입했을 때 320달러였으니까 무려 8300배쯤의 가격 상승을 보였다.

인터넷도 이런 미술시장의 변화에 영향을 끼쳤다. 80년

대 말에서 90년대 초반의 호황기 때는 미술시장 관련 정보가 차단돼 있어 부작용을 낳았지만 지금은 인터넷의 확산으로 상황이 달라졌다. 미술정보가 대중화되었다. 그러다 보니 컬렉터의 의식수준이 향상되었고 그만큼 미술 문화 향수욕이 높아졌다.

뿐만 아니라 신생 컬렉터나 잠재 컬렉터 층에 전문직 종사자가 늘어났다. 미술시장의 규모 확대에는 미술품경매제도 영향을 끼쳤다. 서울옥션과 K옥션의 활발한 경매는 작품가격의 투명화와 시장원리에 입각한 가격정산제도를 정착시켰다.

미술품 투자는 다른 투자와 달리 정신적 만족도가 높지만, 위험성도 적지 않다. 그래서 신생 컬렉터의 경우에는 미술품에 대한 이해와 감상을 바탕으로 시장의 흐름에 대한 지속적인 관심과 연구가 필요하다. 위험부담을 최소화하기 위해서는 주식에서 분산투자 같은 적극적인 대비가 요구된다. 고미술, 근대미술, 현대미술 등으로 나누어서 투자하는 것도 한 방법이다.

물론 누가 보아도 아름다운 그림만이 우리를 감동시키는 것은 아니다. 공포, 질투, 고독, 관능적인 욕망 같은 극단적인 감정을 표현하는 데 능란했으며 표현주의의 창시자로 알려진 작가 뭉크는 "나는 사람들이 교회에서처럼 경외감에 모자를 벗을 수 있는 그런 그림을 그리고 싶다."고 했다. 그의 대표작으로 유명한 〈절규〉The Scream는 처음 전시될 당시 너무나 큰 충격과 파문을 일으켜서 전시장을 폐쇄할 수밖에 없을 정도였음에도 불구하고 여전히 감동적이다.

감동을 주는 그림의 아름다움은, 초현실주의의 대변자였던 시인 앙드레 부르통의 말처럼 "혁신적이거나 혹은 아름답기를 포기해야 하는 것"일 수도 있다. 아니면 인간의 미의식은 시대의 흐름으로부터 자유로울 수 없고, 천재들은 너무 앞서 가고 대중들의 감각은 너무도 아둔하기 때문에 뒤늦게 그 아름다움을 발견하는 것일 수도 있다. 우리시대에 가장 아름다운 그림으로 당연하게 여겨지는 인상주의 화가들의 작품도 처음에는 평론가나 일반인들로부터 미치광이들의 그림이라는 냉소적인 평가를 받았다. 그들의 작품이 너무나 충격적인 것으로 받아들여져서 한 신문의 만화에서는 임신부는 추잡한 그림에 충격을 받을 수도 있으니 인상주의자들의 전시회를 보지 말라고 풍자할 정도였다. 근대 미술의 아버지로 불리는 마네의 〈풀밭 위의 점심〉이나 〈올랭피아〉도 처음에는 부도덕하고 천박한 그림으로 사람들의 지탄을 받았다. 피카소가 그린 최초의 진정한 21세기 미술작품이라고 불리는 〈아비뇽

뭉크, 절규, 1893, 오슬로 국립미술관

106

즐기면 사랑하게 되고 사랑하면 구매하게 된다. 미술품을 직접 사 보면 그 동안 안 보이던 것이 비로소 보인다. 『한 남자의 그림 사랑』 본문.

최근 서울옥션 경매에서 박수근의 〈빨래터〉가 45억 2000만 원에 낙찰되어 국내 미술품 경매사상 최고의 낙찰 기록을 세웠다. 〈빨래터〉 이전에는 〈시장의 사람들〉 낙찰가 25억 원이 최고가였다. 기록은 끊임없이 갱신된다. 곧 국내 미술품도 세 자리 숫자대의 낙찰가가 나오리라는 전망이 있다. 그 기록도 박수근의 작품이 세울지 모른다. 〈시장의 사람들〉 24.9×62.4cm, 1961.

또 즐기기 위한 컬렉션과 투자를 위한 컬렉션으로 나누는 것도 좋다. 미술품은 다른 투자 상품과 달리 개인적 취향이 작품 선택에 절대적인 영향을 끼치므로 신중해야 한다. 섣불리 구입했다가는 실망할 가능성이 크다. 당장 큰돈을 벌겠다는 욕심을 버리는 자세도 필요하다. 미술품 투자는 장기투자다. 지구력이 있어야 한다. 상대적으로 가격이 저렴한, 저평가된 젊은 작가들의 작품을 컬렉션하여 느긋하게 작품을 즐기는 태도가 중요하다. 그러다 보면 수익이 뒤따르게 된다.

미술품 컬렉션은 개인적인 만족이 먼저다. 정신적 만족감이든 작품 소장에 따른 사회적 신분상승이든 자신을 위한 행위이기 때문이다. 그런데 자기만족이 컬렉션의 전부는 아니다. 긍정적인 부대효과가 있다.

무엇보다도 미술품 수집은 작가를 후원하는 효과가 크다. 작가들에게 생활을 유지하게 하고, 후속작품을 제작할 기회를 제공한다. 그림이 팔리지 않아서 재능을 발휘하지 못하고 세상을 떠난 작가가 적지 않다. 이중섭, 권진규, 박수근이 더 살았다면 뛰어난 작품들을 많이 남겼을지 모른다. 미술품 구매는 지금 이 시대에 우리와 함께 살고 있는 미래의 백남준과 반 고흐를 후원하는 일이고 훌륭한 문화 자산을 후세에 남기는 행위다.

그런데 순수 컬렉팅이든 투자든 간에 컬렉션에는 미술에 대한 사랑이 늘 밑받침되어야 한다. 공자는 "아는 것은 좋아하는 것만 못하고 좋아하는 것은 즐기는 것만 못하다"고 했다. 미술품 컬렉션에서는 미술품을 즐기는 마음이 중요하다는 말이다. 즐기는 문화가 확산될 때 미술인구의 저변확대는 물론 미술시장의 체력도 튼튼해진다.

즐기면 사랑하게 되고 사랑하면 구매하게 된다. 미술품을 직접 사 보면 그 동안 안 보이던 것이 비로소 보인다. 아이쇼핑 때와는 질적으로 다른 세계가 펼쳐진다. '그림쇼핑'이라는 신조어를 퍼뜨린 한 저자의 말처럼 "미술을 가장 사랑하는 열정적인 방법"(이규현)이 미술품 컬렉션이다. 그것은 자신의 삶을 열정적으로 사랑하는 길이다.

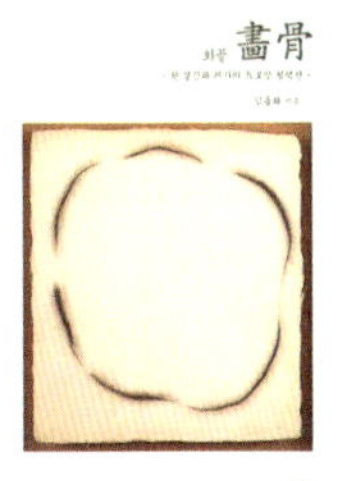

◆**화골— 한 정신과 의사의 드로잉 컬렉션** 김동화, 경당, 2007
한 열정적인 컬렉터의 특화된 미술품 사랑을 엿볼 수 있는 책.
정신과 의사이자 미술품 컬렉터인 저자는 '드로잉' 작품을
구입하는 과정에 얽힌 에피소드, 작가와 작품이야기, 작품에
대한 품평 등을 흥미롭게 들려준다. 한국 근·현대미술의 대표
작가들을 망라한 드로잉 컬렉션은 '한국 드로잉 미술사'라고
해도 과언이 아니다.

◆**그림쇼핑** 이규현, 공간사, 2006

◆**이 그림 파는 건가요?** 임창섭, 들녘, 2004

◆**한 남자의 그림 사랑** 김순응, 생각의나무, 2003

◆**돈이 되는 미술** 김순응, 학고재, 2006

◆**미술시장의 유혹** 정윤아, 아트북스, 2007

◆**재미있는 골동이야기** 이상문, 선, 2007

◆**미술품투자클럽** cafe.naver.com/artinvest.cafe
미술시장의 동향을 파악하기에 좋은 곳으로 국내외 미술시장
기사와 관련 글이 모아져 있다. 특히 몇몇 깊이 있는
미술시장 분석 글들은 눈여겨볼 만하다. 단, 인터넷 카페의
특성상 정보의 객관성 보장에 무리가 있음은 유념해야 한다.

◆**서울옥션** www.seoulauction.com

◆**K옥션** www.k-auction.com

◆**아트프라이스닷컴** www.artprice.com

◆**아트넷닷컴** www.artnet.com

◆**아트론닷컴** www.artloan.com

탐닉에서 창조까지

김봉석

마니아 문화의 영향력은 더욱 넓어졌다.
그리고 보다 중요해졌다. 그것은 사회적
변화와 관련이 있다. 60년대와 달리
21세기는 절대적인 진리가 사라진 시대다.
주류 문화라는 것은 단지 자본의 우위를
통한 강점일 뿐 사회적 공감대나
시대정신으로 공유되지 못한다. 가벼워지고
스피디해지는 주류 문화와는 반대로,
마니아들이 주도하는 비주류 문화는 더욱
치밀하고 확고해진다.

한국에서 마니아 문화의 영향력을 보고 싶다면, 인터넷에 들어가 '미드'라는 검색어를 쳐 보자. 그 현장을 만날 수 있다. 미국 드라마에 관한 카페와 블로그는 물론 동영상 파일과 자막을 취급하는 곳도 상당하다. 케이블에서 방영하는 드라마나 DVD로 출시된 미국 드라마뿐 아니라, 미국에서 막 시작하여 인기를 얻는 드라마에 대한 소식과 동영상까지 모두 구할 수 있다.

최근 2,3년간 미국 드라마를 보는 사람의 숫자가 폭발적으로 늘어났다. 케이블에서 방영된 〈프렌즈〉와 〈섹스 앤 더 시티〉가 인기를 얻는가 싶더니, 〈CSI 과학수사대〉를 기점으로 엄청난 숫자의 마니아를 양산하기 시작했다. 그리고 인터넷을 이용하여 미국에서 방영되는 드라마를 거의 실시간으로 감상하고 자막을 만들어 보급하는 새로운 방식의 마니아 문화를 만들어냈다. 여기서 주목할 부분은 텔레비전에서 방영되는 드라마를 보고 즐기는 마니아가 자발적으로 생기는 것을 뛰어넘어 마니아 문화가 하나의 문화적 트렌드로서 자리 잡았다는 점이다.

과거에도 미국 드라마의 마니아는 존재했다. 이를테면 〈X파일〉의 경우가 있다. 〈X파일〉 마니아들은 동호회를 만들어 정기모임을 갖는 데에서 더 나아가 방영시간이 바뀌자 항의를 하거나 DVD에 한글 더빙을 집어넣도록 제언을 하는 등 능동적인 소비자로서 활발한 활동을 벌였다. 하지만 인터넷이 활성화되지 않았던 당시에는 공중파에서 방영되는 〈X파일〉이 중심에 있을 수밖에 없었다. 어느 정도 마니아집단의 영향력을 행사하긴 했지만 본질적으로는 수동적 위치에 있었다. 그러나 지금은 다르다. 국내 방송국이 방영할 외국 드라마를 선택하기 전에 마니아가 먼저 고르고 자체적으로 수용한다. 오히려 케이블 방송국에서는 미국 드라마 마니아들의 의견에 따라 그들이 좋아하는 드라마가 무엇인지 알아보고 드라마를 고르는 일이 점점 많아졌다. 이 현상만으로 본다면 문화상품 생산자의 일방적인 권력이 수용자에게 일정 정도 넘어갔다고도 할 수 있다. 그것은 단지 수용자의 각성이 아니라 인터넷이라는 새로운 매체를 통하여 문화산업의 재편이 이루어지는 현상으로 보아야 한다.

원래 '마니아'는 어떤 한 가지 일에 몹시 열중하는 사람을 말한다. 그런데 여기서 한 가지 생각해야 할 점이 있다. 직업으로서 하나의 일에 열중하는 것과 마니아는 좀 다른 의미다. 마니아가 자연스럽게 자신의 관심분야를 직업으로 가질 수는 있지만, 직업으로서 프로페셔널하다는 것이 반드시 마니아를 의미하지는 않는다. 근대 이전에도 하나의 분야에 열중하는 사람들은 있었다. 하지만 대부분 직업이나 생존에 국한된 경우였다. 주로 마니아의 대상이 되는 문화예술은 귀족 이상의 권력계층만이 향유할 수 있었기 때문이다. 그러나 근대 이후 시민계급을 기반으로 한 대

〈X파일〉마니아들은 동호회를 만들어 정기모임을 갖는 데에서 더 나아가 방영시간이 바뀌자 항의를 하거나 DVD에 한글 더빙을 집어넣도록 제언을 하는 등 능동적인 소비자로 활발하게 활동했다.

중문화가 발전하면서 새로운 국면이 도래했다. 생계 유지 목적으로 직업을 가진 사람들이 자신의 문화적 관심을 개척할 만한 경제적 여유가 생긴 것이다. 이렇게 본다면 마니아는 생계와는 상관없는 '지적 호기심' 을 가진 사람들이라고도 할 수 있다.

하지만 자본주의 사회에서 마니아는 비극적인 존재이기도 하다. 마니아는 무언가 하나의 대상에 대한 절대적인 수용자다. 한 분야에 빠져들고 미친 듯이 파고들면서 자신만의 지식을 쌓는다. 한 분야의 지식이나 문화상품을 집요하게 섭취하면서 자신만의 성을 쌓기 때문에 마니아는 폐쇄적이고 고집불통이 되기 쉽다. 게다가 마니아들이 열광하는 분야는 이른바 문화나 여가라는, 돈벌이와는 별로 상관이 없는 것들이다. 그래서 세간 사람들에게 조롱을 받거나 비난을 받기도 쉽다.

마니아 문화가 가장 발달한 일본도 마니아에 대한 인식이 그리 좋은 편은 아니다. 원래 '천하제일주의'라고 하여 자신의 분야에서 극한까지 파고 들어가는 정신을 숭상했던 일본인은 마니아 분야에서도 예외가 아니었다. 만화와 애

니메이션이 현재 일본을 대표하는 문화이자 산업이 된 데
에는 마니아의 힘이 컸다. 하지만 사람들과 잘 어울리지
못하고 가상 세계에만 파묻혀 외톨이로 지낸다는 오타쿠
에 대한 대중의 인식은 크게 바뀌지 않았다. 영화와 드라
마로 나온 〈전차남〉을 보면 일본에서 오타쿠를 어떻게 바
라보는지 대충 짐작이 간다.

세상과 소통하지 못한 채 '콘텐츠'와만 대화하는 마니아
가 특유의 폐쇄성을 돌파하는 한 가지 방법이 있었다. 수
용자로서의 틀을 깨고 나와 직접 생산자가 되는 것이다.
일본 애니메이션 업계에 가이낙스라는 회사가 있다.
1990년대 후반 일본 애니메이션의 정점이었던 〈신세기
에반게리온〉을 만든 곳이다. 가이낙스는 일본의 대표적
인 오타쿠들이 모여 만든 회사다. 만화와 애니메이션을
반복해서 보고 대사를 통째로 외우는 정도로는 만족할 수
없었던 오타쿠 안노 히데아키와 오카다 고시오 등은 자신
들이 보고 싶은 애니메이션을 직접 만들기로 했다. 지나
치게 마니아적인 첫 작품 〈왕립우주군〉은 실패했지만, 보

통의 마니아들이 가장 좋아하는 미소녀와 메카닉을 전통적인 열혈만화풍으로 패러디한 〈톱을 노려라〉가 대성공을 거두면서 가이낙스는 일본 애니메이션의 총아로 자리잡았다. 이후 일본 애니메이션 업계에서는 일반 대중이 아니라 마니아들만을 타깃으로 한 만화와 애니메이션 시장이 날로 확대되었다.

이것은 일본만의 경우가 아니다. 우리나라에는 DJ로도 활동했던 성시완이 만든 시완레코드란 레이블이 있다. 성시완은 시완레코드를 통해 개인적으로 좋아하는 아트록과 브리티시 포크 계열의 명반을 연이어 발매했다. 이 음반에 실린 곡들은 세계적으로도 마니아가 주로 찾는 비주류 음악인데다 어디에서도 쉽게 구할 수 없는 음악이다. 성시완은 개인적으로 해외에서 구입했던 음반들을 라디오에서 소개하다가, 마침내 직접 외국과 라이선스 계약을 맺어 발매하는 방법을 선택했다.

일본 소설가 무라카미 류도 자신이 반한 쿠바 음악을 직접 일본에서 라이선스로 발매했다. 미국과 유럽에서 쿠바 음악이 유행하기 전부터 일본에는 쿠바 음악이 발매되었다. 이것이야말로 진정한 마니아의 길이다. 자신이 좋아하고 탐닉하는 것들을, 다른 이에게도 보여주고 들려주기 위해

성시완이 운영하는 시완레코드에서는세계적으로 마니아들이 주로 찾지만 쉽게 구할 수 없는 비주류 음악을 발매한다.

직접 생산자로 나서는 것. 그것이 다양한 비주류 문화를 만들어내는 가장 좋은 방법이다.

90년대 후반 이후 한국에서도 비주류 문화가 다양하게 생겨났다. 이전에도 비주류 문화가 있었지만, 주류 문화에 대항하는 저항문화의 성격을 강하게 띠고 있었다. 독재정권 아래에서는 모든 문화가 획일적이었기 때문에 개인적 취향을 중시하는 비주류 문화가 피어날 여유가 없었다. 사회를 비판하거나 조롱하면 반체제적이라는 허울을 뒤집어썼고, 우울이나 고독을 말하면 퇴폐적이라고 비난받았다. 지독하게 획일적인 문화가 강점하고 있을 때에는 비주류 문화 역시 경직되기 마련이다. 저항이 아닌 비주류 문화는 사치와 낭비로 멸시당하기 일쑤였다.

하지만 현재의 비주류 문화는 기성 문화에 대한 저항이라기보다는 독특하고 개성적인 또 하나의 문화를 지향한다. 90년대 후반의 문화적 흐름에서 주목할 부분은 크라잉 넛, 노 브레인 같은 펑크 밴드의 출현이다. '록 정신'이라는 말도 함께 등장했지만 자신들의 욕구를 날것으로 분출했던 유희적인 펑크 밴드들만이 살아남았다. 서유럽의 펑

현재의 비주류 문화는 기성 문화에 대한 저항이라기보다는 독특하고 개성적인 또 하나의 문화를 지향한다. 90년대 후반의 문화적 흐름에서 주목할 부분은 펑크 밴드의 출현이다. 대표적 인디 뮤지션 크라잉 넛.

지금 음반시장을 둘러본다면 이른 바 '인디 뮤지션'의 음반이 상당 부분을 차지함을 알 수 있다. 클럽 라이브나 CD 말고는 그들의 음악을 들을 방법이 거의 없기는 하지만, 그래도 인디 음악이 다양하게 존재한다는 사실만은 분명하다. 노브레인 공연 포스터.

크는 극렬한 체제부정에서 출발했으나 한국의 펑크는 다만 반反사회였을 뿐이다. 그저 무정부주의적이고 유희적인 놀이였으나 그것만으로도 충분히 의미가 있었다. 한국의 대중음악 시장이 초토화되었다고들 한다. 100만 장 시장은 이미 사라졌고, 가수들은 엔터테이너가 되지 않고는 살아남기 힘든 상황이 되었다고. 그러나 지금 음반시장을 둘러본다면 이른바 '인디 뮤지션'의 음반이 상당 부분을 차지함을 알 수 있다. 텔레비전이나 라디오의 순위차트에도 오르지 못하고, 클럽 라이브나 CD 말고는 그들의 음악을 들을 방법이 거의 없기는 하지만, 그래도 인디 음악이 다양하게 존재한다는 사실만은 분명하다.

그런 점에서, 적어도 대중음악의 스펙트럼은 이전보다 넓어졌다. 다만 확실하게 비주류로 존재하고 있을 뿐이다. 마니아들의 작지만 확고한 지지를 받으면서.

마찬가지로 출판시장에서도 마니아의 영향력이 커졌다. 일본 소설 열풍도 마니아에서 시작되었다고 볼 수 있다. 무라카미 하루키, 무라카미 류, 요시모토 바나나, 에쿠니 가오리 등 소수의 작가에게 국한되었던 일본소설 출간은 최근 들어 폭발적으로 증가했다. 그 가운데 눈에 띄는 것은 장르소설의 출간이다. 대중소설 작가로 분류되는 미야베 미유키, 히가시노 게이고, 온다 리쿠 등은 거의 전작이 나올 태세고 다양한 스타일의 추리, 판타지, 공포 같은 장르소설들이 줄을 잇는다. 일본 장르소설 출판 열풍은 인터넷의 추리소설 동호회 등에서 활동하던 마니아들이 출판 편집자로 자리 잡으면서 대중성은 물론 작품성이 있는 소설들을 선별하여 관심을 끈 덕으로 보인다. 넓게 보자면 이들도 수용자에서 적극적인 생산자로 이동한 경우다.

사실 마니아들이 생산자로 변한 획기적인 사건은, 프랑스 68혁명을 주도한 누벨바그 영화인의 등장이었다. 장 뤽 고다르와 프랑소와 트뤼포 등은 시네마테크에서 날마다 영화를 보던 마니아였다. 이들은 영화를 보는 것에 만족하지 못해 비평을 하고, 나아가 영화를 만드는 감독이 되었다. 그들에게 문화는 단지 보고 즐기는 것만이 아니었다. 그들에게 문화예술은 세계를 바꾸는 힘이었다. 상상력이 모든 것을 바꿀 수 있다고 믿었던 누벨바그 세대는 마니아의 힘으로 영화만이 아니라 세계를 혁명하려고 덤벼들었다. 세월이 흐르고 시대도 변했다. 마니아가 세계를 바꾼다는 말은 이제 어불성설일지도 모른다. 그러나 상상력이 세계를 바꾸지는 못하더라도 세계를 보는 눈은 바꿀 수 있다.

21세기 들어 마니아 문화의 영향력은 더욱 넓어졌다. 그리고 보다 중요해졌다. 그것은 사회적 변화와 관련이 있다. 60년대와 달리 21세기는 절대적인 진리가 사라진 시대다. 주류 문화라는 것은 단지 자본의 우위를 통한 강점일 뿐 사회적 공감대나 시대정신으로 공유되지 못한다. 단지 유행이고 스쳐 지나가는 바람일 뿐이다. 유행의 속도는 점점 더 빨라지고 주기는 짧아진다. 가벼워지고 스피디해지는 주류 문화와는 반대로, 마니아들이 주도하는 비주류 문화는 더욱 치밀하고 확고해진다. 더 이상 자신들이 즐기는 문화가 절대적이라고 주장하지도 않는다. 다만 그들의 문화를 자신들의 영역 안에서 즐기고 비공식적인 방식으로 전파한다. 비주류 문화의 근거지는 더욱 튼튼해졌다.

과거 마니아의 필수조건은 어떻게 자신만의 정보를 구하는가였다. 록음악 마니아가 되려면 한국에서 나오지 않는

프랑스 68혁명을 주도한 누벨바그 세대는 마니아의 힘으로 세계를 혁명하려 했다. 마니아의 상상력이 세계를 바꾸지는 못하더라도 세계를 보는 눈은 바꿀 수 있다고 믿은 것이다. 영화감독 프랑수아 트뤼포.

음반을 외국에서 구하거나 백판으로 모아야 했고, 영화 마니아가 되려면 역시 외국에서 비디오나 LD를 구해야 했다. 마니아는 필연적으로 소수가 될 수밖에 없었고, 그들은 대부분 엘리트적 자부심을 느꼈다. 하지만 지금은 인터넷 시대다. 인터넷으로 모든 정보가 공유된다. 미국 드라마 마니아의 경우를 보자. 미국에서 드라마가 방영되면 누군가가 백업을 하여 동영상 파일을 인터넷에 올린다. 그것을 받아 번역을 하고 자막 작업을 한다. 의학 같은 전문 드라마는 전문가의 자문까지 받아 하루 이틀이면 거의 완벽한 자막이 나온다. 자신이 미국 드라마를 좋아한다고 생각한다면, 보고 싶다면 언제든지 '마니아'가 될 수 있다. 과거와는 달리 마니아가 되기 위해 통과해야 할 관문들이 거의 사라져버린 셈이다. 그만큼 마니아의 수가 늘어났고 개방적인 여론 주도층이 될 가능성도 커졌다.

물론 마니아 문화에도 여러 가지 제약이 존재한다. 한 가지는 '저작권' 문제다. 인터넷이라는 특성상 텍스트 자료보다는 동영상이나 음원 등의 공유가 일반적이다. 미드건 일드건 마니아가 소수일 때에는 자유롭게 공유를 하면서

확대가 되지만, 어느 정도 주류에 진입하면 각종 제재가
생긴다. 또 하나는 마니아 특유의 폐쇄성이다. 인터넷을
통한 정보의 무한 공개로 마니아의 폐쇄성이 상당히 약화
됐다고는 하지만, 자신이 열광하는 분야에 대한 '열정'과
'지식'에 희열을 느끼는 마니아의 특성을 보았을 때 폐쇄
성이 사라질 수는 없다. 게다가 비주류 시장이 어느 정도
자기완결성을 지닐 정도로 성장했을 때에는 철저히 마니
아적인 콘텐츠만이 소비될 가능성도 있다. 최근 몇 년간
일본의 애니메이션이 점점 더 마니악해지면서 위기론이
나오고 있듯이.

하지만 아직 한국은 마니아 문화의 폐해를 주장할 때가 아
니다. 오히려 다양한 마니아 문화가 더욱 성장하도록 부
추겨야 한다. 한국의 문화적 지형에서 핵심이 되는 부분
은 다양성의 문제다. 한국사회와 문화는 여전히 치우쳐
있고, 여전히 획일적이다. 서유럽과 일본의 경우에서 확
인했듯이 마니아 문화는 문화의 다양성 확보를 위해 절대
적으로 필요한 존재다.

◆ **오타쿠 가상세계의 아이들** 에티엔 바랄, 문학과지성사, 2002
서양인의 입장에서 바라본 일본 대중문화의 풍경을, 다양한
예를 들어가며 분석한다. 기존의 오타쿠 관련 출간물들이
오타쿠의 주류인 애니메이션과 비디오 게임 시장의 상품성을
나열했다면, 이 책은 일본 속 오타쿠들을 직접 찾아간다.
또한 오타쿠들이 만들어낸 일본사회의 문제점을 '사회'와
'집단'이란 키워드로 꼼꼼히 짚어본다.

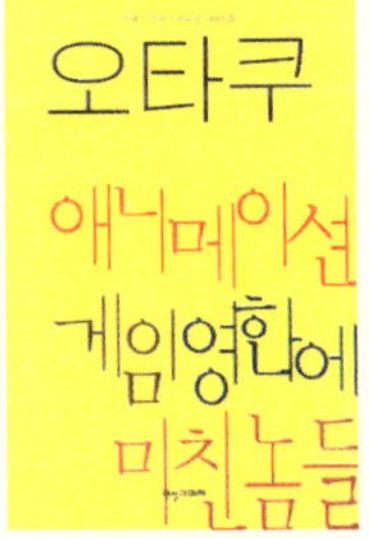

◆ **오타쿠— 21세기 문화의 새로운 지배자들**
오카다 토시오, 현실과미래, 2000
오타쿠의 역사를 알기 쉽게 설명했다. 일본 유명 게임제작회사
대표이자 오타쿠 1세대인 저자는 오타쿠가 되려면 세련된
시각과 장인의 시각, 모든 작품을 분석할 만한 통달의 시각을
지녀야 한다고 주장한다. 오타쿠가 단지 뭔가에 미친 마니아가
아니라 새로운 것을 창조하는 존재임을 이야기한다.

◆ **청소년 매니아의 세계** 구본용 외, 한국청소년상담원, 2001

◆ **조직가이자 선동가이며 비평가: 마니아, 그들은 누구인가** 황수정, 〈뉴스피플〉, 1999

신화의 아우라에 휩싸인 한국 문화

조현설

오래된 담론 냄새가 폴폴 나기는 하지만,
신화가 90년대 후반 이래 한국 문화를
이해하는 주요 키워드의 하나임은
요지부동의 사실이다. 요즘 들어 신화는
애니메이션, 동화, 만화, 음악극 등 다른
예술 형식으로 재창조되어 한국사회의
문화적 감성을 두드린다. 대체 신화가
무엇이기에 우리 사회에서 이토록
지속적인 관심의 대상이 되고 있을까?
이 신화의 잔치는 언제 파장을 맞이할까?

이미 오래된 담론 냄새가 폴폴 나기는 하지만, 신화가 1990년대 후반 이래 한국 문화를 이해하는 주요 키워드의 하나임은 요지부동의 사실이다. '또 신화냐' 하고 지겨워할 이들도 있을지 모르겠으나, 여전히 신화를 요모조모로 다룬 출판물들이 이틀이 멀다 하고 쏟아져 나오는 게 현실이다. 요즘 들어 신화는 지금까지 덜 알려진 신화의 내용을 소개하는 데 그치지 않고, 애니메이션, 동화, 만화, 음악극 같은 다른 예술 형식으로 재창조되어 한국사회의 문화적 감성을 두드린다. 대체 신화가 무엇이기에 우리 사회에서 이토록 지속적인 관심의 대상이 되었을까? 이 신화의 잔치는 언제 파장을 맞이할까?

먼저 신화 바람이 일기 시작한 90년대 후반으로 시계를 되돌려보자. 유재원 교수가 그리스 신화를 〈현대문학〉에 연재한 때가 1997년이고, 이듬해에 『그리스 신화의 세계』가 출간된다. 신화 열풍의 진원이 된 이윤기가 그리스로 신화 기행을 떠나고 『그리스 로마 신화』를 내놓기 시작한 때가 2000년이다. '해리포터' 시리즈가 국내 독자와 만난 게 1999년이고, 영화로 개봉된 게 2001년, 판타지 소설의 고전적 저작인 『반지전쟁』이 번역된 때가 1998년, 영화 개봉이 2002년이다. 판타지 소설의 흐름에서 보면 신화열에 앞서 1994년에 『퇴마록』이 나왔고, 1998년에 『드래곤 라자』가 출현했다. 대강 꼽았지만 90년대 중반 이래 10여 년 이상 한국 문화판은 신화 또는 신화적 상상력의 아우라에 휩싸인 셈이다.

왜 이때였을까? 이런 질문을 받으면 나는 주저하지 않고 사회현실로부터의 이완을 그 주범으로 지목한다. 문민정부 출범 이후 한국사회가 이룩한 민주화는 현실의 긴박한 화두로부터 대중을 도피하게 만들었다. 피땀으로 범벅된 민주화와 근대화가 그 얼굴을 보인 순간, 얼굴에 가득한 또 다른 수심을 읽은 형국이라고나 할까. 근대화의 속도에 대한 반성이 예술가들과 인문학계에 공안이 된 것도 이 무렵이다. 피로감에 휩싸인 대중은 위안처를 찾게 마련이다. 출판계도 더 이상 사회과학 서적 출판으로 먹고살기 어렵게 되었다. 이 불안한 시장에 위안물로, 아니 보물단지로 열린 것 가운데 하나가 판타지 소설이나 신화였다. 이렇게 촉발된 신화열의 확산에는 디지털 테크놀로지의 발전도 크게 한몫했다. 지난 10여 년간 비약적으로 발전한 디지털 기술은 우리가 상상한 세계를 실사처럼 재현해냈다. 〈쥬라기 공원〉에서 〈반지의 제왕〉으로 이어지는 실감나는 상상세계는 말 그대로 '꿈꾸면 현실이 되는' 세계였다. 영화판에서만이 아니라 인터넷게임 산업 현장에서도 동일한 현상이 일어났음은 주지의 사실이다. 그 동안 재현 불가능하다고 여겼던 신화의 세계가 영화나 게임으로 재현되자 그 원천인 신화 자체에 대한 흥미가 다시 촉발됐던 것이다. 이 피드백의 과정에서 신화를 중심으로 한 문화산업의 한 축이 구축되었고 바로 지금 확산일로에 있다고 해도 과언이 아니다.

그러나 90년대 후반 이래의 신화열을 위안물이나 문화산업이라는 감각으로만 읽고 말면 신화가 섭섭해할지도 모르겠다. 신화에 대한 관심에는 신화적 사유를 솎아내려고 했던 근대의 이성중심적이고 인간중심적인 사유에 대한 근원적 반성이 깔려 있어서다. 서양 발 근대라는 아수라를 생각해보라. 19세기 이래 실증주의와 역사주의가 만나 이룩한 이성에 대한 한없는 신뢰, 기술 진보에 대한 확신, 자

연 정복을 통한 유토피아 건설에 대한 믿음이 무엇을 낳았
는가를. 두 차례의 대전과 여전히 지속되는 전쟁들이 불러
오는 대량학살, 개처럼 부려야 한다는 자연관이 낳은 생태
계 파괴라는 지극히 사나운 얼굴이 아니었던가. 신화적 인
식론이 우리보다 일찍 서양 정신사의 수면으로 부상한 것
은 그쪽이 먼저 근대화의 이면을 경험했기 때문이다.

주지하듯이 신화는 합리성에 반하는 세계를 담고 있지 않
은가. 신화는 현실적으로 명백히 지칭할 수 있는 것을 표
현하거나 상호소통을 지향하는 합리적 이야기가 아니라
공상적이고 초현실적인 이야기, 합리적 판단과는 배치되
는 인간의 믿음이 개입된 이야기다. 그래서 신화에는 어떤
이성의 체계로도 환원 불가능한 이질적 요소들이 얽혀 있
는데 그 때문에 신화는 이성중심주의를 거부한다. 그러나
바로 그 때문에 신화는, 명료한 의미체계가 세워지기 이전
의 담론으로 평가절하되거나 명료한 해석의 부수적 담론
으로 간주되는 게 아니라 명료한 의식까지를 포괄하는 폭.

넓은 의미체계로 확대된다. 이런 의미에서 신화는 열려 있는 인식론이다. 조르주 귀스도르프 같은 철학자는 이런 생각을 더 밀고나가 신화야말로 최초의 형이상학이고 신화는 이성의 종말이 아니라 이성의 시작이라는 과격한(?) 주장까지 내놓은 바 있다. 신화적 사유가 앞으로도 지속적으로 의미를 지닐 수 있는 이유가 바로 여기에 있다.

근래 한국사회의 신화열에도 분명 이런 근대의 반성이라는 측면이 있다. 일본을 경유하여 쓰나미처럼 몰려온 근대화의 맹렬한 흐름 속에서 그 속도를 따라잡기 위해 달려온 것이 지난 100년이었다. 그 과정에서 우리는 과학적 이성을 기반으로 경제발전과 민주주의의 성장이라는 열매를 얻었다. 이 속도전 속에서 굿 문화로 상징되는 신화적 인식론은 미개한 초가지붕이나 먼지 나는 흙길로 치부되어 아스팔트 아래 깔려버렸다. 신화열에는 이런 아스팔트길의 폭력적 속도에 대한 반문이 없지 않다. 그러나 우리의 경우 신화에 대한 관심이 문화산업에서 일어난 이미지 폭발과 맞물리면서 신화를 통한 근대 성찰은 희석되어버린 느낌이다. 신화와 근대 또는 탈근대라는 담론이 우리 사회에 유통된 적이 있었는가. 대중들의 신화에 대한 관심과는 별도로, 아니 그 관심을 성찰하기 위해서라도 우리 시대의 신화적 인식론에 대한 이론적 탐구가 긴요하지 않을까?

이론적 탐구와 상관없이, 또는 탐구를 비웃기라도 하듯이 신화는 이미 문화산업의 주요 거점이 되었다. 그런데 그 첫 매듭은 불행하게도 한국 신화가 아니라 수십 년 동안 학교 교육에서 필독 도서의 이름으로 권장되어온 그리스 로마 신화였다. 이윤기의 『그리스 로마 신화』가 성공하자

한국에서 신화는 문화산업의 주요 거점이 되었다. 그러나 그 첫 매듭은 한국 신화가 아니라 수십 년 동안 학교 교육에서 필독 도서의 이름으로 권장되어온 그리스 로마 신화였다.

재빨리 치고 나온 것이 2002년부터 출간되기 시작한 『만화로 보는 그리스 로마 신화』였고 이 시리즈는 그야말로 흥부 박타기가 되었다.

그러나 이 성공 신화가 바람직한 것이었는지에 대해서는 의문이 남는다. 신화의 표본으로 그리스 로마 신화가 한국사회에서 지속적으로 재생산되는 것은 서유럽중심주의를 조장하고 확인해주는 게 아니냐는 반문이 있어서다. 더구나 그것이 만화 형식으로 재현되어 아이들에게 부정적 각인 효과를 발휘하는 것, 이를테면 남성중심적 문화나 고정된 성별 역할의 교육을 담당하고 부지중에 서양중심적 인간 이해나 팔등신 지상주의를 선사하는 것은 더 심각한 문제다. 하지만 열기 속에 비판의 목소리는 묻혀버렸다.

신화가 지적 재산권에 구애받지 않고 누구나 활용할 수 있는 인류 공동의 문화자본임에는 틀림없지만, 문화적 정체성에 대한 고민 없이 돈벌이 수단으로만 사용될 때 그 폐해는 상상하기 어려워진다. 이런 반성이 그리스 로마 신화의 그늘에서 신화연구자, 동화작가, 출판편집자 등 관계자들 사이에 교환되었고, 그 결과 우리 신화에 대한 관심이 높아졌다. 최근 몇 년 사이 우리 신화의 내용을 알리는 대중적 출판과 한국 신화를 바탕으로 한 2차 창작물이 활기를 띠기 시작한 것이 그 증거다. 따지고 보면 그리스 로마 신화의 성공이 우리 문화산업계의 좋은 반면교사 노릇을 한 셈이다.

우리 신화에 대한 일련의 관심이 문화콘텐츠로 활용된 몇 가지 사례를 들어보자. 먼저, 출판 쪽을 보면 『소별왕, 대별왕, 당금애기』를 필두로 5권까지 이어진 '한겨레 옛이야기' 시리즈의 '신화편'을 기억할 만하다. 아동물이고, 그리스 로마 신화 열풍에 좀 밀려나기는 했지만, 우리 신화의 중요성을 일찍 자각한 예다.

그 뒤 이어서 나온 『왜 우리 신화인가』『우리가 정말 알아야 할 우리 신화』『살아 있는 우리 신화』『우리 신화의 수수께끼』 등은 한국 신화와 동북아 신화에 대한 풍부한 소개와 다양한 해석을 보여주어 신화를 활용하려는 문화산업계의 좋은 나침반이 되었다.

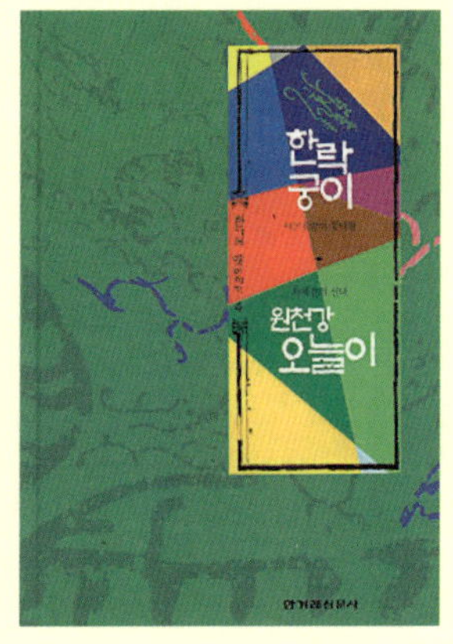

우리 신화에 대한 관심이 문화콘텐츠로 활용된 '한겨레 옛이야기' 시리즈. 민족의 정서가 가득한 내용과 우리 민족의 고유 색채에 한국적 캐릭터를 접목, 어린이책의 질과 형식을 한 단계 끌어올리고자 했다.

이런 1,2차 텍스트들이 축적되어야 다양한 재창조가 이뤄질 수 있는데 재창조에는 동화 쪽이 가장 앞서 있다. 2006년에 프랑스의 아동청소년문학상인 앵코륍티블 상을 받은 김진경의 3부작 장편 판타지 동화『고양이 학교』는 프랑스어뿐 아니라 중국어와 영어로까지 출간되었을 만큼 국제적인 이름을 얻었는데 이 '학교'를 이끄는 비밀이 신화다.『고양이 학교』는 어른들이 알지 못하는 사이에 세계가 파괴될 위기에 처하자 고양이와 어린이들이 힘을 합쳐 악의 힘과 맞서는 구도를 가진다. 이렇게 동물과 인간은 벗이고, 동물에게는 신비한 능력이 있다고 믿는 사고야말로 신화적 사고 아니던가. 더구나 이 작품은 세계 신화를 다양하게 활용하고 있음에도 그 바탕에 한국 신화를 포함한 동아시아 신화를 포진시켰다는 점에서 신화 활용에 대한 소중한 시사점을 던진다. 그 밖에도『마고할미는 어디로 갔을까』『우리 집에 온 마고할미』등 다양한 창작물이 있지만 일일이 거론할 지면이 없다.

애니메이션 쪽에서는 이성강 감독의 작업을 주목해야 한다. 그는 일찍이 〈오늘이〉라는 아름다운 단편 애니메이션을 내놓았는데 제주도 무속신화의 하나인 '원천강본풀이'

를 화면으로 옮긴 작품이다.

'원천강본풀이'는 빈 들판에서 새 한 마리를 친구 삼아 홀로 자란 소녀 오늘이가 부모를 찾아 사계절이 모여 있는 원천강이라는 신화적 공간으로 여행을 떠나는 이야기다. 한 편의 수채화 같은 애니메이션으로 재창조된 〈오늘이〉는 인간의 운명과 성장의 문제, 나아가 원천강으로 상징되는 시간에 대한 한국 신화의 인식을 담은 수작이다.

올해 내놓은 장편 애니메이션 〈천년여우 여우비〉는 신화와 무관한 구미호 이야기를 끌어왔지만 결말은 대단히 신화적이다. 인간의 혼을 빨아들여 인간이 되려고 하는 구미호가 오히려 인간의 구원을 위해 희생한다는 역설적 시각은 바리데기의 구원 모델을 구미호 전설에 접합한 것이다. 이런 신화적 구미호 해석을 통해 구미호는 기괴하거나 폭력적인 이미지가 아니라 어린이들이 가까이 해도 좋을 친구로 재탄생했다. 신화적 사유가 애니메이션과 어떻게 어울리는지를 〈천년여우 여우비〉는 증명한다.

만화 가운데 흥미 있게 지켜본 작품은 〈돌아온 자청비〉다. 김달님이라는 만화가가 '다음'에 연재했는데 제주도 무속신화인 '세경본풀이'를 각색한 만화다. '세경본풀이'의 주인공 자청비는 청중이나 독자의 흥미를 불러일으킬 만한 갖가지 수난을 극복하고 천상으로 올라가 옥황상제의 아들 문도령과 결혼을 한다. 그리고 문도령과 더불어 지상에 내려와 농사를 관장하는 세경신이 된다. 〈돌아온 자청비〉는 주인공이 한미 자유무역협정FTA 등으로 우리 농업에 위기가 닥쳐오자 사라져버린 농경신 자청비를 찾아 나서는 구도로 짜여졌다. 신화와 현실을 하나의 옷감으로 짜는 작가의 새로운 시각과 솜씨가 볼 만하다.

최근 몇 년 사이 한국 신화를 바탕으로 한 2차 창작물이 활기를 띠기 시작했다. 애니메이션 쪽에서는 이성강 감독의 작업을 주목해야 한다. 그는 한국 신화가 지닌 서사의 힘, 사유의 힘을 애니메이션으로 재창조했다. 위는 신화적 결말을 지닌 〈천년여우 여우비〉, 아래는 제주도 무속 신화를 재창조한 〈오늘이〉다.

그런데 '원천강본풀이'든 '세경본풀이'든 '바리데기'든 우리 신화는 주인공의 희생이나 포용, 지혜를 통한 세계의 구원을 주제로 삼는다는 사실을 특별히 기억해야 한다. '원천강본풀이'의 오늘이는 여행 도중 만난 장상이와 연꽃나무, 큰 뱀, 하늘나라 시녀들의 문제를 다 들어주고 자신의 집으로 간다. '세경본풀이'의 자청비는 하인 정수남의 폭력을 지혜로 이기고 하늘나라의 시험을 온몸으로 감내한다. 저 유명한 '바리데기'는 병에 걸린 아버지 오구대왕을 치료할 약물을 구하려고 고난에 찬 저승 여행을 마다하지 않는다.

콘텐츠 생산자들이 신화에 담긴 기발한 상상력 하나하나를 활용하는 것도 중요하지만 우리 신화 자체가 지닌 서사의 힘, 나아가 사유의 힘이야말로 세계에 내놓아도 통할 만한 콘텐츠가 아닌가 깊이 생각해볼 일이다.

어린이날 즈음에 아이들과 함께 국립국악원이 만든 〈마고 할미〉라는 어린이 음악극을 보았다. 마고신화를 바탕으로 춤과 판소리, 그리고 전통음악이 어우러진 작품이었다. 창조신화가 아이들과 만날 수 있는 하나의 가능성을 보았 지만 동시에 마고신화 자료를 충분히 살려내지 못했다는 생각이 들었다. 아무리 무대 장치가 화려하고 안무가 훌륭 해도 극을 이끌어가는 이야기의 힘이 약할 경우 극의 연출 효과가 반감될 수밖에 없음을 절감한 자리였다.

21세기 문화의 대종을 이루는 디지털 문화는 이야기 문화 이고 동시에 판타지를 지향하는 경향이 있다. 이런 문화 적 흐름과 가장 어울리는 짝이 바로 신화다. 신화는 모든 이야기의 원천이고 신화 자체가 거대한 판타지이기 때문 이다. 그렇다면 천지왕과 소·대별왕, 당금애기, 한락궁 이, 강림도령, 감은장아기, 백주또, 괴네깃도, 양이목사, 삼태성, 선문대할망 등 적지 않은 이야기를 보유한 우리 신화야말로 문화산업의 '블루오션'이 아니겠는가. 훼방꾼 이 없는 한 신화 잔치는 당분간 계속될 터이다.

◆ **살아있는 우리 신화** 신동흔, 한겨레출판, 2004

무속신화를 평이하게 풀어 쓴 책이다. 흔히 무가라고 부르는
무속신화에는 옛 기록이 잃어버린 천지개벽, 인류기원,
일월성신의 창조 등 무속의 여러 신들에 대한 이야기가 담겨 있다.
그 가운데 25편의 신화를 골라 간단한 해설을 곁들여 소개한다.

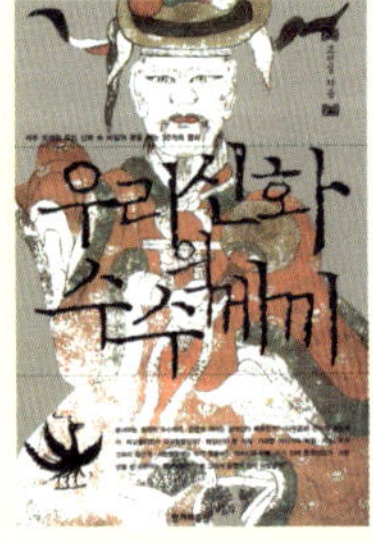

◆ **우리 신화의 수수께끼** 조현설, 한겨레출판, 2006

한국 신화에서 그 동안 잘 해명되지 않았던 부분들을 동아시아
신화와 연결해서 새로운 해석을 시도한다. 신화 내용
소개보다 해석에 치중하고 있으며, 같은 출판사에서 나온
『살아 있는 우리 신화』의 자매편이라고 봐도 좋다.
한국 신화에 대해 좀더 깊이 이해하고 싶은 독자를 위한 책이다.

◆ **우리가 정말 알아야 할 우리 신화** 서정오, 현암사, 2003
◆ **왜 우리 신화인가**(개정판) 김재용 외, 동아시아, 2004

독립, 인디라는 유령

이송희일

소설이나 그림과 달리, 영화는 태생부터
자본을 매개해야 했고, 창작의 자유를
원한 소수의 영화작가들은 불간섭의 제작
시스템을 찾기 시작했다. 이처럼 독립영화의
역사란 영화 역사가 시작되면서 그 역사
내부에 존재하기 시작한, 영화의 상업성에
대한 반작용과 저항의 여정이다. 만일
독립영화를 한 문장으로 요약하라고
한다면, 이렇게 말할 수 있다. 독립영화는
'자본으로부터의 독립'이다.

1994년 영화를 배우기 시작했을 무렵, 주변 사람들이 근황을 묻곤 했는데 그때마다 '독협(독립영화협의회의 약칭)'에 있다고 짧게 대답했다. 어떤 이들은 대답을 듣고 의아한 표정을 지으며 "독립만세협회?"라고 되묻는 진풍경을 연출해 씁쓸한 웃음을 자아냈다. 하긴 2000년 '디지털, 대안, 독립'이라는 슬로건을 내걸고 막 태동한 전주국제영화제를 찾은 어느 기자는 '디지털로 대한독립'을 하는 거냐고 진지하게 물어 기자회견장을 웃음바다로 만들기도 했다. 그 정도로 '독립영화'에 대한 세간의 인지도는 극히 낮았다. 물론 요즘은 더 이상 독립만세운동을 연상하지 않는다. 독립영화, 인디영화라는 말이 어느덧 도처에 유령처럼 떠돌고 있어서다.

지금, 서양 자본주의의 경제적 모델을 받아 안고 살아가는 거의 모든 사회에서 '인디'라는 수사는 더 이상 낯선 문화적 형식이 아니다. 인디음악, 인디영화, 인디적 감수성, 인디적 태도, 인디지향성 등 '인디'라는 수사는 특정 표현 매체에 대한 적용 수위를 넘어 한 개인의 라이프스타일 또는 삶의 감수성을 윤곽 짓는 문화적 형식을 지칭하는 지시어로 자리매김했다.

그렇다면 '인디'라는 지시어가 가리키는 것은 무엇일까? 무엇을 인디적이라고 표현할 수 있을까? 이와 관련하여 열거 가능한 용어들은 공교롭게도 모두 추상명사다. 저항, 비주류, 간섭받지 않는 창작에의 의지, 하위문화, 자율, 독립, 자발적 가난 등등. 인디라는 지시어는 특정 사물이나 명확한 디테일 또는 구체적 상황을 가리킨다기보다 앞서 열거했듯이 주류 문화와 대척되는 어떤 일련의 태도를 지칭하는 개념어로 보는 게 타당하다. 명확하게 하나의 의미로 조율해서 쓸 수는 없지만, 당대 사회의 '주류적인 것' '지배적인 것'과 대척하는 어떤 문화적 경향과 태도, 세계관을 통칭한다.

오늘 여기서 다룰 인디필름, 곧 인디필름의 한국어 직역이라고도 볼 수 있는 '독립영화' 역시 영화를 구성하는 구체적 요소의 차이라기보다는 영화를 대하는 '태도'의 문제틀로 바라보아야 이해하기 쉽다. 그런데 과연 독립영화는 영화에 대해 어떤 태도를 갖고 있는 것일까? 이 질문에 정확한 답을 제시하는 게 가능할까? 과연 어떤 종류의 영화를 독립영화라고 봐야 할까? 독립영화를 이해하기 위해서 잠시 영화의 역사를 살펴본다.

흔히들 1920년대 '전위영화avant-garde'를 독립영화의 시초로 본다. 최초의 공포영화라 할 수 있는, 정신병자의 망상에 관한 영화 〈칼리가리 박사의 밀실〉(1919)은 독일 표현주의의 직접적 표현이었고, 루이스 브뉘엘의 그 유명한 〈안달루시아의 개〉(1929)는 당대에 창궐했던 초현실주의 운동을 결정적으로 묘파하는 영화적 텍스트였다. 이 영화

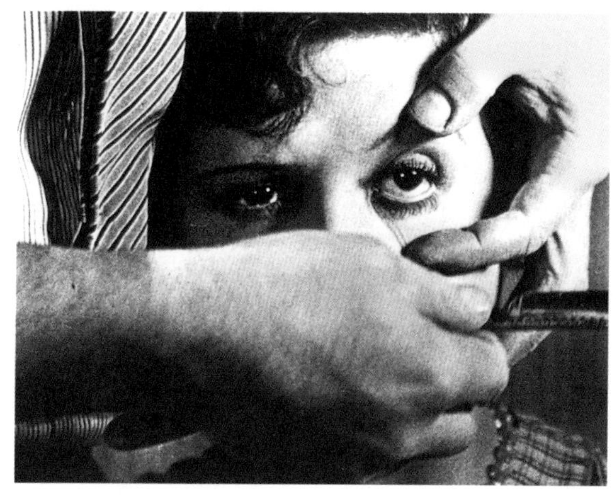

흔히 1920년대 전위영화를 독립영화의 시초로 본다. 루이스 브뉘엘의 〈안달루시아의 개〉는 당대에 창궐했던 초현실주의 운동을 결정적으로 묘파하는 영화적 텍스트였다.

들을 전위영화라고 부른 까닭은 표현주의와 초현실주의
가 리얼리즘에 대한 반동에서 출발했듯이, 19세기 말 영
화가 탄생한 이래 줄곧 영화를 사진의 또 다른 복제 기술
로서 이해하고, 또 그렇게 사물을 있는 그대로 찍어서 영
화를 제작하던 당시의 경향에 대한 대대적인 선전 포고였
기 때문이다. 이 창의적인 실험영화 작가들은 영화를 실
제의 재현물이 아니라 마법과 환상의 구현물을 위한 새롭
고도 열정적인 마술 상자라고 생각했다.

하지만 장기 불황과 파시즘의 등장은 영화적 실험을 중지
하게 만들었다. 전위영화는 기록영화로 대체되고 감독들
은 비교적 제작이 용이한 전통적 영화작업으로 되돌아갔
다. 게다가 할리우드가 마법과 환상에 관한 영화들을 만
들어 돈을 벌기 시작하면서 20년대를 전후로 하던 전위영
화의 포효는 점차 잊혀진 전설이 되고 말았다. 그 뒤 전위
영화는 미국으로 건너가 언더그라운드영화, 그리고 독립
영화라는 이름으로 새롭게 부상하기에 이른다.

지금 세계적으로 통용되는 인디영화는 40-60년대에 폭발

적으로 발흥했던 미국 언더그라운드영화에서 그 시원을 찾을 수 있다. 지금까지도 컬트영화 팬들에게 가장 숭앙받는 케네스 앵거의 〈불꽃〉과 잭 스미스의 〈황홀한 피조물들〉뿐 아니라 스탠 브래키지, 조나스 메카스 그리고 마야 데렌 같은 본격 모더니즘적 영화 작가들, 그리고 앤디 워홀로 대변되는 팝 아트에 이르기까지 미국 언더그라운드 영화들은, 주류 할리우드가 스튜디오라는 공장을 지어 공식화된 장르와 내러티브로 영화를 대량생산해서 엄청난 부를 축적하는 사이, 적은 예산과 창의적 감각으로 공식화된 영화 문법을 파괴하고 새로운 영화 언어를 창조하는 데 결정적으로 기여했다. 그들은 산업자본주의의 물신화와 이성애 중심의 섹슈얼리티, 아버지의 법으로 대변되는 가부장제 문화를 자신의 영화를 통해 통렬히 비판하고 나섰다.

그러나 아쉽게도 이 언더그라운드영화는 60년대 미국의 '뉴 아메리칸 시네마'를 거치면서 점차 힘을 잃었고, 인디영화제를 표방했지만 점차 상업적으로 변질된 '선댄스영화제'의 모습에서 유추할 수 있듯이 그 찬란했던 저항의 역사는 지금 잠시 정체된 채 호흡을 가다듬고 있다.

인디영화란 개념은 이처럼 전위영화, 언더그라운드영화(또는 지하영화)라는 특정 영화 사조를 경유하며 최근에 이르러서야 일반화된 표현으로 정착되었다고 봐야 한다. 120여 년의 영화 역사에서 전위영화, 언더그라운드영화 같이 주류 영화와 대척되는 영화 제작 경향의 특징을 훑어봤을 때 최소한의 공통적 특성이 발견되는데, 그것은 바로 '자본으로부터의 독립'이었다. 소설이나 그림과 달리, 영화는 태생부터 막대한 예산이 들어가는 협업 형태의 제

케네스 앵거와 잭 스미스를 비롯한 실험영화 작가들은 빛과 사운드를 다채롭게 실험함으로써 극영화 위주의 할리우드에 의해 단선적으로 진화하던 영화 미학을 다른 각도에서 발전시키는 데 큰 영향을 미쳤다. 왼쪽은 초현실주의의 형식 실험을 빌려 동성애자 커뮤니티 문화를 조명한 케네스 앵거의 데뷔작 〈불꽃〉, 오른쪽은 상영 금지와 압류 처분을 받았지만 영화 역사상 가장 추앙받은 컬트 중 하나인 잭 스미스의 〈황홀한 피조물들〉이다.

작을 바탕으로 할 뿐 아니라 '극장'이라고 하는 일시적이며 집단적인 소비 형태의 새로운 문화 시장을 형성하고 있어 필연적으로 자본을 매개할 수밖에 없었다. 따라서 창작의 자유를 원한 소수의 영화작가들에게 이런 자본의 매개는 '필요악'과 '절대악' 사이를 고민하게 만들었다. 자본에 제약 당한 상상력의 탈주를 꿈꾸는 영화작가들은 어쩔 수 없이 공공기금이나 개인 돈으로 조성된 소규모 예산으로 영화를 제작해야만 했다. 이런 불간섭의 제작 시스템만이 그들의 자율을 보장할 수 있었기 때문이다.

독립영화의 역사란 영화 역사가 시작되면서 그 역사 내부에 존재하기 시작한, 영화의 상업성에 대한 반작용과 저항의 여정이다. 만일 독립영화를 한 문장으로 요약하라고 한다면, 이렇게 말할 수 있다. 독립영화는 '자본으로부터의 독립'이다.

한국에서는 언제 독립영화가 시작되었을까? 나운규의 〈아리랑〉(1926)을 한국 영화의 시원으로 잡으면 한국 영화의 역사는 90여 년이 되는 셈인데, 그에 비해 한국 독립영화의 역사는 그리 길지 않다. 70년대의 몇몇 작품을 독립영화의 출발점이라고 주장하는 사람도 있지만, 대부분 80년

88올림픽 때 개발 독재로 삶의 터전
을 뺏긴 상계동 사람들에 관한 다큐
멘터리 〈상계동 올림픽〉은 한국 독
립영화 역사의 첫 단추로 불린다. 그
뒤 김동원 감독은 〈송환〉으로, 독립
다큐멘터리의 역사를 다시 썼다.

대 민주화 운동 과정에서 등장한 비디오 엑티비즘, 곧 현
실참여적 비디오 작품들을 독립영화의 첫 출발점으로 인
식한다. 하지만 대개는 시위 현장 영상물이거나 조잡한
프로파간다 형식의 비디오 저널들이 많아 별개의 완성도
를 지닌 독립영화 작품으로 치부하기 어려운데, 그 가운
데 우리에게 〈송환〉으로 잘 알려진 김동원 감독의 〈상계
동 올림픽〉(1988)은 뛰어난 완성도와 영화적 깊이로 '한국
최초의 독립영화'라는 명예에 부합하다는 것이 대체적인
의견이다.

한국의 독립영화는 80년대 민주화 운동을 경유하며 90년
대에 이르러서야 본격적으로 발전했다고 봐야 한다. 그
시작을 알린 작품은 〈파업전야〉(1990)였다. 영화 전문 인
력으로 구성된 '장산곶매'라는 독립영화단체의 이 작품은
충무로 상업영화와는 전혀 다른 이질적이고 낯선 영상을
세상에 선보였고, 공권력이 헬기를 동원해 상영을 저지할
만큼 사회적 이슈를 낳으면서 사회 문제에 민감한 당시의
많은 청년들을 영화 제작 현장으로 불러들였다.

그리고 90년대 초반 민영위(민예총영화위원회)에 소속된 몇

1990년 '장산곶매'라는 독립영화
단체가 제작한 〈파업전야〉는 독립영
화의 존재와 가능성을 동시에 알린
문제적 영화다. 노동자의 삶을 정면
으로 다룬 최초의 작품으로, 공권력
에 의해 상영이 저지될 정도로 사회
적 이슈를 낳기도 했다.

인디포럼 개최와 한국독립영화협회
창립으로 독립영화는 담론 수준에
머무르는 추상적 개념어가 아니라
충무로 상업영화와 변별되는 구체적
인 특정 영화로 인식되었다. 인디포
럼 개막식.

개의 독립영화 단체들이 꾸준하게 다큐멘터리와 극영화
를 통해 사회참여적인 작품들을 만들어내면서 한국 독립
영화의 기틀을 다졌다. 그 뒤 독립영화의 최대 축제인 '인
디포럼'이 1996년에 시작되었고, 1998년에 독립영화인
들의 협의체인 '한국독립영화협회'가 창립되면서 독립영
화는 더 이상 담론 수준에 머무르는 추상적 개념어가 아니
라 충무로 상업영화와 변별되는 구체적인 특정 영화로 인
식되기에 이르렀다.

한국 독립영화의 역사가 짧긴 하지만 세계적으로 유례없
는 비약적 발전을 도모했다는 점은 주지의 사실이다. 20여
년 동안 한국의 독립영화인들은 문화의 공공성과 독립영
화를 끊임없이 연동시켜 정부에 다양한 정책들을 제안했
고, 현재 중국의 지하영화들이 겪고 있는 국가권력의 '검
열' 문제와 치열하게 싸워 상당한 양보를 얻어냈다. 학생
작품들이 많이 포진되어 있긴 해도 한 해에 제작되는 독립
영화는 장단편 포함해서 600여 편에 이르고, (준)국가기

관인 영화진흥위원회와 여타 지원 창구로부터 공적기금 성격으로 제작비를 지원받는 한국의 상황은 세계 영화인들의 질투를 받을 만큼 놀라운 성과임에 분명하다.

현실참여에서 시작된 한국 독립영화는 영화를 사회 운동의 도구로 인식하던 급진성이 상당 부분 무뎌진 반면에, 이제는 삶의 문제를 다층적으로 아우르는 다양한 '질문들'의 수용체가 된 듯하다. 영화 미학에 대한 고민에서부터 개인 자아에 대한 내밀한 고백에 이르기까지 스펙트럼이 넓어졌다. 상업영화가 획일화된 대중 감성에 닫힌 대답으로 일관한다면, 독립영화는 끊임없이 사물의 질서와 인간관계에 질문을 던지는 현세계의 스핑크스 역할을 주저하지 않는다. 질문이 없다면, 그건 독립영화의 끝을 의미할 것이다.

최근 문화적 다양성에 관한 논의가 양산되면서 독립영화에 대한 관심도 늘어나는 추세다. 독립영화를 상영하는 공간들도 늘어났고 지원책도 조금씩 다양해졌다. 또 독립영화를 '독립만세영화'쯤으로 오인하던 관객들도 이제는 상업영화와는 다른 의미와 쾌락을 얻고자 독립영화를 찾는다. 아울러 몇몇 다큐멘터리와 장편 독립영화 시장의 약진은 상당한 쾌거로 받아들여진다.

하지만 갈 길이 멀다. 상업영화의 스크린 독과점 현상은 여전히 기승을 부리고, 10여 년 동안 독립영화계가 정부에 끈질기게 요구했던 독립영화 전용관은 이제야 서울에 한 곳이 생길 정도로 각박한 인심이다. 시민들이 예술영화와 독립영화를 마음껏 볼 수 있다는 이탈리아에는 이런 전용관이 무려 1000개나 있다는데, 문화도시 서울을 주창하던 서울시는 되레 지하철 역사에 있던 독립영화 시설

한국 독립영화는 짧은 역사에도 세계적으로 유례없는 비약적 발전을 도모했다. 독립영화는 삶의 문제를 다층적으로 아우르는 다양한 질문들의 수용체로 기능하며 영화 미학에 대한 고민부터 개인 자아에 대한 내밀한 고백에 이르기까지 스펙트럼을 넓히고 있다.

왼쪽 위에서부터 시계방향으로 안슬기 〈다섯은 너무 많아〉, 이송희일 〈후회하지 않아〉, 노동석 〈마이 제너레이션〉, 신재인 〈신성일의 행방불명〉, 김성철 외 〈시간폭탄〉, 원신연 〈빵과 우유〉, 이창재 〈사이에서〉.

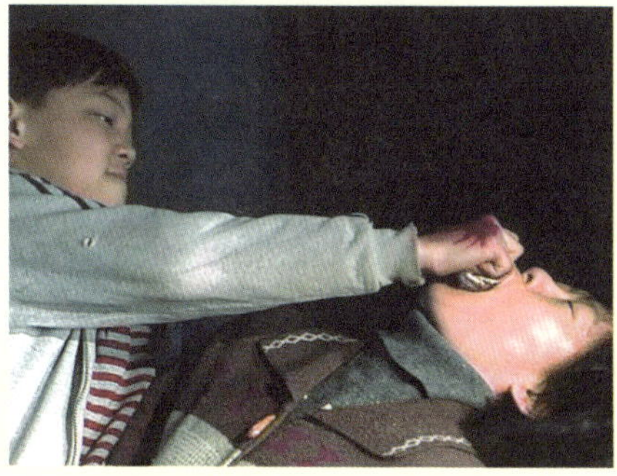

을 뺏어 창고로 만들어버릴 정도로 여전히 문화적 감식안
이 천박하다. 게다가 스크린쿼터가 축소되면서 상대적으
로 세가 눌린 충무로 상업영화의 양보를 얻어내기가 그리
녹록하지만은 않은 상황이다.

독립영화를 끊임없이 만들고 보는 것, 그리고 이 기회가
더 늘어나는 것은 우리가 7000원어치의 노동을 하고 그
대가로 극장에서 팝콘과 함께 상상력이 결핍된 그저 그런
상업영화들을 보는 계획된 즐거움을 대체하는 것, 그 이
상의 의미를 지닌다. 최저생계비에도 못 미치는 생활고에
시달리면서도 굳이 독립영화를 고집하는 작가들은 자신
의 영화가 관객들과 더 많이 만날수록 더 많은 의미가 만
들어질 거라고 믿는다. 지금 독립영화가 끌어안고 사유를
거듭하다 관객들에게 던지는 '질문들'이 바로 우리 삶이
지금보다 더 나아질 수 있다는 꿈과 희망에 대한 전언이기
때문이다. 그것은 분명 날조되지 않은, 날것의 희망이다.

◆ **계간 〈독립영화〉** 한국독립영화협회

한국독립영화협회에서 격월로 발간하는 무크지. 한국에서
발간되고 있는 유일한 독립영화 관련 잡지다. 상업영화를
다루는 여타 영화 잡지들과 달리, 독립영화 작품에 대한
다양한 리뷰를 실어 관객들과 소통하기 위해 노력 중이다.
1999년 1호를 발간한 이래 지금까지 총 30호를 발간했다.
대형 서점에서 어렵지 않게 구매할 수 있다.

◆ **부산독립영화작가론 Vol.1— 독립영화 계보 그리기, 첫줄** 부산독립영화협회, 2005

◆ **불타는 필름의 연대기** 문화학교서울, 1995

◆ **변방에서 중심으로** 서울영상집단, 시각과언어, 1996

◆ **한국독립영화협회** www.kifv.org

한국독립영화협회 공식 웹사이트. 한국독립영화협회는 독립영화를 제작하는
개인과 단체들의 협의체로, 80년대부터 시작된 한국 독립영화 역사의 응결체다.
독립영화 제작 지원, 배급 지원, 영화제, 아울러 제작 교육에 이르기까지
전방위적인 사업들을 펼친다. 장편 독립영화의 제작과 배급이 활성화됨에 따라
조직을 개편하고 배급 지원에 많은 힘을 쏟고 있다.

◆ **서울독립영화제** www.siff.or.kr

◆ **DVD작품집 〈한국 독립영화 회고전— 매혹의 기억, 독립영화〉** 2006

❖ 현대사진

김아타의 고공비행이 의미하는 것

한기호

김아타는 2005년에 미국 뉴욕의 세계적인
사진전문 출판사 어패처에서 한국 작가로는
처음으로 사진집 『The Museum Project』를
펴냈다. 또한 2006년에는 뉴욕 ICP에서
아시아 작가로는 처음으로 개인전을
열었다. 물질과 관념, 합리와 이성에서 가장
앞서나간다는 그들이 김아타와 그의 작품에
주목하는 이유는 무엇일까?

"아날로그 사진은 디지털 기술로 말미암아 새로운 가능성을 열어가고 있다. 그러나 아직 그 가능성은 5퍼센트도 열어 보이지 않았다."

내가 김아타에게서 처음 들은 말이다. 2004년 어느 가을날, 박생광 탄생 100주년전이 열린 이영미술관에 가기 위해 나는 사람들과 함께 봉고차에 올랐다. 내 옆자리에 김아타가 앉았지만 그 말을 듣기 전까지 우리는 수인사도 나누지 못한 상태였다. 봉고차를 운전하던 이가 아들이 사진을 배우고 싶어 하는데 사진에 희망이 있느냐고 묻자 김아타는 그렇게 답했던 것이다.

그 말을 듣는 순간 김아타가 무척 살갑게 느껴졌다. 나는 2000년에 이미 『디지털과 종이책의 행복한 만남』이라는 책에서 종이책은 디지털(기술)과 행복하게 결합해 새로운 가능성을 열어갈 것이라고 한 적이 있다. 지금이야 디지로그라는 말이 낯설지 않게 느껴지지만 그 당시는 디지털과 아날로그를 대척점에 놓고 하나는 살고 하나는 죽을 거라는 이야기가 마구 퍼졌다. 그런 이분법적 생각이 완전히 사라지지 않은 마당에 나와 같은 생각을 가진 사람을 만났으니 반가울 수밖에 없었다.

그 뒤 얼마지 않아 김아타는 평창동에 자리한 작업실에 10여 명을 초청해서 자신의 작품을 보여주었다. 그 가운데 '해체' 시리즈나 'The Museum 프로젝트'는 대단한 충격을 주었다. 벌거벗은 인간을 자연이라는 밭에 볍씨 뿌리듯 마구 던져놓은 '해체' 시리즈는 "끊임없이 진화하는 인간의 본능을 제어하려는 반성적 의미"(이하 따로 출전을 밝히지 않은 인용은 김아타의 두 책 『ON-AIR: 뉴욕의 신화가 된 아티스트 김아타의 포토로그』『물은 비에 젖지 않는

다: 탐구와 역설의 아티스트 김아타의 모노로그』에서 가져왔다)에서 시작되었으며, "동시대의 환경과 사람, 원초적인 폭력과 성, 정치와 종교적 이데올로기를 유리박스 속에 설치"한 'The Museum 프로젝트'는 "모든 사물을 동일시하며 '모든 사물은 존재의 가치를 지닌다'는 동양사상의 즉물주의로 인식"한 것이었다.

사진예술에 대해서는 예나 지금이나 문외한인 나는 그의 설명과 함께 작품을 보면서 사진도 회화처럼 인간의 관념을 무한히 표현할 수 있음을 처음 알았다. 또 'ON-AIR 프로젝트'의 초기작들은 그의 말대로 디지털 기술이 아날로그 사진의 가능성을 한껏 키워놓은 작품임을 느꼈다. 그런 느낌을 받은 것은 나만이 아니었던 듯하다. 그래픽 디자이너, 언론인, 출판인 등 그 자리에 모였던 모두는 사진을 보고 충격을 받았다고 이구동성으로 고백했다. 박생광, 전혁림 등의 패트론이기도 한 이영미술관 김이환 관장은 "백남준은 저리 가라다"며 김아타에게 아티스트로서는 최고의 찬사를 아끼지 않았다.

사실 나는 김아타를 만나기 전에도 사진의 중요성을 어설프게나마 깨닫고 있었다. 디지털 기술이 등장한 뒤 책은 문자와 이미지의 상생을 통해 새로운 가능성을 열어가야만 했다. 이때 비주얼로서 사진의 중요성은 그 무엇보다 커졌다. 인터넷의 등장으로 책은 정보 이상의 의미를 담아야 했다. 갈수록 스토리텔링이 중요해지는 것도 그런 이유다. 그런데 잘 찍은 사진 한 장은 장편소설이나 영화 한 편 이상의 강렬한 서사를 담아내기도 한다. 따라서 사진 한 장만 잘 실어도 책의 부가가치는 엄청나게 커진다. 디지털 기술 때문에 등장한 다큐멘터리 일러스트레이션이

벌거벗은 인간을 자연이라는 밭에 볍씨 뿌리듯 마구 던져놓은 김아타의 '해체' 시리즈는 끊임없이 진화하는 인간의 본능을 제어하려는 반성적 의미에서 시작되었다.

한때 그런 역할을 자임하려 했지만 결정적 한계가 있었다. '사이버'는 '실물'이 갖는 감동을 결코 가질 수 없음이 증명되었기 때문이다.

마케팅 전략 수립의 전술적 사고를 다룬 『보이지 않는 뿌리』란 책에는 수많은 실물사진이 등장한다. 고객을 판매 대상이 아닌 인간적 존재로서 바라보아야 한다는 설명이 붙은, 수만 송이 하얀 튤립 가운데 한 송이 붉은 튤립이 놓여 있는 사진을 보고서는 심장이 멎는 듯한 충격을 받았다. 일러스트레이션으로 이루어진 아동용 전기에서 테레사 수녀가 운명하는 순간의 실제 사진을 보았을 때도 같은 느낌이었다. 그때부터 책과 사진은 찰떡궁합이라는 생각을 했다.

그즈음 읽은 책이 1997년에 일본에서 출간된 고토 시게오 後藤繁雄의 『New Text』란 책이다. 1990년대에 젊은이들은 이미 나는 도대체 어떤 사람인가(자기 찾기), 어떤 세계에서 이야기를 만들어가고 있는가(있을 곳 찾기), 그리고 그 탈출구는 어디에 있는가(출구 찾기) 같은 동기부여를 확인하는 장치로써 사진과 카메라를 재발견했다는 것이 고토의 인식이었다. 게다가 비록 인종이 다르고 언어가 통하지 않더라도 사진으로는 커뮤니케이션이 가능했기에 사진은 이미 '세계의 공통어'가 되었다. 고토 시게오의 지적처럼 "냉전체제 붕괴, 이데올로기라는 언어의 무력화, 국가나 역사 등 '큰 이야기'로부터 사적 일상이라는 '작은 이야기'로의 이행, 미디어에 의한 '현실의 픽션화＝픽션의 리얼화' 같은 터닝 포인트가 사진이라는 영역으로 분출"하고 있는 셈이다.

김아타를 처음 만난 그때 나는 한 대학원에서 '휴대전화가 책 문화를 어떻게 바꿀 것인가'를 주제로 강의를 하고 있었다. 디지털 카메라의 기능까지 갖춘 휴대전화는 이미 읽기와 쓰기, 정보의 송수신을 모두 해냈다. 따라서 나는 휴대전화가 결국 책의 구조와 개념마저 바꿀 것으로 보았다. 사실 오늘날 휴대전화는 미디어, 상점, 판매채널, 만남의 공간 등으로 자리 잡으면서 모든 행동의 출발점이 되었다. 누구나 언제 어디서나 자유롭게 사진을 찍는(동영상 제작도 가능해 UCC 시대를 여는 데 한몫하기도 했지만) 일이 가능해졌으니 사진이 앞으로 '미디어의 제왕'이 되지 않겠는가라는 생각을 어렴풋이 하게 되었다. 그즈음 사석에서 그런 이야기를 떠들어보기도 했는데 그때 김아타를 만난 것이다.

첫 만남 이후 나는 2년 반 동안 그의 거침없는 '여행'을 옆에서 지켜보았다. 올해 봄 나는 평창동 스튜디오에서 김아타의 최근 작품을 다시 감상할 수 있었다. 그는 2005년에 미국 뉴욕의 세계적인 사진전문 출판사 어패처Aperture에서 한국 작가로는 처음으로 사진집 『The Museum Project』를 펴냈다. 또한 2006년에는 뉴욕 ICP(International Center of Photography)에서 아시아 작가로는 처음으로 개인전 〈Atta Kim: On-Air〉를 열었다. ICP는 2004년에 중국 현대사진가 50명의 대대적인 그룹전을 개최한 바 있고 2008년에는 일본 현대사진 50인 그룹전을 개최할 예정이다. 물질과 관념, 합리와 이성에서 가장 앞서나간다는 미국, 눈에 보이는 것을 바로 상품으로 만들어 유통하는 데에 최고의 실력을 발휘하던 미국의 문화는 21세기에 들어서면서 그 한계를 드러내보였다. 2001년의 9.11 테러는 그런 공허함을 매우 명확하게 인식하는 계기가 되었다.

결핍은 충족을 요구한다. 정신적, 철학적 공허라는 결핍을 느꼈던 미국은 그를 충족하기 위해 동양문화에서 방법론을 찾기 시작했다. 눈으로 보고 바로 이해하는 것이 사진이라고 생각했던 그들에게 동양의 사진은 충격 그 자체였다. ICP가 동양의 사진을 중요시하게 된 데는 그런 흐름이 깔려 있다. 눈에 보이는 현상만을 만들어서 편리하게 지내온 미국은 정보의 빠르기를 넘어서는 중요한 그 '무엇'이 있음을 깨달았다. 그들은 우주와 자연의 섭리에서 창출하고 관계할 수 있는 에너지원을 동양사상에서 찾았다. 지금 미국의 대형 서점에는 노자, 장자에 대한 책만 수천 권이 진열되어 있다. 거기서 더 나아가 이제 한중일 세 나라의 사진에 담긴 사상을 찾아내고자 하는 것이다.

김아타는 자신의 책에서 사진을 "현전現前하는 매체 중에서 가장 강력한 매체"라고 확신한다. 그 이유는 무엇일까? 나는 그에게 아무것도 모르는 어린아이처럼 무작정 그 이유를 물었다. 그의 대답은 이렇다. 첫째, 비주얼이다. 인간의 몸에서 유일하게 세상과 소통하는 창구는 눈이다. 인류의 역사는 시지각에 의해서 발전한다고 해도 과언이 아니다. 그런데 영화나 뮤지컬, 비디오 등은 뇌의 한계, 축적의 한계, 인상의 한계 등으로 한 장의 사진이 던져주는 강력한 임팩트를 따라잡을 수가 없다. 둘째, 사진은 인간의 진화 속도에 맞춰 진화할 수 있는 유일한 매체다. 앞으로 사진은 디지털 기술로 말미암아 인간의 진화 속도에 따라 끝없이 변해갈 것이다. 지난 10여 년, 아니 짧게는 불과 5년 남짓한 세월 동안 사진의 표현 양상은 엄청나게 변화했다. 그런데도 아직 그 표현 양상의 5퍼센트밖에 보여주지 않았다니 그 변화의 폭을 상상하기 어렵다.

사진이 고공비행을 하는 가운데 김아타가 홀로 우뚝 서 있다. 한중일 아시아 세 나라의 사진전을 여는 데 결정적 역할을 한 ICP 큐레이터 크리스토퍼 필립스는 김아타의 '사

김아타는 'The Museum 프로젝트'에서 동시대의 환경과 사람, 원초적인 폭력과 성, 정치와 종교적 이데올로기를 유리박스 속에 설치한다. 모든 사물을 동양사상의 즉물주의로 인식한 것이다. 〈Field series〉 128×156cm, 1995.

상적 궤도'에 매료됐다고 했다. 그는 중국과 일본의 사진전을 준비하기 위해서 각기 20여 차례나 중국과 일본을 들러 수많은 사진가의 작품을 보았다고 한다. 그런데 유독 한국만 단 한 사람의 사진전을 준비한 이유는 무엇일까? "50명의 중국 사진가들이 중국의 변모해가는 현실을 다양한 이미지로 보여주었다면 아타는 있는 그대로 보여주는 것에서 더 나아가 동양사상을 완전히 녹여서 새로운 형상으로 창조했다"는 그의 설명에서 답을 찾을 수 있지 않을까?

일본의 사진은 그들 스스로 정해놓은 전형을 완벽하게 지켜내는 데에만 몰두한다. 세계가 중국을 주목하는 이유는 하나의 정치적 현상일 뿐 진정으로 동양사상이 녹아들어서 새로운 현상으로 나타난 것은 아니다. 중국은 자신들의 과거와 현재, 곧 눈에 보이는 현상만을 팔아먹는 데 정신이 팔려서 진정한 정체성을 찾을 기회를 놓쳤다. 한국 사진의 주류는 세계 사진의 유행을 따라잡는 데에는 귀신 같은 능력을 지니고 있어 독일 사진의 아류에 머물러 있다. 그런 점에서 김아타는 독보적이다. 크리스토퍼는 중국 사진가들이 김아타의 정체성을 따라잡으려면 적어도 10년은 걸릴 것으로 예측한다.

김아타의 가장 최근 작업인 'ON-AIR 프로젝트'는 "(있는)그대로를 만드는 행위이고, 자연의 이치를 확인해가는 행위다. 사라지는 진정한 가치는 존재를 확인하는 미학"인 셈이다. 이 프로젝트에 대해 이진오(부산대 동양미학과) 교수는 "마오쩌둥은 20세기 최고의 권력가이다. 하지만 얼음 조각으로 만든 사회주의의 아이콘 '마오의 초상'은 시간의 흐름 앞에서 녹아내리고 만다. '모든 것은 사라진다'는 진리를 김아타는 〈아이스 마오〉를 통해 인상 깊게 각인시킨다. 그의 행위는 여기서 끝나지 않는다. 〈아이스 마오〉가 녹은 물은 통에 담겨지고, 다시 원자로의 증류수관 같은 가늘고 긴 여러 개의 튜브와 108개의 바이글라스에 분화되어 담겨진다. 그 다음은 새로운 만남과 복합으로 나아간다. 〈아이스 마오〉가 녹은 물은 자본주의의 상징으로 차용된, 얼음으로 만든 〈아이스 먼로〉가 녹은 물과 만나 하나가 된다. 김아타는 이들이 하나가 된 물과 동시대성을 상징하는 자신을 얼음으로 조각한 〈아이스 아타〉가 녹은 물을 혼합한다. 〈아이스 아타〉는 이 모든 행위를 하는 주체이다. 그러나 그 주체마저 녹여버렸다. 주체마저 사라진 거기에 무엇이 있는지를 김아타는 보여주고자 한다. 모든 것은 관계한다. 이 세상에 관계하지 않는 것

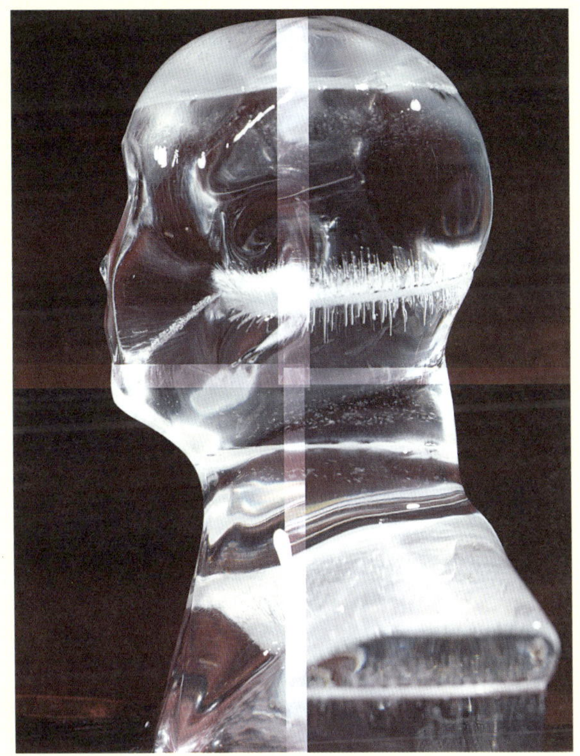

얼음 조각으로 만든 사회주의의 아이콘 '마오의 초상'은 시간의 흐름 앞에서 녹아내리고 만다. '모든 것은 사라진다'는 진리를 김아타는 〈아이스 마오〉를 통해 인상 깊게 각인시킨다. 〈Portrait of Mao〉 from the series 'Monologue of Ice' 188× 233cm, 2006.

은 아무것도 없다. 거기에 김아타는 있으면서 없고, 없으면서 있다"고 해설했다.

확실히 그는 사상가의 반열에 올랐다. 그의 사상인 '아타이즘'은 앞으로 역사가 될 듯 보인다. 국내 사진계의 주류에서 한참 비켜 서 있고 대학에서 제자를 키운 적도 없지만 세계에서 그를 따르려는 자가 없을 리 없다. 김아타가 자신의 눈을 뜨게 했다며 김아타의 제자를 자처한 김경덕은 이미 미국 사진계에서 주목받기 시작했다. 그는 베를린, 바르셀로나, 파리, 런던, 샌프란시스코 등에 소재지를 둔 세계 최고의 메이저 미술관들과 전속계약을 맺었거나 맺을 계획이다. 내년에 있을 이영미술관 재개관전 등

을 통해 우리는 김아타의 작품과 다시 만날 것이다. 앞으로 몇 년 이내에 김아타가 세계적인 화두가 되지 않을까 감히 기대해본다.

중국의 바람은 여전히 거세다. 서양철학과 서양미학의 대안을 중국에서 찾고자 하기 때문이다. 김아타는 "중국의 현재가 '새'라면 크고 넓은 땅과 많은 인민들은 '바람'이다. 중국이 바람이라면 나는 새다. 바람이 새를 날게 한다. 센 바람은 더 높이 날게 한다"고 했다. 그는 분명 중국이라는 시너지(바람)를 안고 한없이 높이 날 것이다. 그의 고공비행이 어떻게 진행되느냐에 따라 세계 사진의 향방은 물론 문화 전반의 질도 달라질 것임은 분명해 보인다.

◆ **Atta Kim ON-AIR**─ 뉴욕의 신화가 된 아티스트 김아타의 포토로그

김아타, 위즈덤하우스, 2007

존재하는 모든 것은 사라진다는 자신의 철학을 독창적인
방식과 강렬한 이미지의 작품으로 표현해온 아티스트 김아타의
작품 세계를 보여준다. '해체' 시리즈부터 'ON-AIR'에
이르기까지 김아타의 대표작과 프로젝트들을 100여 컷의
사진과 함께 일별하도록 구성되었다.

◆ **ATTA KIM**─ THE MUSEUM PROJECT aperture, 2005

독자적인 예술 세계를 펼쳐보이며 세계 무대에서 주목받은 사진작가
김아타의 첫 번째 사진집이다. 유리 박스 안에 성과 폭력, 이데올로기 등을
담은 사적인 박물관 'The Museum 프로젝트'의 작품들을 담았다.

◆ **물은 비에 젖지 않는다: 탐구와 역설의 아티스트 김아타의 모노로그** 김아타, 위즈덤하우스, 2007

◆ **Atta Kim: ON-AIR** Steidl/International Center of Photography(독일ICP), 2006

◆ **미래의 예술: 거대 담론의 둔주** 김우창, 〈문화예술〉, 2006 겨울

◆ **When Real Time Turns Out to Be the Most Surreal of All** 〈The New York Times〉, 2006.7.12

◆ **Atta Kim at International Center of Photography** 〈Artdaily.com〉, 2006.7.8

◆ **Illustrating the Transience of Individual Identity** 〈The Sun〉, 2006.6.16

◆ **BOXING KIM** 〈aPERTURE〉, 2001 겨울

만화2.0시대 개척한 웹만화

박석환

기존의 인터넷 만화가 출판만화를 디지털
형식으로 전환한 것이라면, 요즘 웹에서
뜨는 만화는 순수하게 웹에 올릴 목적으로
웹 구독 환경에 맞게 창작한 콘텐츠다.
만화라는 꼬리표만 달고 있을 뿐 웹만화는
기존 출판만화 지형과는 다른 공간에서
성장해 자기들만의 지형과 가치를 창출하고
있다. 이쯤 되면 일부러라도 그들을 위한
명칭을 부여해야 하지 않을까? 새로운
만화의 개척자이자 챔피언인 그들을
이제부터 만화2.0 세대라 일컬어도 좋겠다.

인터넷만화가 뜨고 있다. 아니다. 이미 높이 떴다. 만화가를 꿈꾸었지만 주류 만화계로부터 핀잔이나 듣던 이가, 개인홈페이지를 통해 '지치지 않을 물음표'를 제기하면서 인터넷만화의 불길은 치솟았다. 강풀 표 만화로 대표되는 인터넷만화는 강도하라는 준비된 작가의 위대한 도발과 주류 만화계의 슈퍼스타 중 한 명이었던 양영순의 참여에 힘입어 큰 폭의 성장을 거듭했다.

익히 알려진 대로 강풀이 인터넷을 통해 발표한 〈아파트〉 〈바보〉 〈타이밍〉 〈순정만화〉 〈26년〉 등 대부분의 작품은 영화와 연극 등으로 제작됐거나 되고 있다. 강풀이 인터넷을 통해 얻은 만화사적 성과를 가장 세련된 모습으로 극대화한 강도하의 〈위대한 캣츠비〉 역시 드라마와 뮤지컬로 제작됐다. 후속작 〈로맨스킬러〉는 연재를 시작하기도 전에 영화 판권을 팔아치우는 기염을 토했다. 이에 뒤질세라 주류 만화계의 천재작가 중 한 명인 양영순도 '아라비안나이트'를 재해석한 〈1001〉로 인터넷만화계에 출사표를 던졌다.

최근 소재 기근과 스타마케팅의 역효과에 시달리는 영화계와 방송계는 만화작품이 지닌 독특한 세계관과 치밀한 서사구조에서 돌파구를 찾고 있다. 여기에 기존 만화계도 찾지 못했던 영역을 인터넷만화가 담당하면서 대중문화계는 다시 한번 '만화의 힘'에 놀라는 눈치다.

인터넷만화는 10여 년의 짧은 역사에도 불구하고 다양한 스펙트럼을 지니고 있어 특정 형식의 만화 또는 다양한 형식의 만화를 모두 지칭하는 개념으로 쓰인다. 그래서 '인터넷만화'라고 칭해버리면 정확히 어떤 형식의 작품을 의미하는지 알 수 없게 됐다. 그 동안 등장한 용어들을 통해

현재 인터넷만화의 지형을 살펴본다.

우리가 흔히 '인터넷 한다'고 할 때의 인터넷은 기실 월드 와이드웹을 뜻한다. 인터넷사이트가 아니라 웹사이트, 인터넷잡지가 아니라 웹진이라고 하듯이 인터넷만화 역시 '웹툰'이라고 하는 쪽이 옳다. 그런데 웹툰이라는 용어는 조금 다른 의미로 관용화 되었다. 웹＋카툰의 약자로, 카툰이 1프레임 만화를 대표하는 명칭이듯이 웹툰 역시 고정된 프레임 안에서 동적으로 구현되는 만화, 곧 웹애니메이션을 뜻한다. 이 같은 개념의 대표적 작품으로 2000년에 선풍적 인기를 누렸던 엽기토끼 마시마로와 졸라맨을 들 수 있다. 지금 뜨고 있는 인터넷만화와는 거리가 먼 작품 형식이다.

인터넷만화의 출발지점을 찾으려면 좀더 멀리 가야한다. 1993년 국내 IT업체들은 출판만화를 스캐닝해서 디지털 방식으로 전환했다. CD롬이라는 색다른 저장매체에 초장편 만화를 담기 위해서였다. 곧이어 PC통신이 등장하면서 대용량 저장매체보다 실시간 전송 방식에 관심이 쏠렸고, 만화라는 내용을 담는 형식과 소비패턴에 일대 혁신이 예고됐다.

이때 만화＋책이 아니라 CD롬＋만화, PC통신＋만화라

소재 기근과 스타마케팅의 역효과에 시달리는 영화계와 방송계는 만화작품이 지닌 독특한 세계관과 치밀한 서사구조에서 돌파구를 찾고 있다. 여기에 기존 만화계도 찾지 못했던 영역을 인터넷 만화가 담당하면서 대중문화계는 다시 한번 만화의 힘에 놀라는 눈치다. 왼쪽은 영화 〈아파트〉, 오른쪽은 뮤지컬 〈위대한 캣츠비〉.

는 용어가 생겼고 멀티미디어인터넷과 초고속 정보통신 서비스가 등장하면서 '인터넷만화'라는 용어가 나타났다. 이때의 인터넷은 오프라인 상의 상품이나 서비스를 인터넷을 통해 이용하도록 한 사업을 뜻했다. 신문은 인터넷신문, 서점은 인터넷서점, 쇼핑몰은 인터넷쇼핑몰이라고 했듯이 인터넷만화는 새로운 내용의 상품이 아니라 기존의 것을 가공해서 유통형식만 인터넷을 이용한 사업을 통칭했다.

이와 함께 웹 경제가 급속히 확대되면서 온라인과 오프라인을 나누는 사회적 담론이 무성해지자 만화계에서는 기존의 출판만화를 '오프라인만화'로, 이를 디지털 형식으로 전환한 만화를 '온라인만화'로 불렀다. 구독형식도 만화책과 동일한 전통을 따랐고 내용 역시 웹에 올릴 목적이 아니라 출판을 목적으로 했다. 그래서 인터넷만화나 온라인만화는 웹콘텐츠라기보다는 기존 만화계의 새로운 유통창구를 가리키는 용어로 봐야 한다.

덧붙이자면 2000년 경쟁적으로 오픈했던 〈N4〉〈코믹스투데이〉〈코믹플러스〉 같은 만화포털사이트는 인터넷만

2000년에 선풍적 인기를 누렸던 엽기토끼 마시마로는 고정된 프레임 안에서 동적으로 구현되는 웹애니메이션의 대표작이다. 지금 뜨고 있는 인터넷 만화와는 거리가 먼 작품 형식이다.

화라는 유통 모델과 사업군을 대표한다. 이들 업체는 대형 포털사이트 등과 제휴를 맺고 '무료만화'라는 서비스 모델을 만들어 기존 만화가들과 만화출판계로부터 냉담한 반응을 얻기도 했지만 웹을 통해 만화를 보는 행위가 낯설지 않도록 하는 데 기여했다.

요즘 웹에서 뜨고 있는 형식의 만화를 '스크롤만화'라 부르기도 한다. 이는 왼쪽에서 오른쪽으로 넘어가는 전통적 읽기 방식 대신 휠마우스의 스크롤 기능을 이용해 위에서 아래로 읽도록 구성한 점을 강조한 명칭이다.

네티즌이 웹에서 만화 구독하기에 익숙하도록 만든 일등공신은 대형포털사이트의 무료만화 서비스였다. 하지만 저작권 보호 등의 이유로 별도의 리더Reader 프로그램을 사용했던 만큼 스크롤이라는 지금의 구독 전통을 일반화하는 데 도움을 주지는 못했다. 스크롤 형식에 대한 선언적 시도는 권윤주의 〈스노우캣〉으로부터 시작되었다. 〈스노우캣〉은 1997년에 처음 공개됐지만, 개인 홈페이지 제작이 대중화한 2002년을 전후로 관심을 모았다.

작가는 자신의 홈페이지에 의인화한 고양이를 주인공으로 해서 하루 일상을 담담하게 그린 일기체 형식의 만화를 올렸다. 웹페이지 제작 방식, 게시판 프로그램의 기능적 특징 등으로 인해 눈목目자 형식의 4컷 만화와 비슷하게 창작됐는데 신문의 생활만화 형식을 수용했다.

기승전결의 단순구조를 취했던 작품이 기대이상의 반응을 얻으면서 이 같은 형식을 차용한 만화가의 홈페이지와 창작활동이 늘어났다. 이들 작품군은 크게 두 방향으로 전개되었다. 한쪽은 캐릭터를 정면으로 내세운 〈마린블루스〉〈퍼굴이〉〈감자도리〉 등의 작품으로 발전했고, 다른 한쪽은 잠언적 성격이 짙은 〈파페포포 메모리즈〉〈완두콩〉〈하루일기〉 등의 작품으로 발전하면서 '에세이만화'라는 새 분류를 만들어냈다.

캐릭터 상품을 만들기 위해 만화를 그린다는 비난과 자극적이고 감성적인 내용에 치우친다는 지적이 있었지만, 홈페이지 방문객은 줄지 않았고 단행본으로 묶었을 때의 판매고는 상상을 초월했으며 연말연시에 캐릭터 다이어리를 내놓을 만큼 강력한 독자층을 형성했다.

네티즌들은 에세이만화를 통해 '페이지 넘기기'가 아닌 '스크롤'이라는 색다른 구독형식을 경험했다. 이를 대중화하는 데는 스포츠신문의 웹서비스가 가장 큰 역할을 했다. 스포츠신문에는 전통적으로 최고 인기만화가들의 장편서사극화가 연재된다. 새로운 스포츠신문을 창간할 때는 인기만화가들을 앞세워 시장진입 경쟁을 벌일 정도로 스포츠신문에서 연재만화는 중요한 역할을 한다. 이 만화가들의 작품이 스포츠신문의 웹사이트 오픈과 함께 웹에도 동시에 실렸다.

신문지면에서 만화는 대부분 6쪽 분량이 2단이나 3단으로 구성되는데 웹사이트에서는 이를 한 쪽씩 아래로 6쪽을 이어 붙인다. 물론 허영만의 〈타짜〉(스포츠조선), 박봉성의 〈신이라 불리운 사나이〉(일간스포츠), 이현세의 〈천국의 신화〉(스포츠서울) 같은 작품들은 출판을 목적으로 창작된 기존의 만화 형식과 다르지 않았다. 다만 게재 형식에 있어서 차이가 있었고 만화가들의 지명도도 큰 역할을 했다. 두 쪽에 걸쳐 그린 엔딩 장면을 반쪽씩 잘라 봐야하는 일이 벌어지기도 했지만 네티즌들은 그들의 작품을 볼 수 있다는 사실에 만족하며 휠마우스의 스크롤 버튼을 쉴 새 없이 굴렀다. 그렇게 2004년이 지나면서 스크롤이라는 새로운 구독 방식이 일반화됐다.

2004년에 또 하나의 사건이 벌어진다. 포털사이트들은 메일, 커뮤니티, 검색에 이은 포털사이트 간 경쟁이 일단락되자 저마다 색다른 카드로 새로운 전선을 구축했다. 이 판을 흔들어댄 곳은 파란이었다. 파란은 5대 스포츠신문과 전송권 독점 계약을 체결했다. 이와 함께 3위권으로 뚝 떨어진 다음은 미디어포털을 선언했고, 엠파스는 종합 엔터테인먼트포털을 지향하며 다음 따라잡기에 나섰다. 각각 모양을 조금씩 달리했지만 최전방에서 싸움에 나선 전사는 똑같았다.

다음은 미디어다음이라는 뉴스 섹션 안에 〈만화속세상〉을 오픈했고, 엠파스는 게임 섹션과 함께 만화웹진을 창간했다. 파란도 스포츠연예 뉴스 섹션에 카툰 코너를 마련했다. 스포츠신문이 연재만화를 통해 부수 경쟁을 하듯이 포털사이트들도 뉴스섹션에 '연재만화' 코너를 오픈하며 트래픽 경쟁에 나선 셈이다. 연재만화는 속성상 서사

스크롤이라는 새로운 구독 형식에 따라 말칸과 효과음의 사용 방식도 달라졌다.

스포츠신문에는 전통적으로 인기만화가들의 장편서사극화가 연재된다. 스포츠신문의 웹사이트 오픈과 함께 이 작품들이 웹에도 실렸다.

연재만화 〈브이〉의 한 장면. 위에서
아래로 구독하는 특징을 잘 살렸다.

적 흐름에 빠져들기 시작하면 완결편을 보기 전까지는 쉽게 구독을 끊을 수 없다. 연재만화는 '다음에 계속'으로 이어지는 상업적 전략에 철저한 장르다.

다음은 온라인에서 높은 인기를 얻은 강풀을 연재만화의 카드로 골랐고, 파란은 젊은 작가 그룹 가운데 오프라인에서 최고의 지명도를 확보한 양영순에게 연재만화를 그리게 했다. 엠파스는 언더그라운드에서 활동하던 강도하를 재발견해 연재만화를 맡겼다. 이들은 '포털 연재만화 삼국지' 구도를 형성하며 네티즌의 발길을 잡아두는 데 성공한다.

스포츠신문이 연재만화를 통해 부수 경쟁을 하듯이 포털사이트들도 '연재만화' 코너를 오픈하며 트래픽 경쟁에 나섰다. 왼쪽은 양영순이 파란에 연재한 〈1001〉, 오른쪽은 강풀이 최근 '다음'에 공개한 〈그대를 사랑합니다〉.

이 대리전의 최종 승자는 다음이었다. 다음은 강풀을 '네티즌이 주목하는 만화가'에서 '대한민국 최고의 스토리텔러'로 키웠다. 이 같은 성과에 힘입어 비운의 걸작이 될 뻔했던 강도하의 〈위대한 캣츠비〉도 엠파스의 연재중단 통보를 받은 후 다음에서 화려하게 부활했다. 양영순은 '이야기치료'라는 새로운 테마를 제시하며 파란에서 〈1001〉의 연재를 성공리에 마무리했다.

강풀, 강도하, 양영순으로 이어지는 3인의 작가가 담당한 연재만화는 그 동안 디지털, 온라인, 에세이, 스크롤 같은 이름으로 불렸던 만화와는 전혀 다른 특징을 보였다. 가장 큰 차이는 개인 홈페이지가 아니라 특정 매체의 지원을 받아 연재했다는 점, 주기성을 지닌 연재만화이며 웹 게

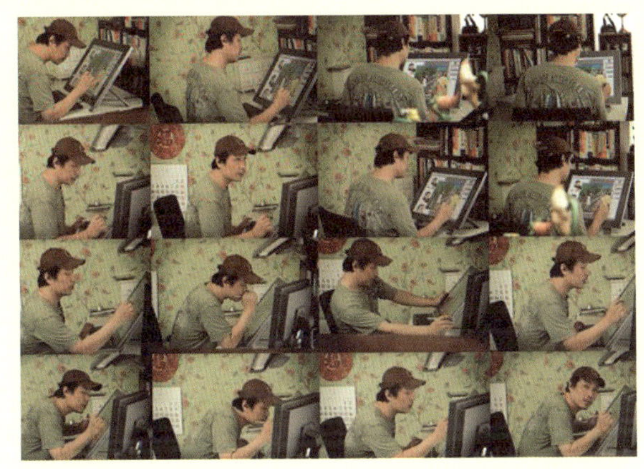

재를 목적으로 창작했다는 점, 신변잡기나 엽기소재가 아
니라 장대한 서사적 이야기구조와 핵심 테마가 있다는
점, 스크롤이라는 화면 이동 방식을 적극적으로 작품 연
출에 적용했다는 점 등을 들 수 있다.

요즘 웹에서 뜨는 만화는 순수하게 웹에 올릴 목적으로 웹
구독 환경에 맞게 창작한 콘텐츠다. 기존 출판만화가 가
졌던 서사성을 담아내는 데 성공했고, 오랜 역사성이 만
들어낸 출판만화 작법과 문법을 새로운 매체 환경에 맞춰
재편했다. 이들 만화는 웹＋스크롤만화, 웹＋연재만화,
웹＋서사극화라는 점에 비춰 '웹만화'라고 부르는 것이
타당할 듯하다. 이미 그 동안의 개념 전개 과정 검토와 의
미화 노력과는 무관하게 동일 개념의 만화를 '웹만화'로
지칭하는 이들(언론)도 많다.

인터넷만화와 웹만화를 구분해야 하는 가장 큰 이유와 그
구분점이 상징하는 의미는 명확하다. 인터넷만화가 기존
만화계와 만화적 전통을 대부분 수용했다면, 웹만화는 창
작, 제작, 유통, 소비에 이르는 전 과정의 전통을 새롭게
만들어냈다. 또 인터넷만화는 전송권을 구매하는 방식으

로 출판만화계의 최하위 매출을 담당했다. 반면 출판만화 바깥에서 성장한 웹만화는 오히려 출판만화계에 출판권을 판매한다. 인터넷만화가 이른바 원 소스 멀티유스나 윈도우효과의 마지막 상품화 수준에 머문다면 웹만화는 그 시작이자 원심력이 된다.

최근 강풀, 강도하, 양영순은 다음의 '만화속세상'에서 각각 '순정만화' 시즌 3인 〈그대를 사랑합니다〉, '청춘3부작' 중 완결편인 〈큐브릭〉, 베일에 쌓여있는 〈란의 공식〉을 차례로 공개했다. 만화라는 꼬리표만 달고 있을 뿐 웹만화는 기존 출판만화 지형과는 다른 공간에서 성장해 자기들만의 지형과 가치를 창출하고 있다. 이쯤 되면 일부러라도 그들을 위한 명칭을 부여해야 하지 않을까? 새로운 만화의 개척자이자 챔피언인 그들을 이제부터 만화2.0세대라 일컬어도 좋겠다.

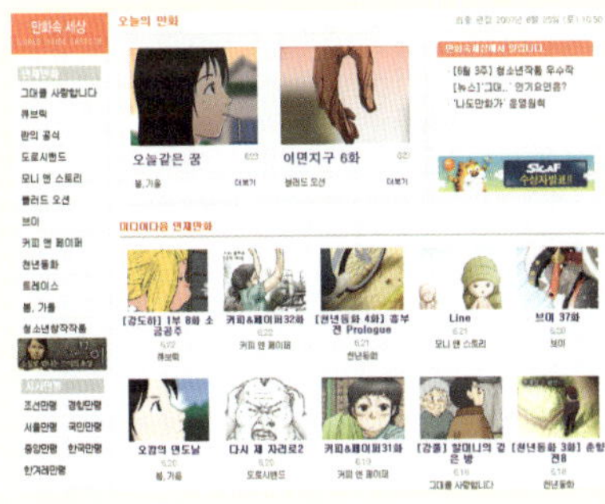

◆ **만화 2.0 천국, 미디어다음 만화속세상**

cartoon.media.daum.net

뉴스 섹션의 작은 코너로 시작했다. 포털사이트의
서비스처럼 기천만 회원과 방대한 플랫폼을
내세워 공짜 콘텐츠의 탑을 쌓지 않고 네티즌의
환호와 만화가들의 참여로 웹만화라는 정체성을
확립했다. 이곳에서 강풀이 성장했고 강도하가
완성됐다. 웹만화의 성지라 해도 무방하다.

◆ **코믹스팸닷컴** www.comicspam.com

1999년부터 디지털만화, 인터넷만화, 웹만화에
대한 이론적 탐구와 작품 분석, 생산과 유통
형식에 대한 논의를 전개해왔다. 그 동안 여러
매체에 발표한 기고문과 연구논문 등이 개재되어
있다. 각종 만화콘텐츠와 웹서비스 사례를
중심으로 웹만화의 발전과정과 최근 이슈 등을
검토해볼 수 있다.

◆ **일기체 만화, 스노우캣** www.snowcat.co.kr

◆ **감성만화, 파페포포** www.noonbee.com

◆ **캐릭툰, 마린블루스** www.marineblues.net

◆ **웹만화 1세대, 강풀** www.kangfull.com

◆ **종합선물세트 파란, 미디어 카툰** media.paran.com/scartoon

◆ **디지털만화에 대해서 알고 싶다면, 박석환닷컴** www.parkseokhwan.com

공공디자인에 대한 메모

박해천

바야흐로 '공공'의 시대다. 청계천 재개발의
후광 덕분인지 적어도 디자인계에선
그렇다. 메트로폴리스 전체를 브랜드화
하겠다는 야심 찬 거대 프로젝트부터 간판이나
거리 표지판 같은 미시적 환경 디자인까지,
공공디자인은 국토 곳곳에 유령처럼 출몰했다.
거기에 한술 더 떠 '세계 디자인 수도'가
되겠다고 나서는 지방자치단체까지 등장했다.
불과 몇 년 전까지만 해도 '디자인은 문화다'라는
구호가 '디자인은 산업이다'라는 구호 앞에서
맥을 못 춘 듯한데 어느덧 전세는 역전되었다.

바야흐로 '공공'의 시대다. 청계천 재개발의 후광 덕분인지 적어도 디자인계에선 그렇다. 메트로폴리스 전체를 브랜드화하겠다는 야심 찬 거대 프로젝트부터 간판이나 거리 표지판 같은 미시적 환경 디자인까지, 공공디자인은 국토 곳곳에 유령처럼 출몰했다. 거기에 한술 더 떠 '세계 디자인 수도'가 되겠다고 나서는 지방자치단체까지 등장했다. 불과 몇 년 전까지만 해도 '디자인은 문화다'라는 구호가 '디자인은 산업이다'라는 구호 앞에서 맥을 못 춘 듯한데 어느덧 전세는 역전되었다. 이런 상황 변화 때문에 공공디자인은 별다른 이론적 기반이나 쟁점 없이도 혈혈단신으로 디자인 담론의 유행을 주도해간다. 여기에는 실질적으로 재정적 기반을 갖춘 클라이언트들도 단단히 한몫을 하는데 중앙정부와 지방자치단체가 바로 그 주인공들이다. 물론 마찰이 없는 것은 아니다.

특히 공공디자인의 실행 주체를 놓고 벌어지는 산업자원부와 문화관광부의 헤게모니 다툼은 '디자인산업진흥법 개정안' '공공디자인 진흥법 신규 제정안'의 동시 발의라는 모습으로 국회에서 대치중이다. 실제로 2006년부터 문화관광부는 공간문화 정책의 기치 아래 '간판문화 개선사업, 문화역사마을 가꾸기, 생활공간 문화적 개선, 공공디자인 시범도시 지정' 같은 사업을 벌였고, 이에 질세라 산업자원부는 올해부터 공공디자인 개선 사업을 추진하면서 국가형, 지역형 공공디자인개선사업을 진행하고 있다. 그런데 잠깐! 언론으로부터 "21세기 문화 선진국으로 가는 블루오션"이라고 주목받는 공공디자인에서 공공이란 무엇을 의미하며, 공공성은 어떻게 정의되고 실현되는가? 앞서 언급한 법안들에 따르면, 공공디자인은 "공공기관이 조성·제작·설치·운영 및 관리하는 공간·시설·용품·정보 등의 심미적·상징적·기능적 가치를 높이기 위한 행위와 그 결과물"을 의미한다. 따라서 공공디자인의 공공이란 사실상 공공기관, 곧 중앙정부와 지방자치단체 같이 "국민의 세금으로 운영되는 공공 목적의 기관"을 가리키는 셈이다. 그런데 공공기관 주도의 디자인 사업을 일컬어 공공디자인이라는 명칭을 붙이는 것이 온당한 일일까? 먼저, 디자인·미디어 이론가인 조안나 드러커의 말을 들어보자. 그녀는 자신의 수업에서 디자인의 공공성과 관련되어 야기된 문제에 대해 다음과 같이 이야기한다.

——— 세 번째 학생이 방문한다. 이 학생은 '공공 공간(public space)'에 대한 프로젝트를 진행 중이다. 이를테면 버스정류장, 거리 모퉁이, 도시 환경 같은 것 말이다. 그러나 그녀가 이 프로젝트에서 전제한 공공 공간이란 무엇인가? 나는 어떻게 그녀에게, 사회성의 18세기적 개념 내부에서 공적 영역(public sphere)의 역사적 개념이 형성되는 과정을 추적한 하버머스로부터 오늘날 뉴헤이븐의 붕괴된 도시 조건에 이르는 담론의 궤적을 주지시킬 수 있을까? 비평 이론과 다양한 유형의 실천 간의 연결, 그것은 계속 되어온 딜레마이다.—박해천 외, 『디자인 앤솔러지』, 시공사, 2003.

미국 사례이긴 하지만 한국 상황도 크게 다르지 않다. 아니 더 암울하다고 해야 할까? 아마도 우리가 드러커의 상황에 처한다면 이 세 번째 학생에게, 폭주적 근대화와 반공 이데올로기가 구축한 박정희의 병영 체제적 시공간 내부에서 어떻게 민주주의에 대한 시민적 열망이 생겨났는지, 그 열망이 어떻게 곧바로 부동산에 악착같이 집착하는 중산층-되기의 욕망으로 전치되는지를 설명해야 할 터이다. 그 결과로 모든 공공성 층위는 소비의 최종 심급이 용인하는 범위에서 단지 2,3년마다 한 번씩 동사무소의 투표장에 들러 선호 정당과 정치인에게 한 표를 '선물'하는 행위로만 환원될 뿐이다. 1990년대 이후 국토 전역에 편재하던 박정희적 공간을 빠른 속도로 대체한 대형 쇼핑몰, 멀티플렉스, 대형할인매장, 스포츠 스타디움, 매스미디어 등은 미처 싹 트지도 못한 공공성에 대한 욕망을 소비의 프로세스로 단박에 포섭했다. 이런 상황에서 앞서 언급한 세 번째 학생이 후기 자본주의 세계의 '공공 영역' 존재 양태에 주목한다면 다음과 같은 결론에 도달하지 않을까?

———— 여기서 실질적으로 사라지고 있는 것은 공공생활 자체, 참된 의미의 공공 영역으로, 이 공간에서 사람들은 개인적인 속성, 욕망, 외상, 특이성 들의 덩어리로, 즉 사적 개인으로 환원되지 않는 상징적 행위자가 된다. (…) 이제는 모든 커다란 '공적 문제'들이 '자연적'인 혹은 '개인적'인 특이성 조율에 대한 태도로 번역된다. 좀 더 일반적인 차원에서, 준자연화된 종족적, 종교적 갈등이 지구 자본주의에 가장 어울리는 투쟁형태가 되는 이유도 이것으로 설명된다. 참된 의미의 정치가 갈수록 전문가의 사회행정으로 대치되는 '탈-정치'의 시대에, 유일하게 남은 정당한 갈등의 원천은 문화적(종교적)이거나 자연적(종족적) 긴장이다.
—슬라보예 지젝, 「반인권론」, 〈창작과비평〉, 132호.

분명한 것은 지구적 차원에서 개인이 '상징적 행위자'로 활동할 만한 공공 영역이 지속적으로 쇠퇴한다는 사실이다. 물론 한국의 상황이라면 이런 진술은 조금 변형되어

헤르베르트 베이어의 〈독일 전시회〉 카탈로그(1936). 나치 정권이 집권하자 독일 디자이너들 상당수는 정부 주도의 공공디자인 정책에 적극적으로 참여했다. 130만 명의 내외국인이 관람한 〈독일 전시회〉 카탈로그는 나치 이데올로기를 가장 노골적으로 그러나 가장 우아한 모더니즘의 시각 어휘로 집대성했다.

야 할 것이다. 애당초 그런 영역 자체가 사회적 합의를 거쳐 자리 잡지도 못했거나 여전히 지리멸렬의 상태에서 벗어나지 못했다고 말이다. 결과적으로 세 번째 학생은 자신의 프로젝트가 공공성의 문제에 대한 해결안을 제시하기는커녕, 오히려 공공 영역 자체의 몰락 또는 부재에 대한 어떤 징후로 표현될 수밖에 없다는 사실을 깨닫게 될지도 모른다.

물론 이런 상황에 대한 해결안이 없지는 않다. 앞서 살펴보았듯이, 쉽게 생각할 수 있는 해결안은 공공디자인이 궤도에서 이탈하는 것을 막기 위해 '공공기관'이라는 가상적 대주체의 힘에 의지해 공공성에 대한 판타지를 유포하는 것이다. 곧 공공기관이 발주하는 디자인 사업에 정치적으로 올바르다고 가정된 공공성의 이데올로기를 덧씌우면 된다. 사실 디자인사 측면에서 보자면, 이런 사례는 말 무덤을 만들 정도로 수두룩하다. 이를테면, 지식인 출신의 일부 유럽 디자이너들이 미국에서 수입한 포드주의적 산업화를 '공공성의 문화적 차원'으로 해석하던 20세기 초로 시선을 돌려보자. 예술과 일상의 통합을 주장하던 독일공작연맹이 그 대표적인 예인데, 이들은 이 통합이 '산업 생산물의 심미화'를 통해서 가능하리라고 보았다. 하지만 당시 1차 대전의 패전국이라는 멍에를 지고 있던 바이마르 공화국은 이러한 방식의 공공성을 실현할 만한 물적 토대를 온전히 갖추지 못했다.

그렇다면 결과는? 이들 중 상당수는 자신의 이상을 실현하기 위해 나치즘에 투신해 국가 주도의 '공공디자인 사업', 곧 노동 소외를 막기 위한 공장 시설 및 환경의 위생학적 심미화, 근대적 디자인 개념의 계몽과 실천을 통한 일상 공간의 심미화, 그리고 궁극적으로 대규모 스펙터클의 연출을 통한 정치의 심미화까지를 주도했다. 이런 연유로 디자인 역사가 게르트 젤레는 독일공작연맹을 다음과 같이 비판한다.

———공작 연맹이 간신히 얻어낸 성과라면 기껏해야 협회 소속 디자이너들에게 그들 자신만큼은 상대적으로 덜 소외되고 일정한 사회적 의미를 갖는 노동을 하고 있다는 의식을 고취시켜준 것뿐이었다. —게르트 젤레, 『산업디자인사』, 미크로, 1995.

다시 국내 상황으로 눈을 돌려보자. 일단 공공 영역이 부재 또는 쇠퇴하는 상황에서 공공디자인 담론은 일종의 발신자 반송의 운명에 처할 공산이 높다. 특정 디자이너가 아무리 선한 의도로 불모의 환경에서 삶을 영위하는 시민들의 권리를 내세우며 그들의 공간에 개입하려 해도, 카

트를 밀며 쇼핑을 즐기는 시민들에게 공공디자인이라는
화두는 코스피 지수나 백화점 정기세일에 비하면 무관심
의 대상이다. 카트를 밀 권리를 박탈당한 시민들은 이를
생계에 지장을 초래할지도 모르는 위험 요소로 간주할 수
있다는 말이다.

결국 이런 상황에서 공공성을 '계몽'하는 메시지는 수신
자에게 당도하더라도 해독되지 않은 채 발신자에게 되돌
아올 수밖에 없다. 물론 이렇게 반송된 메시지가 무의미
하지만은 않다. 거기엔 나름대로의 용도가 존재한다. 바
로 그런 반송의 궤적을 알리바이 삼아, '시민을 위한다'는
공공성의 판타지가 적어도 문화 담론 수준에서는 도덕적
으로나 정치적으로 반론의 여지가 없는 궁극의 대상으로
확고하게 자리 잡을 수 있어서다. 언젠가 그 메시지가 온
전하게 전달될 날이 올 거라는 종교적 믿음과 더불어서
말이다.

결과적으로 이런 과정을 거치면서 공공디자인에 대한 시
민들의 문화적 권리는 디자이너의 사회적 책무로 교묘하
게 번안된다. 그리고 여기에 한국적 상황이 맞물린다. 실
제로 90년대 초중반의 짧은 호황을 경험했던 디자인 산업
의 상당 부분이 대기업의 인하우스 디자인 조직을 제외하
곤 IMF 이후 빠른 속도로 하강 곡선을 그렸다. 또한 한때
디자인의 산업적 쓰임새를 강조하며 각종 정책을 주도했
던 디자인 관련 진흥 기관과 단체들이 이제는 시장의 힘에
밀려나 별다른 파급력 없는 관변 행사만 되풀이한다.

이런 측면에서 보자면, 점점 설 자리를 잃어가는 이들이 수
세적으로나마 디자인의 호혜적 기능을 강조하면서, 도시
경관의 '에버랜드화'를 꿈꾸는 토건적 발상의 관료, 공무원

들과 기이한 '공생' 관계를 맺을 공산이 높다는 걸 추론하기란 그리 어렵지 않다. 21세기 버전의 새마을 운동인가? 그렇다면 이런 유형의 판타지를 향유하는 것 말고는 다른 방법이 없을까? 혹 그것을 돌파하거나 포위할 만한 새로운 상상의 순간들은 불가능한 것일까? 이 지점까지 도달한다면, 우리는 공공성의 개념과 함께 그것을 잉태한 대의제라는 민주주의의 근대적 시스템 자체를 근본적으로 의심해봐야 한다. 일본 문학비평가 가라타니 고진이나 프랑스 과학사회학자 브루노 라투르의 최근 행로는 이러한 의심의 든든한 지원군 구실을 해준다. 고진은 정당 정치의 선거 제도를 대신하는 '추첨을 통한 민주주의'를, 라투르는 앨런 케이의 혁신적 프로그래밍 언어에서 착안해 '객체-지향적 민주주의object-oriented democracy'의 개념을 제안한다. 양자 모두 재현의 정치학이라는 측면에서 근대적 민주주의의 위기라는 진단에 대한 처방, 대의제의 한계를 극복하기 위한 대안으로 제시되었다.

물론 이런 제안들은 현재의 정치적 제도나 기술 수준에서 보자면 실현되기 어려우며 다분히 공상적인 성격마저 지닌다. 하지만 바로 그런 이유로 그것들은 공공성의 미적 상상력을 활성화하는 데 일종의 은유 또는 방법론으로 유의미할지 모른다. 어찌되었든지 아직도 문화의 상대적 자율성이 판타지의 형식으로라도 존재한다면, 새로운 공공성의 실험을 도모하는 데 바로 그 판타지를 적극적으로 소진해버릴 수는 없을까? 나는 디자인이 공공성의 이름으로 무언가를 행한다면, 그 가운데 하나는 미적 차원의 상상력을 동원해 새로운 공공성의 정치적 개념을 조형하는 것이라고 생각한다. 다시 말하자면, 시급한 것은 국가 주도의 기존 공공성 답습이 아니라 공공성이라는 허공의 좌표 위에 '미적인 것의 정치화'라는 발터 벤야민의 테제를 새롭게 작동하게 하는 것이다.

그런데 혹시 이런 식의 기대가 디자인의 사회적 가치와 역할을 과대 포장한 결과는 아닐까? 최저 생계비 수준에도 못 미치는 월급을 받는 젊은 디자이너들이 지천에 깔린 상황임에도 '문화를 디자인한다'거나 '일상 문화 전체가 디자인이다'라는 식의 구호가 허풍이 아니라 팩트라고 한다면, 디자인이 이 정도의 역할을 해주리라고 충분히 기대해볼 수도 있지 않을까? 하지만 그것이 그저 고등교육을 받은 저임금 노동자의 보상 심리와 인정 욕구를 충족시키려는 립 서비스에 불과하다면, '공공디자인'이라는 거창한 명칭 역시 '공공기관이 발주하는 환경 미화 및 디자인 사업'이라는 조금 길지만 솔직 담백한 명찰로 대체되어야 한다. 일반 시민의 불필요한 오해를 막기 위해서라도, 그리고 사업 운영의 투명성을 재고하기 위해서라도 말이다. 아무튼 양극화의 거센 물결과 더불어 민주주의의 위기가 운위되는 시대에, 사회경제의 구조적 문제를 '문화적'으로 해소하기 위해 디자인과 공공성이 동원되는 순간을 지켜보는 건 그리 유쾌한 일은 아닌 듯하다.

◆**미술, 공간, 도시**— **공공미술과 도시의 미래** 맬컴 마일스, 학고재, 2000
'공공미술'에 대한 이해를 돕는 소개서. 도시지리학, 건축 환경, 디자인,
일상문화 연구 등 다양한 측면에서 미적인 것이 공공 영역과 만나는
지점들을 분석한다. 특히 우리 일상의 구체적 무대인 도시라는
큰 틀에서 공공미술의 이모저모를 꼼꼼히 따져보면서, '살 만한 도시를
위한' 삶의 형식과 삶의 내용으로서 공공미술의 가능성을 모색한다.

◆**Making Things Public**— **Atmospheres of Democracy**
Bruno Latour and Peter Weibel, MIT Press, 2005
ZKM에서 개최된 동명의 전시를 준비하며 만든 도록. 도나 해러웨이,
리차드 로티, 피터 갤리슨 등 100여 명의 이론가, 예술가, 연구자가
참여했다. 민주주의를 전문적인 정치적 영역으로 가두는 소극적 해석을
벗어나 사물이 공적인 것이 되도록 허용하는 테크놀로지, 인터페이스,
플랫폼, 네트워크, 매체화 같은 일련의 새로운 환경 조건에 주목한다.

◆**공론장의 구조변동**— **부르주아 사회의 한 범주에 관한 연구** 위르겐 하버마스, 나남출판, 2001
◆**우리, 파시스트**— **테크놀로지의 강철폭풍** 『디자인 텍스트 2』, 박해천, 홍디자인, 2001

❖ 놀이

잘 노는 것이 우리를 구원한다

김종휘

'놀이가 곧 일'이라는 공식은 어린이뿐
아니라 어른들의 생존을 위한 뜨거운
화두로 부상했다. 한국사회는 지금 놀이라는
최고의 지략과 최후의 처방을 같이 내놓은
셈이다. 놀이는 무한한 가능성이자 보편적
가치이며 기타 등등으로서 과거처럼
일의 대립어가 아니라 그 일의 문제를
구원해줄 해결사로 부활했다. 하나
놀이는 꽤나 부족하고 심지어 부재하다.
지금 당신과 나는 과연 잘 놀고 있는가,
또는 놀이하는 삶을 사는가?

놀이, 노래, 노름의 어원은 모두 '놀다'의 어간 '놀'에서 나왔다. 이 세 가지 말은 인류의 탄생만큼이나 오랜 역사를 가졌고 서로 복잡하게 영향을 주고받으며 발전했다. 하나 언제부턴가 이 세 가지 말은 전혀 다른 것이 되었다. 우리는 '노래' 하면 노래방, MP3, 콘서트를 떠올린다. '노름' 하면 화투, 로또, 카지노, 바다이야기 따위를 생각한다. 반면 '놀이' 하면 여가, 오락, 어린이의 이미지를 연상한다. 노래는 직업 또는 취향을 소비하는 행위가 되었다. 노름은 돈 놓고 돈을 먹는, 경쟁과 기술과 운이 뒤엉킨 합법적 또는 불법적 한탕 도박이 되었다. 이에 비해 놀이는 무목적성과 즐거움 자체로 여겨진다.

이 모두가 인간의 '놀자 유전자'에서 비롯되었다고 치자. 인간은 이 유전자의 명령 때문에 놀이, 노래, 노름을 안 하고는 못 배기는 모양이다. 이 가운데 노래와 노름은 특정한 생산 양식과 소비 패턴을 지칭하는 분류어로 고착되었다. 반면 놀이는 아직까지 보편적 가치와 무한한 가능성의 언어로 열려 있다. 네이버 사전에서는 놀이에 대한 사회의 보편적 가치를 "신체적·정신적 활동 중 (…) 직접 생존에 관계되는 활동을 제외하고 '일'과 대립하는 개념"이라고 요약하고는, 본문에선 "아이들의 활동에는 일과 놀이의 구분이 없으며 아이들에겐 놀이가 곧 일"이라고 적어두었다.

놀이는 어른에겐 생존 및 일과 대립하는 활동이지만 아이에겐 예외적으로 '놀이가 곧 일'로 통용된다. 이것이 한국사회가 '놀이'에 부여하는 보편적 가치다. 한데 근자에 이 상식이 몹시 흔들린다. 인류가 농경사회, 산업사회, 정보지식사회의 단계를 지나 새로운 패러다임의 사회로 진입하고 있다는 '신뢰할 만한' 진단들 때문이다. 그런 진단을 주도하는 미래학자들의 주장은 많다. 예컨대 이미지와 이야기가 이끄는 '꿈의 사회 Dream Society' (짐 데이토) 이론 또는 미래의 핵심 능력으로 '하이 컨셉트 하이 터치 High Concept High Touch' (다니엘 벨) 등 설은 다양한데 결론은 모두 창의력이다.

바로 이 창의력의 중요성 때문에 놀이가 일과 대립한다고 믿어온 사회의 보편적 상식도 획획 뒤집어졌다. 요즘은 기업도 학교도 정부도 개인도 최소한 말로는 '창의력이 살 길'이라고 합창한다. 창의력은 이제 경영학, 교육학, 심리학, 예술학, 인문학 등 모든 분야에서 핵심어로 두루 쓰인다. 문제는 창의력을 어찌 기를 수 있느냐 하는 점인데, 여기에 바로 놀이가 그 무한한 가능성을 앞세워 명함을 떡하니 내민 셈이다. '잘 놀아야 창의력이 개발된다' '창의력이 미래의 경쟁력이고 신 성장동력이다'라는 여론 주도층의 트렌드에 힘입어 놀이의 주가가 마구 치솟더니 일의 세계까지 거대한 그림자를 드리웠다.

이처럼 '놀이가 곧 일'이라는 공식은 어린이뿐 아니라(한국사회에선 어린이라도 잘 놀고 있는 걸까?) 어른들의 생존을 위한 뜨거운 화두로 부상했다. 물론 기업과 학교는 놀이를 통해 자신의 일을 발견하는 삶의 여유보다는 자신의 일을 어떻게 놀이처럼 재빠르게 발명할 것인가 하는 속도를 선호한다. 덕분에 놀이학습 프로그램이 유행하고 업무를 놀이처럼 연출하려는 갖가지 장치들이 동원된다. 놀이의 무한한 가능성을 재기획하는 이런 추세가 사회 주류의 경쟁 논리에서 도출되었다면, 그 살벌한 경쟁에서 추풍낙엽처럼 탈락하는 거대한 실업군 때문에라도 놀이는 새삼 주목을 받는다.

알다시피 한국사회는 성장을 해도 고용이 늘지 않는 경제로 재편되었다. 여기에서 고실업과 양극화의 구조적 폐해가 나온다. 주5일제 시행도 그런 경제 논리에 맞춘 제도적 보완이다. 고령사회 진입도 빼놓을 수 없는 요인이다. 인생 60세에 맞춰 살았는데 '주어진 20년 7만 시간'을 뭐하며 살아야 하는지 새로운 설계가 절실해졌다. 이처럼 일을 하고 싶어도 일이 없어서 노는 인구와 시간이 늘어났다. 그에 따라 사회적 일자리, 돌봄, 공공예술, 문화적 활력 등으로 잇따르는 정책 대안의 끄트머리에서도 놀이는 실로 다양한 필요성의 후원에 힘입어 또 다시 명함을 내밀게 되었다.

요컨대 한국사회는 지금 놀이라는 최고의 지략(창의력 도출)과 최후의 처방(무기력 치료)을 같이 내놓은 셈이다. 그처럼 놀이에 주목하는 이유는 전후좌우에서 넘친다. 해서 놀이는 무한한 가능성이자 보편적 가치이며 기타 등등으로서 과거처럼 일의 대립어가 아니라 그 일(을 해서든 못해서든 많이 해서든 적게 해서든)의 문제를 구원해줄 해결사로 부활했다. 각종 책의 텍스트나 기업의 광고 카피나 연구원의 정책 보고서만 보면 정말 그렇다. 하나 아이든 어른이든 취업했든 구직 포기든 당신과 나는 과연 놀고 있는가, 또는 놀이하는 삶을 사는가?

일일이 묻지 않아도 당장 사방에서 온갖 비명이 들려오는 듯하다. 연일 관광 정책이 쏟아지고 여가 산업이 성장하고 웰빙 트렌드가 유행해도, 한국사회에 사는 당신과 나는 그다지 잘 놀고 있지 못해 보인다. 설령 시간과 돈이 있다 해도 우리는 어느새 놀 줄 모르는 존재가 된 듯하다. 웃기고 슬픈 딜레마다. 바야흐로 이래도 저래도 놀아야 하는 시대가 왔거늘 우리 모두가 어떻게 놀아야 할지 모른다니. 기껏 전국민이 획일적으로 복용하는 노래와 노름 몇 가지에 의존하는 신세다. 게다가 그 노래와 노름은 창의력 도출이나 무기력 치료와 무관한 일종의 항우울제 중독 증세 같은 것이다.

때문에 대안을 찾는 이들이 점점 늘어난다. 대안의 세 가지 차원을 열거하면 이렇다. 먼저 놀이의 토대를 일구고 그 삶의 기반을 회복하려는 움직임이다. 놀이가 곧 일이 되는 아이들의 세계처럼 오랜 세월을 통합적으로 살아온 선조의 지혜를 배우면서 놀이-일-학습의 순환을 생활 패턴으로 실험하고 개척하는 흐름이 있다. 이런 노력은 '하고 싶은 것 하면서 먹고산다'는 인간의 염원을 오늘 여기에서 실천하는 데에 가치가 있다. 이는 개인의 능력과 의지에 국한되는 사례가 아니라, 좀 덜 벌고 좀더 인격적으로 존중받고 살아가는 지속가능하고 평화로운 사회적 기획으로 확장될 수 있는 샘플로서 소중하다.

취업난과 양극화가 심화시키는 인간성 파괴에 대한 궁극적 해법 역시 구직이라는 외적 목표의 충족만으로는 부족하다. 무엇보다 일을 통해 사람의 내적 성장을 지속하게 해야 하는데, 그러려면 사회가 일-놀이-학습을 통합하는 생활방식을 추구하고 장려하는 분위기여야 한다. 한마디로 삶의 질과 자아개념의 재구성이다.

생태적 공동체와 대안적 학교, 사회적 기업 등 여러 차원에서 놀이의 의미와 효용을 사회 구석구석까지 전면적이고 근본적으로 되살리려고 하는 이런 성찰적 모색이 지금은 미미하다 해도 결국은 우리 모두를 구원하게 되리라는

게 내 작은 희망이자 믿음이다.

다음은 정책과 제도와 운동을 통해 인간의 삶에 놀이의 활
력을 확산하려는 조직적인 시도다. 앞에서 '놀 줄 모른다'
고 표현했는데 이는 두 층이 눌러 붙은 현상이다. 아래층
에는 놀 수 있는 여건이 주어지지 않아 생기는 놀이 결핍
의 문제가 있다. 위층은 놀이의 결핍이 오래 지속되다 보
니 놀이의 필수적 감각과 관계의 기술이 퇴화하는 문제,
곧 놀이 능력의 부재를 안고 있다. 정책과 제도와 운동은
먼저 아래층의 문제를 개선할 수 있다. 한국사회는 여전
히 소득 2만 달러의 허상에 붙들려 세계 최고의 노동시간
과 영업시간을 자랑한다. 일부에서는 '빨리빨리' 문화를
한국의 경쟁력이나 덕목으로 부풀리기도 한다.

정말 그런지 잘 생각해봐야 한다. 몸을 군사적 명령에 따
르게 하고 몸의 속도를 기계처럼 높이는 것밖에 모르는 경
쟁 일변도의 사회에서 과연 창의적 아이디어가 나오고 무
기력을 치료할 만한 돌봄의 관계가 일어날까? 하나 그보

퇴화된 놀이 능력을 살려내고 고양
하는 것은 놀이의 양적 보충만이 아
니라 영혼, 마음, 정신, 감정을 마사
지하는 창의적 접근을 요구한다. 노
리단 '나마스테'의 놀이 모습.

다 더 결정적인 문제는 위층에 있다. 놀이 능력의 부재로
그 감각과 관계의 감성을 잃어버린 사회라면 뒤늦게 놀이
의 결핍을 채운다 해도 여전히 '놀 줄 모르는' 상태에 머물
게 된다. 여기에 심각성이 있다. 퇴화된 놀이 능력을 살려
내고 고양하는 것은 놀이의 양적 보충만이 아니라 영혼,
마음, 정신, 감정을 마사지하는 창의적 접근을 요구한다.
끝으로 놀이의 특정한 측면과 요소를 따로 추출해서 곧장
써먹겠다고 생각하는 단발성의 기획들이다. 이를 '대안'
에 포함하는 이유는 기업(경제)과 학교(교육)와 정부(정
치와 행정) 같은 거대 시스템에서 놀이와 관련해서 새로운
포장과 홍보를 자꾸 하면 그 또한 '놀 줄 모르는' 우리 사회
를 환기하고 일깨우는 데에 적잖은 기여를 하리라고 기대

하기 때문이다. 기업과 학교와 정부는 개인의 삶을 지배하고 병들게 하는 관료제의 모든 폐단을 제일 독하게 집약한 조직들로 놀이와 가장 대립적인 성격을 갖는다. 때문에 그런 공룡 조직들이 더 악화되지 않게 하는 것만으로도 '대안'을 도울 수 있다.

어원 '놀이'에서 출발하여 우리 시대와 한국사회가 지금 놀이를 어떻게 호출하고 있는지 그리고 삶의 온전한 복원이라는 놀이를 사고하는 몇 가지 대안적 차원을 살펴보았다. 다시 놀이의 내부로 돌아오자. 놀이는 외부 목표나 보상에 의해 촉발되더라도 그것이 놀이의 리듬과 신명으로 치달으면 즐기는 것 자체가 목적이 되는 속성을 갖는다. 놀이의 이런 특성은 창의력과 관련해서 중요한 원리 하나를 시사한다. 창의력을 굳이 세 과정의 상승적 연계라고 정의하면 이렇다. 처음에는 '주의attention'를 통해 한순간의 이목을 끄는 조치가 있다. 다음은 '집중interesting'을 통해 전념하고 농축하는 밀도의 과정이다. 그 너머로 가면 '몰입bliss'이라는 무아경의 세계가 있다.

주의는 한순간에 사라지고 반복하면 무감각에 이른다. 집중 역시 15분을 넘기기 어렵다고 한다. 물론 인간은 훈련과 명상을 통해 집중의 힘을 상당 수준까지 길러왔으나 생물학적 한계는 분명해 보인다. 반면 몰입은 에너지가 무한대이며 시공간의 감각까지 바꾸어버린다. 놀이는 이 세 과정을 축약해서 곧장 몰입으로 직행한다. 놀이가 창의력 개발과 작동에 결정적 힌트를 주는 대목도 여기에 있다. 때문에 지금까지 줄곧 '창의력'(意)이라고 부른 것을 '창조력'(造)으로 바꿔 불러야 할지 모르겠다. 창의력은 질문을 던지고 헤아리고 뜻을 가다듬는 생각의 힘이다. 아무래도 지식과 이성의 몫에 많이 기댄다.

반면 창조력은 출발이 조금 다르다. 1. 짓다 2. 만들다 3. 이루다 4. 넣다 5. 시작하다 6. 벌여놓다 7. 때 8. 처음 9. 갑자기 등. 여기에 뜻풀이를 늘어놓은 이유가 있다. 놀이는 때때로 경기game이고 유희recreation이자 오락entertainment으로 다양한 하위 매뉴얼을 갖지만, 무엇보다 중요한 건 몸을 사용하는 행위play의 즐거움이다. 그것은 언제나 즉흥적이고 통합적이며 관계적인 방식으로 이루어진다. 요컨대 인간의 '놀자 유전자'는 자연을 벗하고 도구를 이용하면서 몸과 몸이 함께 땀 흘리는 협력의 즐거움을 원천으로 삼는 놀이에서 출발한다. 여기에서 멀어질수록 그것은 노래나 노름처럼 한 가지의 놀이에 불과해진다.

한국사회엔 노래와 노름이 너무 많다. 정보기술, 미디어의 발달과 결합한 새로운 놀이도 엄청난 규모의 산업으로 부풀려 있다. 하나 놀이는 꽤나 부족하고 심지어 부재하다. 놀이를 모르면서 "놀자!" 결단하고 "놀라니까!" 권유한다면 그것은 또 하나의 스트레스와 병이 될 터이다. 놀이의 온전한 복원과 부흥을 통해 우리네 삶의 감각과 관계를 재구조화하기, 그것이야말로 노래와 노름 천지의 항우울제형 위로 산업은 물론 또 다른 위로 비즈니스로 등장한 행복산업의 일회용 나르시시즘을 넘어서는 가장 좋은 청사진이다. 우리의 '놀자 유전자'는 진짜 놀이일 때만 삶의 새로운 몰입을 맛볼 수 있기 때문이다.

◆**어린이 공화국 벤포스타** 에버하르트 뫼비우스, 보리, 2000
배움과 노동과 예술이 하나의 삶으로 통합된 아름다운 공동체가
지구별에 어엿이 존재할 수 있음을 보여주는 본보기다. 1963년
스페인 프랑코 독재 치하에서 실바 멘더스 신부는 열다섯 명의
소녀소년들과 함께 '로스 무차초스'(소녀소년들)라는 독특한
서커스단을 만들어 전세계를 유랑했다. 어느덧 40여 년의 세월을
훌쩍 넘겼다. 실바 멘더스 신부는 2003년 서울을 방문했다.

◆**일하며 논다, 배운다** 김종휘, 민들레, 2007
벤포스타를 꿈꾸며 어린이, 10대 청소년, 20십대 청년, 30-40대
문화작업자들, 50대 장인이 한데 어우러져 만든 독특한 놀이동산
그룹 노리단의 이야기를 담았다. 어린이 어른을 가리지 않고 배우를
하고 교사를 하며 손으로 악기와 놀이터를 만드는 장인(도제)의
경험을 순환하며 활동한다. 놀며 배우며 일하기가 모토인 노리단은
비슷한 철학을 가진 전세계 문화예술인들과 폭넓은 교류를 나눈다.

◆**우리가 정말 알아야 할 우리놀이 백가지** 이철수, 현암사, 2004

우리 안의 민족주의

김기봉

수많은 사상자를 낸 버지니아 공대 사건은
한국인들에게 민족이란 무엇인가라는
화두를 던졌다. 흔히 우리는 한겨레이기
때문에 한민족이라고 생각한다. 이처럼
한국인은 민족을 혈통에 입각해서 정의한다.
하지만 한국사회가 점점 다문화, 다인종
사회로 변모하는 상황에서 혈통민족주의에
입각해 한국인의 정체성을 규정하는 것은
무의미할 뿐 아니라 위험하다. 21세기 역사는
'아와 비아의 투쟁'이 아니라 '아와 비아의
상생'이 되어야 하기 때문이다.

우리는 민족으로 태어난 것인가, 아니면 민족이 되는 것일까? 2007년 4월 16일, 버지니아 공대에서 발생한 총기 난사 사건과 그 이후에 벌어진 일들은 우리가 왜 21세기에 '탈민족'을 화두로 삼아야 하는지를 깨닫게 한다. 한국인은 민족을 혈통에 입각해서 정의하는 반면, 미국인은 시민이 됨으로써 미합중국 국민에 속한다.

2006년 하인스 워드가 방한했을 때, 한국인들은 미국시민인 그를 민족의 우수성을 알린 영웅으로 대우했다. 미국축구 슈퍼스타가 되기 이전의 그는 한국인들에게 '부끄러운' 혼혈인이었을 뿐이다. 그를 모델로 한 "대한민국을 품고 세계로 나아간다"는 어느 은행 광고 카피에는 '우리 안의 민족주의'가 짙게 배어 있다.

버지니아 사건 때 조문사절을 보내겠다는 제안을 미국 정부가 거절하자 한국인들은 안도의 한숨을 내쉬었다. 미국인들에게 조승희는 한국인으로 태어났으되 미국인이 된 사람이다. 하지만 하인스 워드는 한국민족으로 포섭하고 조승희는 미국인으로 배제하는 한국인들의 생각은 자기모순이다. 전자의 포섭 논리가 혈통민족주의라면 후자의 배제 원리는 시민민족주의다. 조승희 사건은 한국인들에게 민족이란 무엇인가라는 화두를 던졌다.

흔히 우리는 한겨레이기 때문에 한민족이라고 생각한다. 하지만 르낭은 『민족이란 무엇인가』에서 종족을 근거로 민족을 정의하는 것은 오류라고 주장했다. 유럽 민족국가는 종족을 토대로 형성되지 않았다. 프랑스인은 켈트족이기도 하고 이베리아족이기도 하며 게르만족이기도 하다. 독일인 또한 게르만족이기도 하고 켈트족이기도 하며 심지어 슬라브족이기도 하다. 르낭은 순수한 종족이란 존재하지 않으므로 종족에 입각한 정치란 공상에 불과할 뿐 아니라 파국을 초래할 수 있다고 경고했다.

그렇다면 유럽인들과는 다르게 한국인은 모두 단군 할아버지 자손인가? 족보를 보면, 우리 고유의 성씨인 김 이 박을 제외한 대부분 성씨가 중국에서 유래했다고 적혀 있다. 그렇다면 우리는 어떻게 단일민족이라고 말할 수 있는가?

중학교 『국사』 머리말은 한국사를 "우리 민족이 걸어 온 발자취이자 기록"이라고 정의한다. 한국사 정의의 문제점은 역사를 통해서 무엇인가를 이야기해야 할 대상인 민족을 반대로 우리 역사를 규정하는 상수로 만들었다는 것이다. 이에 비해 미국 초등학생 역사교과서인 『Our Nation』은 미국 역사를 "우리 민족의 역사에서 미국인들은 모두에게 자유와 평등을 가져다주기 위해 일했다"라는 한 문장으로 정의한다. 미국민족이란 형식적으로는 "모든 인간은 평등하고 자유롭게 태어났다"는 헌법정신을 구현할 의지를 가진 사람들의 결사체다. 미국인들에게 조승희 사건은 미국의 정체성과 건국정신을 단련하는 시련의 과정이다.

한국사회가 점점 다문화, 다인종 사회로 변모하는 상황에서 혈통민족주의에 입각해 한국인의 정체성을 규정하는 것은 무의미할 뿐 아니라 위험하다. 버지니아 참사를 거울삼아 한국인들은 귀화자나 외국인노동자를 대하는 태도를 반성해야 한다. 만약 이주노동자가 조승희와 비슷한 범행을 저지른다면 한국인은 어떻게 행동할 것인지 상상하면 우려스럽지 않을 수 없다.

2006년 통계청 발표에 따르면, 한국 전체 가구 중 다문화 가정이 0.4퍼센트를 차지한다. 농촌 초등학교에서 다문

화 가정 아이들 비율이 10퍼센트에 이른다는 통계도 있다. 이들을 혈통민족 개념에 입각해서 배제하고 차별한다면 이들은 시한폭탄이 될 수도 있다. 출산율은 갈수록 낮아져 고령화 사회로 진입하는데 연금은 고갈되어간다. 이 같은 위기가 심화되면 외국인노동자가 한국을 필요로 하는 게 아니라 외국인노동자 없이는 한국이 존립하지 못하는 상황이 닥친다. 그때는 외국인노동자와 하나의 민족을 이루며 살아야 한다.

이제는 한국인들도 더 늦기 전에 탈脫민족주의 사고를 가져야 한다. 탈민족주의란 반反민족주의가 아니라 세계화시대에서 열린 민족주의로 나아가기 위한 전제조건이다. 조승희 사건이 일어나기 얼마 전, 법무부가 불법체류자 4명에게 합법체류를 허가한 적이 있다. 화재 현장에서 한국인 11명을 구한 몽골인들이었다. 하인스 워드보다는 이들을 한국사회의 일원으로 포섭하는 방향으로 나아가야 하며, 이를 위해서는 무엇보다도 '우리 안의 민족주의'에서 벗어나야 한다.

미국의 사회학자 다니엘 벨은 "민족국가는 이제 큰 문제를 다루기에는 너무나 작고, 작은 문제를 다루기에는 너무나 크다"고 말했다. 세계가 하나의 지구촌이 된 세계화

시대에 민족과 민족주의는 그 시효가 만료됐다는 세계사적 보편성을 지적하는 말이다. 그럼에도 아직까지 통일된 민족국가를 이룩하지 못한 우리 상황을 고려할 때, 민족과 민족주의는 결코 용도 폐기될 수 없다는 주장이 우리 사회에서는 여전히 강력한 지지를 받는다.

하지만 생각해보라. 북한 핵문제를 민족문제로 접근한다고 해결의 실마리를 풀 수 있는가? 북한은 중국에 핵실험 계획을 미리 알렸지만, 남한에는 아무런 정보도 주지 않았다. 그러면서도 〈로동신문〉 2006년 10월 25일자 기사를 통해 "외세 의존으로는 안보를 얻을 수 없다"며 "전쟁의 위험이 날로 짙어가고 있는 오늘 믿을 건 오직 피를 나눈 자기 동족"이라고 주장했다. 북한은 일방적으로 핵실험을 강행한 뒤에도 민족공조를 부르짖는다. 그런데 과연 북한이 생각하는 민족공조에 우리는 공조할 수 있는가?

르낭에 따르면, 민족이란 개개인이 함께 사는 사람들과 공동의 삶을 계속하기를 결정하는 '매일 매일의 국민투표'로 성립하는 의지공동체다. "이미 치러진 희생과 여전히 치를 준비가 되어 있는 희생의 욕구에 의해 구성된 거대한 결속"으로 성립하는 것이 민족이다. 북한 핵실험을 계기로 해서 우리는 한민족韓民族이라는 마술에서 깨어나 현실을 직시해야 한다. 르낭은 누구와 같은 민족인가를 결의하는 정당한 기준은 항상 살아남아야 한다고 했다. 따라서 지금 우리 민족이란 '김정일의 핵'에 대항해 한반도에서 생존을 함께 고민하고 결의하는 의지공동체라고 정의해야 한다.

민족을 종족공동체가 아니라 의지공동체라고 정의할 때, 중요한 문제는 어떤 가치를 지향하겠다는 의지로 민족공동체를 형성하느냐다. 무엇보다도 중요한 것이 우리의 생존이다. 우리가 북한과 한민족을 형성하느냐 마느냐의 결정은, 핵폭탄으로 생존권을 보장받겠다는 북한과 한 배를 타고 세계사의 물결을 헤쳐나갈 것인가의 결정에 따라 내려져야 한다.

다음으로 생각해보아야 할 문제는 함께 지향할 가치로서 민족이란 무엇인가다. 인간이 지향해야 할 이념으로서 종래의 민족주의가 가졌던 치명적 한계는 자민족중심주의에 의거해서는 인류의 보편적 가치를 구현할 수 없다는 점이다. 이제 한국의 민족주의는 역사화 돼야 한다. 민족주의는 양반과 상놈 같은 수직적 신분질서를 타파하고 한국 사회를 수평적으로 재편성하는 기능을 함으로써 근대화에 결정적인 기여를 했다. 하지만 민족주의는 우리는 누구인가의 포섭과 배제를 보편적 가치에 입각하지 않고 한겨레라는 종족적 코드에 의거하므로 세계화시대에 더는 적합한 이념이 될 수 없다.

21세기 화두가 탈민족인 근거는 반민족이 아닌 민족주의 없는 국민을 구현하기 위함에 있다. 20세기 후반 한국의 가장 위대한 역사가였던 이기백도 『한국사신론』(일조각, 1967)에서 한국사를 민족 같은 특수한 가치가 아니라 자유와 평등의 확대라는 보편적 가치에 입각해서 서술하자고 제안했다. 그에 따르면, 한국사란 궁극적으로 자유와 평등의 확대과정이다. 그 확대과정에 동참하고자 하는 모든 사람들을 우리 국민으로 포섭하기 위한 전제가 탈민족주의다.

자유와 평등을 보편적 가치로 해서 민족의 정체성을 정의하여 하나의 정치적 공동체를 형성한 국가가 미국이다. 미국은 토머스 제퍼슨이 독립선언서에 새긴 생명, 자유, 행복추구권이라는 보편적 가치를 기초로, 헌법의 첫 문장처럼 "우리 국민We the people"을 형성한 민족이다. 여기서 'We'가 구체적으로 누구를 지칭하는가를 둘러싸고 건국 초기에는 연방주의자와 반연방주의자 사이에 권력투쟁이 벌어졌다. 그 권력투쟁은 남북전쟁을 일으켰고 연방주의자가 승리함으로써 미국은 하나의 민족을 지켜냈다. 이로써 흑인노예도 미국 시민이자 국민이 되었다.

그렇다면 미국의 시민민족주의를 우리 미래로 삼아야 하는가? 버지니아 공대 총기 난사 사건 발생 1주일 후 대학 당국은 교직원과 학생들이 참석한 가운데 추모식을 열었다. 여기서 33차례 종을 울리고 33개의 흰색 풍선을 하늘로 날려 보냈다. 그들은 조승희를 가해자가 아닌 희생자로 추모했다. 이 같은 성숙한 시민의식이 가능했던 이유는 기독교적 사랑과 용서가 애국주의와 결합함으로써 세속화된 정치종교의 형태를 띤 미국 특유의 시민민족주의가 정착됐기 때문이다.

하지만 미국 시민민족주의에도 빛과 그림자가 있다. 그것

버지니아 총기 난사 사건 발생 1주일 후 대학 당국은 추모식을 열었다. 그들은 조승희를 가해자가 아닌 희생자로 추모했다. 이 같은 성숙한 시민의식은 미국 특유의 시민민족주의가 있었기에 가능한 일이었다.

미국 시민민족주의에도 빛과 그림자가 있다. 그것은 버지니아 총기 난사 사건과 9.11 테러에서 보여줬던 미국인들의 태도에서 드러난다. 미국은 이슬람교도에게는 조승희에게 베풀었던 용서와 사랑을 주지 않았다.

은 버지니아 공대 총기 난사 사건과 9.11 테러에서 보여줬던 미국인들의 각기 다른 태도에서 드러난다. 당시 미국인들은 테러범을 조승희처럼 애도하지 않았다. 미국은 다인종, 다문화 사회이면서도 이슬람교도에게는 조승희에게 베풀었던 용서와 사랑을 주지 않았다. 조승희와는 다르게 9.11 테러범들은 미국사회의 일원으로 간주되지 않아서다. 오로지 미국시민만이 사랑과 용서의 대상이 된다는 것이 미국 시민민족주의의 한계다. 조승희 사건은 한국인들뿐만 아니라 미국인들에게도 민족주의라는 마음의 울타리를 반성하는 거울이 돼야 한다. 미국국민이란 여럿을 하나로 용해하는 '용광로'가 아니라 다인종, 다문화를 다채롭고 다양하게 담아내는 '샐러드 접시'가 돼야 한다. 이것이 바로 글로벌시대 미국인들에게 주어진 '자명한 운명manifest destiny'일 터이다.

세계를 무대로 뛰는 가수 '비'를 키운 가수 겸 기획자 박진영이 "한류에서 민족주의 성향을 제거해야 한다"는 말을 해서 파장이 일었다. 그는 정치권과 언론이 대중 문화인들의 의사와는 상관없이 한류를 민족주의의 틀에 끼워 넣어 '한국만세'로 나아가도록 부추김으로써 해외에서 반反한류 흐름이 조성됐다고 했다. 이런 도발적인 발언에 대해 네티즌 사이에서 뜨거운 공방이 벌어졌다.

어떤 네티즌은 "예술에는 국적이 없지만, 예술가에게는 국적이 필요하다"는 말로 박진영이 주장하는 한류의 탈민족주의를 반박했다. 대중음악 평론가 송기철은 좁은 의미의 민족주의와 문화 콘텐츠로서 민족성은 구분되어야 한다고 했다. 그렇다면 어떻게 구분되는가? 한국 드라마와 가수의 성공을 '중국정복'이나 '일본정벌'로 말하는 것은 한류를 민족주의 코드로 이해하는 전형적인 방식이다. 한류를 우리 문화의 세계화로 이해하는 적합한 표현은 "가장 한국적인 것이 가장 세계적이다"는 말이다.

데이비드 베레비의 『우리와 그들, 무리짓기에 대한 착각』에 따르면, "인간은 서로 비슷한 사람들과 한패가 되는 게 아니라, 한패가 되고 나서 비슷하다고 판단한다." 누구와 같은 패라는 '우리' 의식을 형성하는 결정적인 인자가 문화다. 한국 문화를 우리 밖으로 전파, 확산하는 한류란 우리의 확대과정, 곧 타자를 친구로 만드는 과정이다. 이에 반해 민족주의는 타자를 친구가 아닌 적으로 설정하는 인식체계다. 따라서 한류를 민족주의적 사고방식으로 이해하는 것은 궁극적으로 한류의 종말을 야기한다.

2006년 여름 일본의 우익 역사교과서와 독도 영유권문제
로 한국의 거의 모든 국민이 분노에 휩싸였을 때에도 일본
에서 '욘사마' 신드롬은 식지 않았다. 일본 아줌마들에게
'욘사마'는 누구인가? 그들이 숭배하는 '욘사마'의 본질
은 배용준이라는 한국 남자배우가 아니라 물질적 풍요와
안락함 속에서 상실된 순수하고 무조건적인 사랑의 화신
이다. 〈겨울연가〉가 성공한 이유도 거의 모든 인간, 특히
여성이 꿈꾸는 '순애'를 잘 그려내서지 한국 민족문화의
우수성 때문이 아니다.

따라서 "가장 세계적인 것을 가장 한국적인 것"으로 번역
하는 우리의 문화적 소통능력을 극대화할 때, "가장 한국
적인 것을 가장 세계적인 것"으로 승화하는 방향으로 한
류를 확대재생산할 수 있다.

한류는 정치적 갈등과 불화 속에서도 문화적 소통이 이뤄
질 수 있음을 증명했다. 소통을 위해서는 서로 마음의 문
을 열어야 한다. 소통이 되지 않을 때 우리는 타자에 대해
오만과 편견을 갖는다. 문화란 소통으로 존재한다. 한류

의 역사적 의미는 우리가 역사상 처음으로 동아시아에서 문화적 소통의 주도권을 가졌다는 점이다. 우리는 이것을 중국과 일본에 대해 문화제국주의를 성취할 기회가 아닌 동아시아공동체를 결성하는 전기로 삼아야 한다. 한류라는 문화교류를 통해 동아시아국가의 국민들 사이에 서로에 대한 인간적인 이해관계와 공통된 규범이 형성된다면, 이는 동아시아공동체 형성의 초석이 될 터이다.

21세기에 역사는 더 이상 '아와 비아의 투쟁'이 아니라 '아와 비아의 상생'으로 정의돼야 한다. 우리가 한류를 통해 미움이 있는 곳에 사랑을, 갈등이 있는 곳에 평화를 전파하는 문화적 전도를 할 때, 한국 문화가 곧 인류의 보편적인 문화가 됨으로써 한류라는 말 자체가 소멸한다. 이런 한류의 세계화는 우리가 탈민족적 정체성을 가질 때만이 실현할 수 있는 우리의 꿈이다.

◆**민족이란 무엇인가** 에르네스트 르낭, 책세상, 2002

에르네스트 르낭은 1882년 소르본 대학에서 행한 강연 '민족이란 무엇인가'에서 민족에 대한 가장 유명한 정의를 내렸다. 그는 "민족은 이미 치러진 희생과 여전히 치를 준비가 되어 있는 희생의 욕구에 의해 구성된 거대한 결속"이며, "한 민족의 존재는 개개인의 존재가 삶의 영속적인 확인인 것과 마찬가지로 매일매일의 국민투표"라고 말했다.

◆**상상의 공동체** 베네딕트 앤더슨, 나남, 2002

앤더슨은 민족이란 고대로부터 존재해온 원초적 실재가 아니라 가톨릭과 왕조에 기반을 둔 정치공동체가 해체되는 근대에서 생겨난 '상상의 정치공동체'임을 문화인류학적으로 해명했다. 그는 민족주의연구의 '문화적 전환'을 통해 민족으로부터 민족주의가 생겨난 게 아니라 민족주의가 민족을 발명했다는 것을 밝혔다.

◆**한국의 근대성, 그 기원을 찾아서** 고미숙, 책세상, 2001

◆**역사를 통한 동아시아 공동체 만들기** 김기봉, 푸른역사, 2006

◆**민족주의의 시대** 박찬승, 경인문화사, 2007

◆**우리와 그들, 무리짓기에 대한 착각** 데이비드 베레비, 에코리브르, 2007

◆**민족주의는 반역이다** 임지현, 소나무, 1999

◆**서양에서의 민족과 민족주의** 한국서양사학회 엮음, 까치, 1999

◆**1780년 이후의 민족과 민족주의** 에릭 홉스봄, 창작과비평사, 1998

❖ 종교

한국판 선의 황금시대

김종락

21세기는 영성의 시대라는 말이 있다.
이를 뒷받침하듯이 불교, 개신교,
가톨릭교의 수행 프로그램은 물론이고
명상, 요가, 도, 기공, 단전호흡 같은
심신수련법이 각광을 받고 있다. 이쯤에서
걱정도 나온다. 유행처럼 일어나는
수행이나 명상 바람은 자본주의화,
상업화한 이른바 웰빙 바람을 타고 수행을
일종의 사치품처럼 소비하며 개인적이고
이기적인 행복 찾기에만 몰두하는 것
아니냐는 비판이다. 우리 시대 종교의
모습은 어떠해야 하는 걸까?

과학기술과 물질문명이 발전할수록 종교 인구는 줄어들까 늘어날까? 학계와 종교계 가릴 것 없이 종교 인구가 줄어든다는 데 대체로 동의하는 듯하다. 실제로 서유럽을 비롯해 미국 등에서는 과학기술이 발달할수록 종교가 설 자리를 잃고 교회 또한 비어가는 것이 목격되었다. 그러나 서유럽 기독교 사회에서 나타난 현상들로 종교 일반에 관한 현상까지 설명할 수 있을까?

간단한 표가 하나 있다. 통계청이 2006년 5월에 발표한 '2005 인구주택 총 조사' 가운데 '종교 유형별 인구 추이'다(표1). 조사 방법에 대해서는 논란이 있을 수 있지만 표에서 분명한 사실이 하나 드러난다. 과학기술과 물질문명이 발달할수록 종교의 설자리가 줄어들 것이라는 인식이 현실과 다르다는 점이다. 1995년부터 10년 동안 총인구 증가율은 5.6퍼센트에 그쳤으나 종교 인구는 10.5퍼센트나 늘어난 사실이 이를 말해준다. 전체 인구에서 종교 인구가 차지하는 비율도 1995년 50.7퍼센트에서 10년 뒤에는 53.1퍼센트로 늘었다.

종교 인구가 늘어난 이유는 무엇일까? 다시 표를 보자. 이 자료에 따르면, 10년 전인 1995년에 비해 불교 인구는 3.9퍼센트 증가했고, 천주교 인구는 74.4퍼센트 증가한 반면, 기독교 인구는 1.6퍼센트 감소했다. 10년 전 개신교 인구는 876만 명으로 전체 인구의 19.7퍼센트를 차지했으나, 2005년에는 인구 구성비가 18.3퍼센트로 내려앉았다. 불교의 인구 구성비는 1995년 23.2퍼센트에서 2005년 22.8퍼센트로 줄어들었으나, 절대 인구수가 1032만 1000명에서 1072만 6000명으로 증가했다. 이에 비해 천주교 인구는 절대 인구가 늘면서 인구 구성비 또한 6.6퍼

표 1 ― 종교 유형별 인구 추이 단위: 천명, %

	1995		2005		증감	
	인구	구성비	인구	구성비	인구	증감률
총인구	44,554	100.0	47,041	100.0	2,488	5.6
종교 있음	22,598	50.7	24,971	53.1	2,373	10.5
불교	10,321	23.2	10,726	22.8	405	3.9
기독교(개신교)	8,760	19.7	8,616	18.3	-144	-1.6
기독교(천주교)	2,951	6.6	5,146	10.9	2,195	74.4
유교	211	0.5	105	0.2	-106	-50.4
원불교	87	0.2	130	0.3	43	49.6
기타	268	0.6	247	0.5	-21	-7.7
종교 없음*	21,953	49.3	22,070	46.9	117	0.5

* 종교 없음에는 종교 미상 포함.   자료: 2005 인구주택 총 조사

센트에서 10.9퍼센트로 크게 성장했다. 이 같은 종교별 인구 추이를 자세히 살피면 현대 한국인의 종교성을 읽는 실마리가 보인다.

조사 결과에 대해 천주교의 반응이 '그 정도까지 늘어난 건 아닐 텐데…'라면 불교는 '다행히 줄지는 않았네' 정도다. 그에 반해 개신교는 '충격적이다'란 말로 요약된다. 전체 종교 인구가 늘어났는데 가장 공격적이고 물량 성장 위주의 선교정책을 펼쳐온 개신교가 감소세를 보였으니 그럴 만도 했다. 개신교 인구가 줄어든다는 말이 없지는 않았지만, 신뢰성 높은 인구 전수조사 결과로 확인한 것은 선교 120년 만에 처음이었다. 개신교계에서 반성과 성찰, 원인 분석과 대책이 난무한 것도 이상한 일이 아니었다.

가장 규모가 크고 요란스럽기로는 범 개신교계가 준비하는 '2007 한국교회 대부흥 100주년 기념사업'을 꼽을 수 있다. 포장은 화려하지만 사업 목표는 간단하게 요약된다. 100년 전 평양에서 시작된 대부흥의 계기를 다시 한

번 만들어보자는 것이다. 진보와 보수 교단이 망라된 부흥 운동에는 '죄의 고백과 중생체험으로 요약할 수 있는 개인의 각성'이라는 전제가 깔려 있긴 해도 근본적인 목표는 공격적 선교의 지속이다. 그러나 사업이 시작되기도 전에 개신교 교단 내에서 비판이 터져 나온다. 지금 한국 개신교에 가장 필요한 것은 뼈를 깎는 성찰인데 고문, 명예대회장, 상임대회장, 공동대회장, 지도위원장, 자문위원 등등 한다 하는 목사들 이름을 망라한 이벤트성 사업에서 무슨 성찰이 가능하겠느냐는 말이다. 비판자들은 이 사업이 성황리에 끝난다 해도 영적 각성은 물론, 대부흥 또한 일어나지 않으리란 비관적 전망을 내놓는다.

조용하지만 의미 있는 움직임도 없지 않았다. 2006년 11월, 목회사회학연구소와 신학자와 사회학자의 모임인 '일상과 초월'이 개최한 '2005 인구주택 총 조사 그 이후, 현대인의 마음을 사로잡은 가톨릭 성장'이라는 제목의 포럼이 그것이다. 이 포럼의 착안점은 두 가지였다. 하나는 전체 종교 인구는 늘었는데 개신교인만 줄어들었다는 점이고, 또 하나는 증가 인구의 대부분이 천주교인이었다는 점이다. 개신교 인구의 감소만 생각해서는 입장에 따라 중구난방 식 결론이 나오기 쉬우니, 현대인들이 어떤 종교적 심성을 가지고 있는지를 살피고 여기서 개신교 인구의 감소 원인을 찾아보고자 했던 것이다.

인천 가톨릭대 오경환 교수는 '가톨릭 신자의 괄목한 만한 성장과 그 원인'을 다섯 가지로 요약했다. 1. 교황청과 각 교구의 지휘를 받는 천주교회의 조직력과 결속력 2. 성직자의 청렴성과 철저한 영성훈련으로 인한 성스러운 이미지 3. 정의와 인권활동 4. 조상제사와 장례예식에 대한

유연한 태도 5. 타 종교에 대한 열린 태도 등이다. 실천신학대학원 정재영 교수와 한림대 이승훈 연구교수가 개신교에서 가톨릭으로 개종한 16명의 남녀를 심층면접한 뒤 발표한 '개종자를 통해 본 한국인의 종교성'도 이 못지않게 눈길을 끌었다. 이 발제는 개신교가 밀어내는 요인으로 1. 내면을 성찰하고 성경의 가르침을 묵상하기보다 자신의 신앙을 표출하기에 애쓰며 목사의 설교에 덮어놓고 '아멘' 또는 '할렐루야'라고 외치는 점 2. 헌금이나 교세, 주일 성수, 직분 등의 외형에 치중하는 점 3. 교회에서 가족같이 복작대고 부대끼며 서로 상처를 많이 주고받는 점 등을 들었다. 천주교가 끌어들이는 요인으로 1. 성당과 성직자, 성도들의 성스러운 분위기 2. 개인의 사생활이 침해되지 않는 점 3. 술과 담배, 제사와 다른 종교에 관용적인 태도 등을 들었다.

얼핏 보기에는 다르지만 오경환 교수와 정재영, 이승훈 교수의 발표에서 공통점이 어렵지 않게 도출된다. 전통문화 및 다른 종교에 대한 관용과 함께 가장 눈에 띄는 것은 천주교가 풍기는 상대적 청렴성과 영성의 추구, 그리고 성스러운 이미지가 호감을 샀다는 점이다. 물질에서 벗어나 영성을 추구하는 천주교회의 성스러운 모습은 돈과 속도의 무한경쟁에 시달리는 현대인에게 꿈의 공간으로 여겨졌을 법도 하다. IMF로 대표되는 경제 불황을 겪으며 생활이 팍팍할수록 삶에 대한 성찰과 존재 의미의 추구 또는 영적인 가치들에 대한 관심이 커졌을 수도 있다. 어쨌거나 '21세기는 영성의 시대'라는 말이 일부 종교학자나 성직자의 말에 그치지 않고 종교 인구 변화 추이에서 사실로 확인된 셈이다.

물질과 과학기술에 대한 반작용일 수 있는 영성의 추구는 개신교와 천주교 사이뿐 아니라 개별 종교 내부에서도 뚜렷하게 감지된다. 묵상과 명상과 피정, 그리고 수도원, 수녀원, 수사, 수녀 등 닦을 '수修'자가 들어가는 단어에서 보이듯 가톨릭도 기왕 수행 전통이 깊지만, 특히 근래 불교계의 수행에 대한 관심은 괄목할 만하다. 해마다 동안거, 하안거에 들어가는 2500명 안팎의 선승은 프로 수행자니까 그렇다 하더라도, 템플스테이나 사찰의 간화선 프로그램에 참여하는 아마추어들이 기하급수적으로 늘어난 것은 전례 없는 일이다. 간화선 이외에도 위파사나로 대표되는 남방불교의 수행법과 절 수행, 염불수행, 주력수행 등에 대한 관심도 대단하다. 대중의 성향에 민감할 수밖에 없는 상업 일간지들이 안거를 결제하고 해제할 때마다 선방의 모습이며 선사들의 법어를 대대적으로 전하는 것도 불교계의 수행에 대한 관심을 반영한 결과다.

여기에 비하면 미미하지만 수행에 대한 개신교계의 관심도 많이 커졌다. 서울 도심에 예수도원 개원을 시작으로 인도에 씨알아쉬람을 개원한 씨알수도회, 거제도 카리스마타수도회, 가평 토마스 아켐피스 영성원, 고려수도원, 맑음고요 예수 영성원 등 개신교 수도원이나 영성을 지향하는 단체며 시설들이 속속 주목을 끄는 것은 수도와는 거리가 멀었던 한국 개신교에서는 볼 수 없었던 일이다. 3대 종교와는 비교할 수 없는 규모지만, 원불교의 인구가 50퍼센트 가까이 늘어난 것도 원불교 고유의 수행체계인 마음 공부와 떼어놓고 생각하기 힘들다. 명상, 요가, 도, 기공, 단전호흡 같은 심신수련법이 각광을 받는 것도 비슷한 맥락에서 이해된다.

이쯤에서 걱정도 나온다. 유행처럼 일어나는 수행이나 명상 바람에서 각 종교가 궁극적으로 추구하는 게 무엇이냐는 것이다. 자본주의화, 상업화한 이른바 웰빙 바람을 타고 수행을 일종의 사치품처럼 소비하며 개인적이고 이기적인 행복 찾기에만 몰두하는 것 아니냐는 비판이다. 수행에 참여하는 계층이 주로 먹고살 만한 중상류층이라거나 전문직 종사자와 식자층이라는 외형적 관찰도 이런 시각을 뒷받침한다. 실제로 강남의 대형 사찰에 다니던 상당수 중년 여성들이 참선을 가르치는 선원으로 옮겨가는 현상이 목격되기도 했다.

불교의 현주소를 일별하기만 해도 비판의 근거는 상당하다. 근대 선의 중흥조인 경허선사 이래 90년대에 열반한 성철스님에 이르기까지 이른바 깨침을 인가받았다고 알려진 선승은 열 손가락이 훨씬 넘는다. 그 어름의 경지에 이른 사람까지 포함하면 그 수는 훨씬 많아진다. 가히 한국판 선의 황금시대다.

문제는 이들이 생사를 건 용맹정진을 했고 결국 득도했다

는 모험담 외에 이웃이나 사회에 내놓은 것이 과연 무엇인
가다. 어려운 시절, 불교가 여타 종교에 비해 상대적으로
대사회 활동에 무심했던 사실은 접어두자. 불교 종단의
권력 다툼이며 돈 싸움에 이른바 깨친 이들이나 그 제자들
이 직간접으로 연루되지 않은 경우가 거의 없다는 사실을
떠올리면 수행에 대한 의문은 더욱 커진다. 청정 수행 가
풍의 진작을 외치면서 한편으로는 국립공원 사찰 입장료
를 받겠다며 국민을 상대로 멱살잡이를 하는 것이 오늘날
불교의 현실이다. 입으로 상구보리 하화중생上求菩提下化
衆生을 외치면서 추구한 것이 결국 조실도 되고, 방장도
되어 출세하겠다는 것 아니었느냐는 조소가 단순히 웃어
넘길 만한 일이 아닌 것도 이 때문이다.

상대적으로 소수이고 외부에 잘 알려지지 않았지만 천주
교도 이런 비판에서 자유롭지 못하다. 몇 년 전 음성 꽃동
네 오웅진 신부의 후원금 횡령 사건과 부동산투기 의혹을
비롯한 일부 본당 신부의 윤리 시비도 그렇지만, 최근 일
부 가톨릭 고위 성직자의 시국 관련 발언과 가톨릭 병원
및 언론기관의 노동분쟁, 가톨릭 학교들의 사립학교법 개
정 반대 운동 등은 70-80년대 가톨릭이 보여준 인권 및 정
의활동과는 상반된다.

이러니 비판과 반성, 성찰, 대안이 쏟아져 나오는 게 당연
하다. 불교 수행의 목표인 해탈과 천주교, 개신교를 포함
한 기독교 신앙의 목표인 구원은 '나 홀로 행복 추구'가 아
니다. 구원과 예수의 하느님 나라 선포는 개인의 해방 운
동인 동시에 소외되고 억압받는 자들을 해방시키는 사회
통합 운동이었다. 구원은 예수를 받아들여 자기 부정적
삶을 살지 않으면 불가능한 일이었으므로, '네 이웃을 네

몸과 같이 사랑하라'는 계명을 지키며 이웃의 고통에 동참하는 일이야말로 기독교 수행의 최고 형태다. 현대인의 영성 추구 성향과 함께 천주교의 사회를 향한 정의와 인권 활동이 가톨릭 성장의 동력이 되었거니와, 이 또한 영성의 시대라는 말과 별개가 아니다.

연기緣起와 무아無我를 핵으로 하는 불교의 깨침 역시 사회와 고립된 채 가능한 게 아니다. '상구보리 하화중생'은 먼저 깨달음을 추구하고, 그 깨달음의 결과로 중생을 제도한다는 뜻이지만 사실 이런 구별은 무의미하다. 나 없음을 통찰하지 않는 한 깨달음은 없기 때문이다. 붓다는 출가 이후 깨달음을 얻고 법을 편 인류 최고의 스승일 뿐 아니라 가지지 못한 이들과 고통받는 이들을 구제하기 위해 자신의 삶을 온전히 던진 인류 최고의 혁명가이기도 했다. 그런 점에서 제대로 된 불교 수행은 지금 여기서 보살의 길, 곧 보시를 실천하는 일이다.

너와 나, 나와 사회와 자연과 우주만물의 관계성을 자각하고 비움과 나눔을 실천하는 것이 수행의 요체라는 게 불교나 기독교만의 이야기일 수는 없다. 이슬람교나 힌두교 등 세계 고등 종교는 말할 것도 없고, 천도교, 원불교, 증산교 등 국내 자생 종교도 예외 없이 비움과 나눔을 말한다. 종교에 따라 수행 방법론은 다르다 해도 나의 진리관만 옳다고 고집하는 닫힌 자세는 좋지 않다. "하나의 종교만 아는 사람은 아무 종교도 모르는 사람"이라는 비교종교학자 막스 뮐러의 금언을 빌리지 않더라도, 다른 문화와 다른 사고방식, 다양한 가치관과 생활양식이 공존하는 다원주의 시대에 다른 종교 및 문화와 대화하고 이들에게 열린 태도를 가지는 것은 이제 선택이 아닌 필수다.

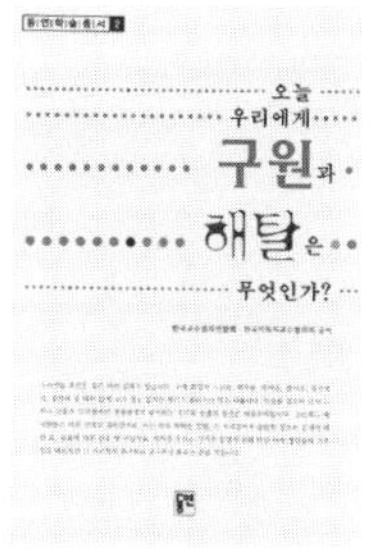

◆오늘 우리에게 구원과 해탈은 무엇인가

한국교수불자연합회·한국기독자교수협의, 동연, 2007

한국교수불자연합회와 한국기독자교수협의회의 공동학술회의 논문집이다. '오늘 우리에게 구원과 해탈은 무엇인가?'라는 주제를 개인적, 사회적 차원으로 나누어 조명한다. 최근 진행되는 종교간 대화의 모습을 보면서 기독교의 구원을 불교 시각으로, 불교의 해탈을 기독교 시각으로 살필 수 있는 것이 장점이다.

◆열린 종교와 평화공동체 크리스챤 아카데미 엮음, 대화출판사, 2000

한국 종교 지도자와 지성들이 종교 문화의 다원화시대를 맞이해 열린 종교가 지향해야 할 방향을 모색한 책이다. 과학문명의 전환기 시대에 있어서 종교의 역할, 명상과 수행의 차원에서 보는 종교 같은 글이 눈길을 끈다. 출간된 지 7년이 지났으나 환경파괴, 정보화사회, 생명공학의 여러 문제들, 영성의 고갈 현상 등에 대한 지성들의 진단은 여전히 유효하다.

◆**불교, 이웃종교로 읽다** 오강남, 현암사, 2006

◆**속 빈 설교, 꽉찬 설교** 정용섭, 대한기독교서회, 2006

◆**울타리를 넘어서** 김경재, 유토피아, 2005

◆**대화를 넘어 서로 배움으로** 성공회대학교신학연구소 엮음, 맑은울림, 2004

◆**예수는 없다**─ 기독교 뒤집어 읽기 오강남, 현암사, 2001

◆**토머스 머튼과 틱낫한** 로버트 H. 킹, 두레, 2007

21세기 한국사회의 접속 코드

김시천

노장은 20세기 후반 한국사회의 변화를
보여주는 코드이면서, 또한 21세기의 변화
방향을 보여주는 코드이기도 하다. 하지만
노장이 우리 시대에 이렇게 각광받고
유행하는 이유는 오히려 『노자』와 『장자』라는
책 속에서가 아니라 노장이 어떤 말들과
접속되는가에서 찾을 수 있다. 물론 이러한
접속들이 『노자』와 『장자』라는 텍스트와
무관하다고 말할 수도 있지만, 단지
그 접속들만으로도 노장이 한국사회에서 어떤
궤적을 그리며 달려왔는지 쉽게 파악된다.

"자연으로 돌아가라!" 도시의 매연과 아스팔트에서 올라오는 뜨거운 열기에 지친 우리에게 가장 낭만적으로 들리면서도 거의 불가능한 구호다. 좋은 말이긴 하나 우리네 삶과는 아득히 먼 추억! 우리 사회에서 구호처럼 부르는 '노장老莊' 사상이란 이런 막연한 기대나 희망과 중첩되지 않나 싶다. 이에 더하여 우리가 원하지만 가져보지 못한 것들, 예를 들어 자유와 평안, 자연과 여유, 이런 단어들이 주로 노장과 함께 연상된다.

그래서 어쩌면 노장은 20세기 후반 한국사회의 변화를 보여주는 코드이면서, 또한 21세기의 변화 방향을 보여주는 코드이기도 하다. 노장과 접속되는 용어들은 20세기에서 21세기로 넘어가는 우리 한국사회의 풍경을 보여주는 중요한 접속의 코드다.

노장을 말하려면, 먼저 진실 게임에서 시작하는 것이 옳겠다. 우리가 노장이라 말할 때 그것은 대개『노자』와『장자』라는 책 속의 철학적 사상을 가리키는 것으로 여겨진다. 어느 철학사 책을 들춰봐도 이구동성으로 그것이 사실인 듯 당연시한다. 하지만 그것은 거짓말이다. 노장은『노자』와『장자』라는 책 속에 든 사상이 아니다. 엄밀히 말해서 그것은 그 이전에는 없었던 새로운 시각, 곧『장자』를 통해서『노자』로 들어가는 시각을 대변하는 말이다. 노장은 춘추전국 시대와는 무관하고 양한 시대를 지나서 삼국 시대에 들어서야 나타나는 전통이다.

노장과 관련하여 또 하나의 거짓이 있다. 우리는 마치 고대 중국의 철학사가, 공자에서 맹자를 거쳐 순자로 그리고 이와 거의 같은 기간에 노자에서 장자로 이어지는 양대 사상이 있었고, 둘은 서로 논쟁을 벌이면서 발전해왔다고 여긴다. 이 또한 거짓말이다. 실제 역사에서 그런 일은 없었다. 아니 정확히 말하면, 그런 기록을 찾아볼 수 없다. 예를 들어 비슷한 시대를 살았던 맹자의 『맹자』와 장자의 『장자』는 서로에 대해 일언반구조차 없다. 그러므로 공맹순의 유가와 노장의 도가가 서로 다투었다는 식의 철학사 서술은 엄밀히 말해 새빨간 거짓말이다.

노장과 관련하여 더욱 중요한 사실은, 우리가 보는 『노자』와 『장자』라는 책이 1973년 새로운 『노자』가 발굴되기 전까지 기원후 200년 이후에 다듬어진 책이라는 점이다. 문헌학적 차원에서 보면 『노자』와 『장자』는 위진 남북조 시대에 널리 읽히기 시작했고, 이른바 『장자』를 통해 『노자』를 이해하는 노장 전통과 분리할 수 없다. 게다가 『노자』와 『장자』를 애호했던 가장 주류적 전통인 노장은 도교 신봉자들이 읽던 독해 방식이 아니라 노장이 가장 비판하고자 했던 유학자들이 『노자』와 『장자』를 읽는 방식이었다. 이렇게 보면 도가 철학의 전통이라는 것은 그 어느 시대에도 존재한 적이 없는 허구다. 차라리 그것은 20세기 동양의 철학사가들이 의도적으로 만들어낸 픽션이라고 말해야 한다.

그렇다면 이제 거꾸로 노장과 관련한 진실을 말해보자. 중국이 유교적 사회에 진입한 뒤 유학을 제외한 모든 학문은 이단으로 비판받아왔다. 성리학 책에 자주 등장하는 '석로釋老'나 '노불老佛'은 불교와 도교를 한꺼번에 비판하는 조롱 섞인 표현이다. 불교와 도교는 모두 인간의 기본적 윤리를 무시하고 공허하거나 패륜적인 이야기를 늘어놓는 이론으로 푸대접 받아왔다. 그래서 『노자』와 『장자』는 이단이나 사이비로 생각했다고 말해야 옳다. 다만

엄밀히 말해서 노장은 『노자』와 『장자』라는 책 속에 든 사상이 아니라 그 이전에는 없었던 새로운 시각, 곧 『장자』를 통해 『노자』로 들어가는 시각을 대변하는 말이다.

노장이란 말은 석로나 노불과는 달리 부정적 뉘앙스가 적은 관용적 표현에 가깝다.

그래서 현실을 떠나 산 속에 은거하는 사람이 아니라면 『노자』와 『장자』는 읽을 만한 책이 못되었고, 또 읽더라도 유학 정신을 철저히 함양한 뒤에나 조심스럽게 읽어야 하는 것들이었다. 그랬던 동아시아 지성계에 천지개벽이 일어났다. 역사상 한 번도 공맹과 대등한 사상적 지위를 누려보지 못했던 노장이 이제는 공맹과 대등한 의미와 가치를 갖는 사상으로 각광받게 된 것이다. 노장이 어느 특정 시기에 유행한 적은 있었어도 사회와 제도의 영역으로 또는 사회를 운영하는 원리로 받아들여진 적은 없었다는 점을 우리는 기억해야 한다.

그런데 이러한 역사적 사실의 나열은 낯설게만 들린다. 21세기를 목전에 둔 한국사회에서 도올의 〈노자와 21세기〉가 국민적 관심 속에서 공중파를 타고 방영되는가 하면, 그 이전에는 서슬 퍼런 독재정권 치하에서 씨을 함석헌의 노장 강의가 시대의 수많은 지성들에게 공감을 얻었

역사상 한 번도 공맹과 대등한 사상적 지위를 누리지 못했던 노장이 이제는 공맹과 대등한 의미와 가치를 갖는 사상으로 각광받고 있다.

기 때문이다. 그래서 우리에게 『노자』와 『장자』는 자유와 해방의 철학이면서 동시에 과학과 만나는 합리적 정신이었고, 억압과 독재에 분노하고 조소하는 비판의 철학이었다. 사실상 우리가 아는 노장의 기원은 바로 여기에서 찾아야 한다. 어쩌면 이것이 우리 시대 노장의 가장 정직한 진실이다.

물론 노장을 둘러싼 진실과 거짓은 노장 자체와는 아무 상관이 없다. 그럼에도 노장과 관련한 진실과 거짓을 구구절절 늘어놓는 이유가 분명히 있다. 노장이 우리 시대에 이렇게 각광받고 유행하는 이유는 오히려 『노자』와 『장자』라는 책 속에서가 아니라, 노장이 어떤 말들과 접속되는가에서 찾을 수 있어서다. 물론 이러한 접속들이 『노자』와 『장자』라는 텍스트와 무관하다고 말할 수도 있지만, 단지 그 '접속들'만으로도 노장이 20세기 한국사회에서 어떤 궤적을 그리며 달려왔는지는 쉽게 파악된다.

1999년 공중파를 타고 떠들썩하게 방영되었던 도올의 〈노자와 21세기〉 강의는 『노자』를 통해 세 가지 주제를 제안하였다. 그것은 인간과 자연환경의 화해, 종교와 종교의 화해 그리고 지식과 삶의 화해였다. 도올은 나름의 특유한 센스와 이야기로 국민적 화제가 되는 '철학 강연'을 성사시켰다.

공중파를 타고 떠들썩하게 방영되었던 〈노자와 21세기〉 강의는 도올의 특유한 센스와 이야기로 국민적 화제가 되며 노자에 대한 관심을 불러일으켰다. 그러나 도올의 노자 해석은 우리 시대의 관심으로 『노자』를 읽어낸 것일 뿐이다. 사진=강운구.

하지만 아주 상식적으로 생각해보자. 과연 노자의 시대에 공해 문제나 종교 갈등, 그리고 지식과 삶의 문제가 중요한 사회적 쟁점으로 논의된 바가 있었는가 하고 말이다. 달리 말하면 도올의 노자 해석은 우리 시대의 관심으로 『노자』를 읽어낸 이야기일 뿐이다.

그보다 조금 더 거슬러 올라가면 1990년대 이후 유행하

90년대 『노자』에 접근했던 수많은 학자들은 『노자』의 철학이 해체론이 라고 주장한다. 데리다가 해체를 통 해 서양의 은폐된 폭력과 배제 논리 를 폭로하고자 했다면, 노자는 도덕 의 가면 속에 감추어진 권위와 억압 을 해체하고자 했다는 말이다.

던 포스트모더니즘이나 데리다의 해체론을 만날 수 있다. 90년대에 『노자』에 접근했던 수많은 학자들은 『노자』의 철학이 해체론이라고 서슴없이 주장했다. 데리다가 해체를 통해 서양 사회의 은폐된 폭력과 배제의 논리를 폭로하고자 했다면, 노자는 도덕의 가면 속에 감추어진 권위와 억압을 해체하고자 했다는 말이다. 하지만 역설적이게도, 『노자』가 그 속에 감추어진 권모술수적 파렴치함 때문에 오랫동안 비판받아왔다는 점은 지적하지 않는다. 『장자』에 비해 『노자』는 건전성이 현저하게 떨어지는 못된 사상이었다.

90년대 이후 노장은 그렇게 우리들에게 다가왔다. 이러한 노장 유행의 이면에는 중요한 특징이 한 가지 있다. 그것은 『노자』와 『장자』 읽기가 늘 '타자의 시각'에서 이루어졌다는 점이다. 곧 노장의 떠들썩함 속에는 노장과는 무관한 요소, 대개 서쪽에서 부는 바람 때문에 생긴 떠들썩함이 자리 잡고 있었다. 문제는 이 같은 노장의 접속이 어떤 결실을 맺기는커녕 늘 시끌벅적한 유행에 그치고 말았다는 사실에 있다. 그래서 노장의 접속들은 대개 미완이거나 가벼운 만남에 지나지 않는다.

그렇다면 노장이라는 화두는 우리의 삶에, 우리 한국인의 문화적 지형에서 '아무것도 아닌 것'에 지나지 않을까? 그렇지는 않다. 다시 조금 더 과거로 거슬러 올라가보자. 기원 전후 인도 불교가 중국에 유입될 때 노장은 불교를 수용하는 중요한 사상적 틀이었다. 불교는 노장이라는 틀을 통해 수용되고 중국사회에 뿌리내린다. 노장의 매력은 바로 이 같은 점에 있다. 문화와 제도에 깊이 스며들어 쉽사리 변화하기 어려운 유학과 달리 노장은 그 모호한 언어와 추상성 때문에 오히려 다른 것들과 만나기에 유리했다.

다석 유영모에게서 잘 드러나듯 노장은 기독교 신앙과 동양 정신을 만나게 하는 좋은 가교였다. 씨올 함석헌은 거기에 더해 서양의 과학, 자연주의와의 만남까지 주선한다. 게다가 독재 치하에서 노장의 목소리는 자유와 해방을 갈구하는 민주적 외침이기도 했다. 다른 한편 불교와의 친근성은 현실의 각박함에서 벗어나 정신의 평화와 초월을 돕는 위안이기도 했다. 심지어 니담이라는 서양 학자를 통해 노장은 객관적 관찰의 정신을 소유한 자연과학의 토대 철학으로 찬양되기도 했다.

80년대를 거치며 노장의 유행은 더욱 다양해진다. 영미 분석철학자들에게 "도를 도라 말하면 그것은 영원한 도가 아니다"라는 『노자』의 첫 구절은, 비트겐슈타인의 "말할 수 없는 것에 대해서는 침묵해야 한다"로 읽혀졌고, 양陽보다 음陰을 강조하고 부드러운 것이 강한 것을 이긴다는 논리는 페미니즘 철학의 선구로 칭송되었다. 한편에선 관념적인 리理보다 기氣를 말하는 노장을 유물론의 선구로 보았으며, '작은 나라 적은 백성'의 이상향은 원시 공산제 사회로 향수되기도 했다. 이렇게 노장의 접속은 시대의 관심 또는 시대의 문화적 코드가 드러나는 지점이기도 하다. 『노자』의 유명한 구절 가운데 "큰 그릇은 늦게 이루어진다大器晩成"는 말이 있다. 그렇다면 수많은 접속에도 불구하고 『노자』와 『장자』는 아무런 결실도 맺지 못하는 비운의 철학인 것일까? 우리는 아직 이에 대해 긍정도 부정도 하기 어려운 처지에 놓여 있다.

그럼에도 우리는 20세기 한국사회에서 노장이 지나온 중요한 궤적 하나를 찾을 수 있다. 노장과 만나고 접속하는

언어의 주변이 아닌 중심에서 울려나오는 요동으로, '인
간'의 자리에 '개인'이 슬며시 고개를 들며 주인공으로 나
서고 있다는 점이다. 70-80년대 노장과 관련한 대다수의
논문은 인간과 자연, 인식과 실천, 문명과 근대 등 대개 익
명의 '인간'에 관한 내용이었다. 구체적 현실의 삶을 살아
가는 어떤 개인이 아니라 '모든 인간'이 노장 담론의 주인
이었다. 그래서 노장은 추상적 존재, '모든 인간'이라는
애매한 주제 속에서 부침했다. 하지만 이러한 접속의 지
형도는 판이하게 변화했다. 어느 소장 철학자는『장자』를
의사소통의 문제로 접근한다. 또 어떤 이는『장자』를 개
인주의와 이기주의로 조명하기도 한다. 심지어 어떤 이는
『장자』에 등장하는 기괴한 인물들의 모습에 초점을 맞추
기도 한다.

하지만 무엇보다 기대되는 것은, 이제 노장이 반유가反儒
家라는 철학사의 도식에 매몰되지 않고 유가의 변형 또는
공자의 정신을 잇는 또 다른 길의 철학으로 이야기된다는
점이다. 근대의 추상적 '인간'이라는 주체 철학에서 벗어

나 욕망, 감정, 의사소통, 기이한 생김새에 이르기까지 '개인'을 드러내는 시선이 노장과 접속한 것이다. 더욱 반가운 것은 노장에서 발견되는 그러한 개인이 윤리의 수호 성인 공자를 부르며 함께 다가온다는 점이다. 타자와의 관계 속에서 서로 대화하고, 자신의 감정을 표현하고, 관계를 욕망하는 자아와 권위의 그물에서 벗어나 악수하는 '개인'이 걸어 나왔다는 점이다.

물론 우리는 아직 그 주인공이 어디로 걸어갈지 예언할 수 없다. 길을 잃고 헤맬지 아니면 예전에 걸어간 그 길을 다시 걸어갈지는 아무도 모른다. 하지만 그 길이 서쪽도 아니고 동쪽도 아닌 그 사이 어딘가로 향할 것이라는 점은 분명하다. 공자와 손을 잡고 노장이 걸어간다면 그 길은 과연 어디로 통할까? 어쩌면 이러한 노장의 접속 또한 현재 우리를 읽는 하나의 코드가 될 수 있지 않을까?

◆**장자** 안병주·전호근, 전통문화연구회, 2001-07

『장자』에 대한 주석들을 가장 많이 참조했으며, 다양한 해석이
가능한 부분에 대해 나름의 일관된 근거를 가지고 해석한 역작이다.
노장에 대해 어떤 입장이나 해석을 전제하지 않고 원전과 주석에
근거한 번역이라 군더더기 설명이 적다. 조선조 노장 전통과의
연결성도 좋아 이른바 노장에 가장 가까운 해석본이라 할 수 있다.

◆**노자** 김홍경, 들녘, 2003

『노자』와 관련된 역대 주석서들과 현대 학계의 연구가 방대하게
반영된『노자』번역 및 해설서다. 독특한 시각에 입각하여
일관되게 해석한 점, 전통적 판본보다『백서덕도경』을 저본으로
나름의 판본 확정에 근거하고 이를 비교적 합리적으로 번역했다.
역자의 일관된 시각과 더불어 다양한 해석의 경향을 함께
비교하며 볼 수 있는 책이다.

◆**장자— 타자와의 소통과 주체의 변형** 강신주, 태학사, 2003
◆**이기주의를 위한 변명** 김시천, 웅진지식하우스, 2006

양성평등이 아닌 다양성 존중의 문화로

조주은

시대는 변했다. 어느덧 성평등은
거스를 수 없는 지배적 가치가 되었고,
여성주의가 갖는 담론적 권위는 커져왔다.
그러나 한국사회에서 여성들이 해왔던
노동과 그 속에 배어있는 가치에 대한
재평가 없이 양성평등문화는 결코 바람직한
목표가 될 수 없다. 또한 인간을 이성애에
기반한 양성으로 한정지으려 하는 한,
성 소수자들의 삶은 더 힘겨운 싸움이
될 수도 있다. 지금 한국사회에 필요한 것은
성역할 바꿈의 양성평등문화가 아니라
다양성과 차이가 존중되는 문화다.

최근 한국사회에서 이른바 '교양의 유무'와 '시대적 변화를 따라가는 유연함'의 기준으로 암묵적으로 통하는 것이 있다. 다름 아닌 남녀평등에 대한 가치다. 더구나 사회적 변화에 관심 있는 지식인 남성들은 "저는 호주제 폐지에 대해 유감입니다" "자고로 요즘 여자들…"을 뱉었다가는 마초라는 반사회적 낙인을 받는다. "저는 페미니스트까지는 아니지만…"이라는 발언에서도 느껴지는 여성주의자에 대한 혐오와 함께 마초남성에 대한 낙인이 우리 사회에는 공존한다.

남녀가 섞여 있는 모임에서 자기소개를 하다 내 전공을 밝히면, 이른바 엘리트 남성들에게서 긴장하는 분위기가 감지된다. 교양인의 정체성을 유지하려고 머릿속으로 자신의 태도와 언어들을 끊임없이 검열하다가 긴장이 풀려 "우리 집사람은요…"라고 말하고는 내 얼굴을 쳐다보고 뱉어낸 말들을 수정하며 황망하게 사태를 수습하기도 한다. "이런 말도 성희롱인가요?" "여자한테 이런 말 하면 안 되는 건가요?"는 물론이요, 오랜만에 만난 남자선배에게 "주은아, 내가 페미니스트라고까지는 말 못하겠지만 마초는 아니다. 요즘 내가 페미니즘 서적도 열심히 읽고 있다"라는 말을 들은 적도 있다.

일반인들이 페미니즘에 대한 가치를 실현하느라 얼마나 노력하고 있느냐는 차치하더라도, 성평등은 거스를 수 없는 지배적인 가치가 되었다. "여자한테 말 한번 잘못했다가 남자 인생 뭐 되는 시대가 되었다"고 통탄하는 남성들의 발언에서도 느껴지듯이 여성주의가 갖는 담론적 권위는 커져왔다. 최근 십여 년 동안 한국사회에서 만들어진 여성관련 법률(여성발전기본법, 가정폭력방지 및 피해자보호 등에 관한 법률, 성폭력범죄의처벌 및 피해자보호 등에 관한 법률 등)과 제도는 그러한 시대적 분위기를 반영한다. 정부부처 내 여성정책을 수립·총괄·지원하는 '여성부(여성가족부로 재발족)'의 신설로, 양성평등은 유교적 가부장제가 배어 있는 한국사회에서 씨앗을 뿌리고 활짝 꽃을 피울 수 있게 제도화되는 듯했다.

세계적으로 깨어지지 않고 일상의 문화를 굳건히 지탱해주는 관념이자 이데올로기가 있다. 남성의 일차적인 역할은 가족의 생계를 책임지는 것이요, 여성의 일차적인 역할은 아내와 어머니로서 가족구성원을 사랑으로 돌보는 것이라는 '성별분업 이데올로기'다. 1980년대 들어서, (집)안에 존재할 것으로 기대되었던 아내들이 남성의 영역으로 간주되었던 노동현장으로 진출하기 시작했다. 평생직업의 목표를 가진 당찬 여성들은 비교적 여성차별이 없는 교육공무원이 되려고 교육대학교 또는 사범대학교로 진학하거나, 취업에 대한 고민의 결과 공무원 시험 준비에 들어간다. 다양한 여성운동의 노력으로 여성의 사회진출이 늘어나고 여성노동자에 대한 차별이 조금씩 완화되기도 했다. 1985년에는 41.0퍼센트에 불과하던 기혼여성의 경제활동참가율이 2004년에는 48.7퍼센트에 이르러 마치 '남성=생계부양자, 여성=가사전담자'라는 근대적 성별분업이 균열되고 있는 듯 보인다.

그러나 여성들이 노동시장에 진출했다고 해도 대부분의 여성들은 비공식부문, 5인 미만 사업장에서 차별적 저임금을 받으며 비정규직으로 근무한다. 그나마 악전고투하여 안정적인 공직사회(승진체계에서 낮은 직급이기는 하지만)에 진출한 여성공무원은 희한한 경험을 한다. 교직사회의 여초현상이 남성을 차별한 결과라며 교육대학에 남성할당제를 실시한 것이다. 2002년부터 공무원 7급과 9급의 일부 직렬에서 실시되는 '양성평등채용목표제'(남녀 어느 한쪽 합격률이 30퍼센트 미만이면 다른 쪽 성을 추가 선발하는 제도)에서 남성이 여성보다 더 많은 혜택을 누리는 것으로 나타났다(『2007년도 지방자치단체 여성공무원 통계』, 행정자치부). 박봉으로 상징되고 가족을 먹여 살리기에는 적당하지 않은 직업이라고 여겨져 남성이 자발적으로 기피했던 하위직 공무원, 교사라는 직업에 '양성평등'이라는 가치가 확산되면서 남성들이 혜택을 보는 셈이다.

현재 우리 사회 공기업에서 여성관리직 비율은 2.6퍼센트. 5급 이상 관리직 여성공무원은 전체의 6.5퍼센트에 불과하고 여성국회의원의 비율은 17대 국회에서 이제 겨우 10퍼센트를 넘어섰다. 대학사회에서 여교수의 비율은 13.3퍼센트(2005년도)에 불과하다. 그런데 남녀간 권력관계를 의미하는 정치적 개념인 젠더gender가 한국사회에서는 남성의 저항을 고려하여 '남녀'도 아닌 중립적 개념인 '양성'으로 해석되면서 남성의 반격이 시작된다. 그나마 여성이 집중적으로 진출했던 직종에서 양성평등이라는 미명 아래에 남성 할당제를 실시하는 꼴이다.

한국사회에서 2000년대 이후부터 확산된 양성평등이라는 말은 남성들의 저항 없이 여성주의적 가치를 사회에 확산할 수 있다는 장점을 가진다. 그러나 성중립적인 양성평등이라는 담론은 수천 년 동안 남성들의 성적 지배와 가부장적 통제 아래에 놓여 있던 여성의 억압성을 드러낼 수 없을뿐더러 여성이 피 흘리며 쟁취해온 결과물에 남성이 무임승차하도록 한다. 더 나아가 양성평등이라는 담론 자

체가 이성애주의에 입각하여 인간을 성적으로 남성(성)/
여성(성)으로 이분화하는 것을 정당화할 뿐 아니라 기존
에 남성과 여성이 해왔던 역할과 정체성을 섞는 것으로 단
순하게 이해하게 한다.

어쨌든 양성평등이라는 가치는 여성(가족)부가 신설되면
서 국가적 목표가 되었고 일상생활에서도 남성중심적 문
화에 작은 균열을 냈다. 최근 나온『돈 잘 버는 여자 밥 잘
하는 남자』『서서 오줌 누는 여자 치마 입는 남자』『큰 여
자 깬 남자』같은 책 이름만 보더라도 불과 10년 전의 '차
분하고 순종적인 여성, 성실하고 강한 남성'이라는 이상
향은 변하고 있다.

최근 전문가들은 2006년도의 결혼 트렌드로 '인간적이고
유머러스한 남자'와 '솔직하고 적극적인 여자'를 꼽았다.
IMF라는 경제 불황, 불안감과 무소불위의 경쟁을 내면화
하는 신자유주의도 성별분업 이데올로기에 입각한 지배
적인 남성성(성실함과 적극성)과 여성성(온화함과 수동
성)에 변화를 재촉했다.

솔직하고 적극적일 뿐 아니라 (최근 남성들에게 기대되는)
유머와 인간미까지 겸비한 나와 내 친구들은 시대를 잘못
태어났다고 원망하곤 한다. 차분하고 순종적인 여성이 남
성의 로망이었던 80년대 중반에 "몸에도 안 좋은 술과 담
배, 우리가 다 마시고 피워서 없애자"는 살신성인의 자세
를 결연히 보여주고, 가끔 낯선 남성들과 술자리를 함께
하면 고난이도의 유머로 웃겨주고 술값까지 계산했던 친
구들. 지금 그 친구들은 미혼에서 비혼으로 돌아섰고 얼
떨결에 일찍 결혼했던 친구들은 하나둘씩 이혼을 했다.
2000년 중반 남성들의 지배적인 이상형이 20년 일찍 찾

아왔더라면 나와 내 친구들, 연애지침서를 쓸 만큼 해박한 연애경험과 지식을 갖추었겠지만 우리는 너무나 시대를 앞서 간 비운의 여성들이었던 셈이다.

3년 전 이혼한 내 친구. 최근 남성들의 이상형인 '솔직하고 적극적인 여자'일 뿐 아니라 사막에 던져놓아도 살아갈 만큼 생활력이 강하다. 얼마 전 소개받은 남성의 "저는 님처럼 솔직하고 적극적인 여성을 좋아합니다"라는 말에 필 받아 결국 두 번째 만남에서 두 사람은 합의 하에 러브호텔로 갔다. 솔직한 내 친구, 모텔에 들어와서 자기가 좋아하는 체위와 방법을 구체적으로 이야기한 다음 함께 노력해보자고 진지하게 말하고 샤워를 끝내고 나와 보니 상대방 남성은 사라지고 없었다. 요즘 남성성과 여성성을 모두 갖춘 양성적인 인간을 상황적응력이 뛰어난 21세기형 리더라고들 이야기한다. 그러나 남성이 여성에게 기대하는 솔직함과 적극성은 특정한 맥락에서만 발휘되는 것이었다. 곧 자신의 남성성을 훼손하지 않는 범위에 한정된 솔직함과 적극성이다. 여성에 대한 마지막 신비주의를 벗겨내서는 안 된다는 말이다.

한국사회에서 여성주의가 본격적으로 확산되기 시작한 20여 년 전부터 부모들 사이에서도 자녀를 양성적인 아이로 키우는 것이 바람직한 양육법으로 자리 잡았다. 부모

들은 여자아이에게도 퍼즐블럭과 로봇을 안겨주고 강한
신체를 만들기 위하여 다양한 유아스포츠를 병행한다. 양
성적인 아이라 함은 남성적 특성과 여성적 기질 모두를 가
진 아이다.

우리 사회에는 이미 남성성과 여성성이 상징하는 바가 위
계적으로 구성되어 있다. 공(직장)/사(가족)라는 근대적
이분법 체계가 유지되는 가운데 공적 영역과 관련된 가치
(남성성)가 규범이 된 상황에서, 양성성이라는 것 자체가
허구적 딜레마다. 생물학적으로 남성이지만 인형놀이와
소꿉놀이를 좋아하는 남아의 어머니는 소아정신과로 달
려간다.

어쨌거나 시대는 변했다. 동성애 혐오가 짙은 한국사회에
서 트랜스젠더 코드를 담은 〈천하장사 마돈나〉라는 영화
가 잔잔한 파문을 일으키며 소비되었다. 남성들도 이제
경제적 능력만으로는 여성들에게 매력적으로 다가가기
힘들다. "뭐 드시겠어요?"라는 남성의 제안에 "(수줍게
고개 숙이며)같은 것으로요"라고 미소 짓는 여성은 답답
한 여성으로 여겨져 당장 남성에게 차일지도 모른다. 예
쁜 남성들인 꽃미남은 여성들의 추파를 받고, (잠자리 빼
고)적극적이고 당당한 여성은 남성들에게 매력적으로 다
가온다. '남자는 의사, 여자는 간호사' '아빠는 신문, 엄마
는 설거지'라는 성별분업 각본으로는 이제 변화한 사회의
현실을 설명하기 힘들다. 이른바 여성적 코드가 남성 쪽
으로 이동하고 남성적 아이콘이 여성 쪽으로 들어오기도
한다. 여성의사, 여성검사, 여성판사도 조금씩 늘어나고
부드러운 남성이 매력적 남성으로 상징된다.

그러나 이것을 '양성평등문화'의 징후로 보기에는 한계가

있다. 남성 전문 직종에 소수의 여성이 진출하는 것은 하나의 토큰token(여성의 힘이 이만큼 성장했다는 허울뿐인 증거)으로 기능할 수 있다. 2007년도 남성들이 순종적 여성 대신 솔직하고 적극적인 여성을 선호한다는 말은 평생직장의 개념이 깨진 신자유주의사회를 헤쳐나갈 동반자를 원하고 있음을 의미한다(더불어 여성에게 먼저 말 걸고 구애행위를 하는 노력조차 귀찮아 알아서 척척 반응하고 제안하는 적극적 여성을 더 편하게 느낄 수 있다). 겉으로 보기에는 꽃미남이지만 호구조사를 해봤더니 청년실업자로 밝혀진 남성은, 여성들에게 "그 몸 꾸밀 시간에 이력서나 한 장 더 써라"라는 암시를 받을지도 모른다. 경제적 능력을 핵심으로 하는 남성성은 깨어지지 않은 것이다.

여성주의적 가치의 확산이 먹고살기 힘들어진 현실과 맞물려 이상적 이성에 대한 문화적 아이콘을 바꾼 것은 사실이다. 그러나 태어나자마자 남성권력의 산물인 성기 모양에 따라 인간을 남성/여성으로 구분하는 것, 이것에 기반한 성정체성의 강화, 이러한 차별적 행위에 남성성과 여성성을(불가능함에도 불구하고) 혼합하려고 하는 것,

남성과 여성의 역할 바꿈을 양성평등문화로 확대해석하는 것은 여성주의에 대한 오해, 오독이다. 한국사회에서 여성들이 해왔던 노동과 그 속에 배어 있는 가치에 대한 전면적 재평가 없이 양성평등문화는 바람직한 목표가 될 수 없다. 만약 여성들이 해왔던 보살핌 노동과 밥 하는 노동의 힘겨움, 그 속에 있는 상호배려와 보살핌의 윤리에 대한 사회적 가치인식이 없다면 양성성, 양성평등문화는 허구적일 뿐 아니라 불가능한 것이다.

더불어 인간을 이성애에 기반한 '양성'으로 한정지으려고 하는 한, 한 개의 몸에서 두 개의 섹슈얼리티가 충돌하는 〈천하장사 마돈나〉의 동구처럼 살아가는 사람들, 곧 성 소수자들의 삶은 더욱 힘겨운 싸움이 될 수도 있다. 앞으로 한국사회에서 양성평등문화라기보다는 남성/여성, 남성의 역할/여성의 역할이라는 구분 자체가 의미 없어지는 문화, 한 사람의 행위가 성정체성으로 설명되고 환원되는 게 아니라 개성으로 이해되는 문화, 곧 다양성과 차이가 존중되는 문화가 어떻게 가능할까에 관심을 모아야 할 때다.

◆**페미니즘의 도전** 정희진, 교양인, 2005
저자에 따르면, 페미니즘은 여성의 현실을 고발하는
학문이라기보다 '다른 목소리'로 세상을 재구성하는 작업이다.
양성평등 논리를 넘는 대안적, 보편적 사유 체계로서
여성주의의 힘과 가능성을 보여준다. 여성주의를 통해 나와
세계, 관계가 어떻게 달라지는가를 설명하고 개인의 성장과
사회의 민주주의가 대립하지 않는 사유 방식을 제안한다.

◆**타고난 성 만들어진 성** 존 콜라핀토, 바다출판사, 2002
◆**돈 잘 버는 여자 밥 잘 하는 남자** 알리 러셀 혹실드, 아침이슬, 2001
◆**페미니스트라는 낙인** 조주은, 민연, 2007

◆**언니 네트워크** www.unninet.net
가장 깊숙이 숨겨놓은 비밀을 마음껏 풀어내며 축제를 벌이는 곳, 당차게 세상을
살아가는 여자들의 삶의 지혜를 나누는 사이버 커뮤니티다. 용감하고 지혜로운
4만 명의 언니들이 서로를 지지하고 위안과 힘을 주고받으며 살고 있다.
언니네는 '여성들이 사이버 공간에 둥지를 틀어온 과정을 보여주는 산 역사'라는
평가를 받으며 사회적으로 큰 반향을 일으켰다.

◆**여성주의저널 일다** www.ildaro.com
◆**성전환자인권연대 지렁이** www.gendering.org
◆**한국레즈비언상담소** www.lsangdam.org
◆**천하장사 마돈나** 감독 이해영·이해준, 2006

가족, 위기인가 기회인가

함인희

오늘날 우리는 가구 배열, 가족 구성,
가족 양식에서 그 어느 때보다 가족에 대한
다양한 실험과 다채로운 대안을 모색한다.
한 편에서는 가족의 해체를 말하기도
하지만, 가족이 인류 보편의 욕구인
관계성 및 친밀성을 충족시키는 장이자,
양육과 부양의 일차적 책임을 감당하는
이타적 공간임을 부인할 수는 없다.
따라서 지금 해체되고 있는 것은 부계혈연
중심의 가부장제 원리, 정상가족과
비정상가족을 구분하던 편견일 뿐 가족이
표방하는 애정 공동체로서의 가치는 오히려
새롭게 재구성되고 있다.

────가족! 그것은 우리로 하여금/ 병을 같이 앓게 하고,/ 같은 치약을 쓰게 하며,// 디저트를 더 먹겠다고 다투게 하고,/ 서로의 샴푸를 몰래 훔쳐 쓰게 하며,/ 돈도 빌려주고,// 아픔을 주기도 하면서/ 또 그 아픔을 달래주기도 하는,/ 울고 웃으며 사랑하게 만드는,/ 작고 신비로운 끈이다.// 각자의 방문을 잠그고 살다가도,/ 어려운 고통에선/ 모두가 힘을 합쳐 서로를 지켜주는,// 그런 특별한 삶을 살아가게 하는,/ 우리를 하나로 묶어주는 보이지 않는 끈,/ 그것이 가족이다. ─ 에마 봄베크, 『가족에 미쳐라』, 휴먼하우스, 2007.

진솔함이 담담하게 묻어나오는 가족에 관한 단상이 아닐는지. 누군가 내게 가족이 무엇이냐 묻는다면 이렇게 답하고 싶다. "오줌 누는 소리를 들려주어도 부끄럽지 않은 사람, 밤 12시가 넘어도 함께 운동을 나갈 수 있는 사람, 돈을 써도 절대 아깝지 않은 사람, 기쁨을 진심으로 함께 나눌 수 있는 사람, 자주 싸우지만 밉지 않은 사람. 가족이란 그런 사람들이 함께 모여 이루어내는 삶"이라고.

이제 우리 가족도 핵가족화를 넘어 다양한 세포분열 및 새로운 융합의 시대를 맞았다. 최근 통계청 발표에 따르면, 100쌍 가운데 12쌍이 재혼이요, 5쌍 정도가 초혼남-재혼녀 커플이다. 농촌으로 눈길을 돌리면 가족 풍속도는 더욱 더 급격한 변화의 물결을 타고 있어 100쌍 가운데 15쌍 이상이 중국, 베트남, 필리핀 여성과의 국제결혼이요, 초등학교 학생 6명 가운데 1명은 부모의 이혼 이후 조부모와 함께 사는 조손가족이다.

실제로 오늘날 우리가 주위에서 관찰할 수 있는 가족들은 가구 배열, 가족 구성, 가족 양식에서 그 어느 때보다 다양한 실험과 다채로운 대안을 모색한다. 이 가운데 무엇보다 '나홀로 가족'의 증가가 두드러진다. 2005년 현재 25-34세 인구 중 미혼 비율이 남자 10명 가운데 4.5명, 여자 10명 가운데 2.5명에 이른다고 하니, 독신은 이제 더 이상 문제적 독신이 아닌 셈이다.

최근에는 50여 명의 미혼여성들이 모여 독신과 가족의 장점을 접목한 새로운 여성모임을 꾸렸다는 소식도 들린다. 이름하여 '싱글 그룹 홈'을 결성한 이들은 프라이버시를 최대한 존중받으면서 동시에 가족 공동체의 장점을 살려 서로의 생일을 축하해주고 고통을 위로하며 명절을 함께 보내고 부모님의 장례식을 함께 치루는 등 새로운 실험을 성공적으로 수행해간다고 한다.

고령화로 인한 노인 단독가구의 급증도 대세다. 2005년 현재 65세 이상 노인 가운데 혼자 사는 노인의 비율이 13.7퍼센트, 부부끼리만 사는 경우가 16.4퍼센트에 이른다. 3세대 확대가족의 이상이던 효도와 존경이 부모 부양에 대한 부담으로 치환되면서 나타난 노인 단독가구는 앞으로 고령사회가 가속화되면서 더욱 보편화할 것이 분명하다.

현재 유럽에선 노인들이 새로운 가족 유형의 등장을 주도한다는데, 스웨덴에서는 '별거 동침Living Together But Apart'의 인기가 높다고 한다. 곧 이혼 및 사별로 홀로 된 남녀 노인이 각자 자신의 집을 가지고 있으면서 친밀한 관계를 이어가는 양식이 결혼과 동거의 대안으로 부상한다는 것이다. '별거 동침'은 여성 노인이 주도하는 경우가 많은데, 여성 노인들은 각자의 집을 유지한 상태에서 가사노동 및 배우자 부양의 부담에서 자유로운 가운데 친밀성과 자율성을 결합하고자 하기 때문이다. 여기서 자신만의

거주 공간을 보유한다는 것은 개인의 통제력이 최적 상태에서 유지되고 강화되는 조건을 의미하며, 더불어 프라이버시를 유지하면서 혼자만의 시간을 즐기고자 하는 욕구와 친밀성 및 관계성의 욕구 사이에서 균형을 취할 수 있음을 뜻한다.

한편 '살아보고 결혼합시다'를 외치는 동거도 빠른 속도로 번진다. 결혼의 장점을 유지하면서도 결혼에 따른 부담을 최소화한다는 점에서 기존 제도의 매력적 대안으로 등장한 동거 양식에도 변화가 감지되어 주목을 끈다.

80년대까지만 해도 우리 사회에서 동거란 경제적 이유나 부모의 반대로 결혼을 미룬 '미혼未婚 동거'가 대부분이었다. 그러다가 90년대 접어들면서 대학가를 중심으로 혼전동거족이 유행했고 '개강하면 혼자 내려갔다가 여름방학에는 둘이 올라오고 겨울방학에는 셋이 올라온다'는 유머가 만들어지기도 했다. 그런데 최근 동거 양상은 이들과는 분명 구별되는 '비혼非婚 동거'가 대세다. 미혼동거가 비자발적으로 결혼을 유예한 것이라면 비혼동거는 일정기간 함께 살아본 뒤 결혼 여부를 결정하자는 자발성이 두드러진다.

가족은 '관계성'이라는 인간의 기본
적 욕구를 충족시키기 위해 고안된
구성물이기에 가족의 중요성은 결코
줄어들지 않을 것이다. 새로운 형태
의 가족 영화 〈가족의 탄생〉.

비혼동거는 서로에 대해 조금 더 깊이 알아보고 결혼을 결
정하자는 것이요, 커플 공히 독립채산제 및 철저한 가사
분담에 입각한 평등한 관계 유지에 중점을 둔다. 일례로
비혼동거를 시도했던 한 커플은 동거기간 동안 자가용을
공동으로 사용하면서, 차량 할부금은 자신이 부담하고 유
지비는 상대방이 부담하는 방식을 취했다고 한다.

이혼의 증가로 '한부모 가족'의 확산도 눈부셔 10년 전에
비해 30퍼센트가 넘게 늘어났다. 이들 가족의 최대 현안인
부모와 자녀의 성이 일치하지 않는 문제가 사회적 쟁점으
로 떠올랐고 결국 호주제 폐지를 끌어냈음은 익히 알려진
사실이다. 부모의 이혼은 가족의 세포분열을 더욱 가속화
시켜 모자 또는 부자가족, 재혼 부부가 구성하는 다양한 조
합의 혼합가족blended families, 재구성된 가족reconstituted
families, 이혼 후 확대 가족divorce-extended families 등 다
양한 가족형태가 등장했다.

이 밖에도 여러 가족이 모여 하나의 공동체를 이루고 생활
하는 종로구의 자율학교-물꼬 모임, 경기 화성군의 야마
기시 마을, 전북 부안군의 한울 공동체, 전국 귀농운동본

부의 생태마을 같은 공동체 실험도 새로운 가족의 하나로 주목되며, 우리에겐 여전히 낯설지만 동성애가족도 서서히 그 모습을 드러냈다.

결국 어떤 가족 유형이든 나름대로의 장단점을 가지고 있음을 인식하는 일이 중요하다. 가족이란 '관계성'이라는 인간의 기본적 욕구를 충족시키기 위해 고안된 구성물이기에 '보다 나은 삶의 방식'을 구현하려는 노력이 있는 한 가족의 중요성은 결코 줄어들지 않을 것이기 때문이다. 가족의 모습이 이처럼 다양한데도 모름지기 가족은 '이러이러해야 한다'는 정상가족에 대한 신념이 여전히 강하게 남아있음은 유감이다.

정상가족에 대한 이처럼 강력한 믿음이 존재함으로써 그 범주에 들지 못할 경우 비정상적이거나 특이한 상황, 아니면 무언가 부족하거나 부끄러운 문제 상황으로 인식하도록 만드는 결과를 가져온다. 실제로 정상가족 대 비정상가족의 이분법은 정상가족에도 상당한 압력이 된다. 가족의 정상적 모습을 외형적으로나마 유지하기 위해 가족 내부의 균열과 갈등을 위장하는 '요새가족fortress family'의 존재는 정상가족 이데올로기의 부정적 폐해를 엿보기에 좋은 예라 하겠다.

정상가족 신화에 도전하는 다양한 가족 양식 가운데는 앞서 살펴본 신가족에 더하여, 여성의 취업 확대와 맞벌이 부부가족의 증가로 나타나는 이른바 '생이별 가족'이 있다. '따로 또 같이'라고 이름 붙일 수 있는 이들 정기적 격리부부는 만남의 간격에 따라 주말부부, 월말부부, 방학부부 등으로 나눌 수 있고, 떨어져 사는 거리에 따라 바다를 사이에 둔 기러기 부부, 육지에서 떨어져 사는 갈매기

부부(?) 등으로 나뉜다.

맞벌이 부부 사이의 역할 분담 방식에도 다양성이 감지되는데, 부인이 여전히 집안일을 전적으로 맡는 전통적 유형과 남편이 부인의 일을 조금 거들어주는 신전통주의 유형이 대부분이긴 하나, 완벽하게 가사 및 양육을 공유하는 평등부부도 있고, 남편이 전업주부 역할을 하고 부인이 가족의 생계를 책임지는 '역할전이' 가족도 심심치 않게 관찰된다. 나아가 저출산의 흐름을 타고 부부가 자발적으로 자녀를 낳지 않기로 한 딩크 부부 또는 '선택적 무자녀' 가족 또한 늘고 있는 추세다.

보다 내면적이고 자기중심적인 것에서 만족감을 느낌은 물론, '친밀한 인간관계에서 오는 순수한 기쁨'으로부터 인생의 의미를 찾는 사람들이 늘어감에 따라 가족이 그 어느 때보다 중요한 사회적 덕목으로 부상하고 있다는 사실을 기억해야 한다. 따라서 우리 모두는 견고한 제도로서 핵가족만을 정상가족이라고 고집하기보다는, 개인의 선택 폭이 확대된 다양한 생활양식의 하나로서 개개인의 정서적 안정감과 성숙을 가져오는 장이자 건강한 인간관계를 실현해가는 과정으로서 가족을 열린 마음으로 받아들여야 하리라.

기실 우리 가족에겐 다양한 아킬레스건이 숨겨져 있는 바, 그 가운데서도 부계 혈연중심주의 및 그로부터 파생된 고부갈등을 첫 번째로 손꼽는다 하여 크게 반대할 이는 없을 터이다. 요즘 신세대 며느리들이 모이면 "난 시금치도 싫어. 시자 들어가는 건 다 싫어" 투정이요, 시어머니님들 자리를 함께 하면 "우리 사위 얼마 버는지는 소상히 아는데 아들 녀석 몇 푼 버는지는 도통 모르겠다"는 하소연을 한다.

뿐이랴. 명절 때면 며느리는 더 있다 가라 붙잡으면서 딸네는 왜 안 오나 목 빼고 기다리니 정말 야속하기 이를 데 없는데다, 딸네 가서 사위가 팔 걷어 부치고 부엌에 들락거리면 기특하다 등 두드려주면서 행여 아들이 빨래나 설거지하는 모습을 들키기라도 하면 '내가 어떻게 키운 아들인데' 싶어 머리 싸매고 드러눕는 시어머님을 이해하기는 쉬운 일이 아니다.

확실히 우리네 가족은 혈연주의에 더하여 가족 성원 하나하나를 철저히 가족 속의 '역할'에 묶어두는 불가해한 힘을 지닌 듯하다. 우리 가족 안에서 시어머니는 항상 시어머니요, 친정어머니는 항상 친정어머니로 남는다. 상대방 입장을 전혀 모르는 바는 아니나 처지가 같다고 보지 않기에, 결코 양보할 수 없다는 인식이 사돈 사이에 단단한 벽을 쌓게 하고 고부 사이를 미묘하게 이간질한다. 최근 들어서는 '전일제 주부' 동서와 '시간제 주부' 동서 간의 팽팽한 긴장도 만만치 않다는 후문이다.

문화권에 따라 가족갈등 양상 또한 다양하게 펼쳐진다는 문화인류학자들의 주장에 따르면, 실제로 부계 모계 구분 없이 양계제를 채택한 미국의 경우 고부갈등 대신 장모-사위 갈등이 의외로 심각하며, 주로 부계 친족제도를 보유한 유교 문화권에서 고부갈등이 깊게 뿌리 내린 채 화려하게 번성해왔음은 널리 알려진 사실이다. 부계의 규범은 남아 있지만 일상에서는 부계냐 모계냐의 구분이 점차 모호해지는 상황일진대, 고부관계 역시 해묵은 갈등을 넘어 동병상련의 아픔을 이해하고 치유해주는 '여자와 여자의 유대'로 승화될 수는 없을까 꿈꾸어본다.

가족은 앞으로도 건재할 것이 분명하다. 지금까지 가족은 변화의 계기마다 그 충격을 스펀지처럼 흡수하는 놀라운 적응력을 보여주었다. 가족이란 인류 보편의 욕구인 관계성 및 친밀성을 충족시키는 장이자, 양육과 부양의 일차적 책임을 감당하는 이타적 공간임을 부인할 수 없기 때문이다. 해체되는 것이 있다면 그건 부계혈연 중심의 가부장제 원리요, 정상가족과 비정상가족을 구분하던 편견이자, 더 이상 지속할 이유가 없는 불행한 결혼관계일 뿐이다. 따라서 가족이 표방하는 애정 공동체로서의 가치는 오히려 새롭게 재구성되고 있다.

앞으로 가족은 구성원 각자의 다양한 욕구를 수렴하는 '맞춤형 가족'을 지향하면서 적령기의 압력 및 결혼을 향한 고정관념에서 벗어나 다채로운 생활양식을 선보이게 될 듯하다. 가족에는 정답이 없다. 가족이란 고정된 실체가 아니요, 최선의 삶을 향해 끊임없이 시행착오를 거듭해가는 과정이기 때문이다.

◆**남자의 탄생** 전인권, 푸른숲, 2003

"한 남자의 유년기를 통해 보는 한국 남자의 정체성 형성 과정"이란
부제에 핵심 내용이 요약되어 있다. 한국 남자를 "동굴 속 황제"로
만드는 주인공은 엄마의 절대적 지지와 남다른 헌신. 이 책 곳곳에는
들키고 싶지 않은 한국 남자의 속성, 덧붙여 직면하고 싶지 않은 한국
가족의 아킬레스건이 솔직히 그 모습을 드러낸다.

◆**사랑은 지독한, 그러나 너무나 정상적인 혼란** 울리히 벡 외, 새물결, 1999

사랑이 종교의 지위에 올랐다고 평가받는 현대 사회. 현대인들은
삶과 사랑을 결합한 낭만적 결혼을 꿈꾼다. 그 어느 때보다
절대적 포만감을 주는 친밀한 관계성을 향한 갈망이 높은 지금,
현대인들은 낭만적 결혼 속으로 보무도 당당하게 진입한다. 하지만
실상 결혼은 위험한 비즈니스일 뿐이다.

◆**누구와 함께 살 것인가** 또하나의문화 편집부, 또하나의문화, 2003

◆**장남과 그의 아내** 김현주, 새물결, 2001

◆**가족은 없다: 가족 이데올로기의 해부** 다이애너 기틴스, 일신사, 1998

◆**가족의 탄생** 감독 김태용, 2006

2007년 대중문화의 화두

백은하

그 어느 시절이 그렇지 않았겠느냐마는,
확실히 2007년 대중문화의 화두는
텔레비전이자 드라마다. 한때 르네상스를
맞이하여 최대 호황을 누렸던 한국영화계가
안타깝게도 몸살을 앓는 상황에, 오히려
드라마는 새로운 변화의 시기를 맞이했다.
저녁식탁에서는 '신진 하이킥파'와 '정통 KBS
일일드라마파'가 신경전을 벌이고 우리들의
밤은 총소리와 러브스토리 또는 물 건너온
과학수사와 섹스라이프로 숨 가쁘게 자정을
넘긴다. 여기는 드라마 왕국. 24시간
드라마에 점령당한 국가, 대한민국이다.

하루 종일 드라마다. 아침 드라마가 끝나면 주부대상 프로그램에서 서비스해주는 인기드라마 NG장면을 체크하고, 등굣길의 학생과 출근길의 직장인은 휴대폰과 DMB의 작은 화면에서 가열 차게 상영 중인 드라마로 콩나물버스와 지옥철을 이겨낸다. 오후의 유선방송은 지난 밤 드라마 재방송으로 정신없이 돌아가고, 오후 2시의 커피자판기 앞은 어젯밤 하유미가 어떻게 김희애의 머리채를 쥐고 흔들었는지가 프라이드 중계보다 더 생생하게 중계방송 된다.

저녁식탁에서는 '신진 하이킥파'와 '정통 KBS 일일드라마파'가 나뉘어 팽팽한 신경전을 벌이고, 우리들의 밤은 총소리로 러브스토리로, 또는 물 건너온 과학수사와 섹스라이프로 숨 가쁘게 자정을 넘긴다. 여기는 드라마 왕국. 24시간 드라마에 점령당한 국가, 대한민국이다.

그 어느 시절이 그렇지 않았겠느냐만은, 확실히 2007년 대중문화의 화두는 텔레비전이자 드라마다. 한때 르네상스를 맞이하여 최대 호황을 누렸던 한국영화계가 안타깝게도 몸살을 앓는 상황에, 오히려 드라마는 새로운 변화의 시기를 맞이했다.

케이블 보급률이 35퍼센트를 넘어서고 각 채널의 드라마 자체제작이 활성화되면서 그 동안 공중파 3사 드라마에서 의도적으로 배제되거나 삭제된 것들이 허용되는 새로운 드라마들은 달라진 생존법을 보여준다. 한때 '시청률 1퍼센트의 벽'이라고 불리던 저조한 케이블 시청률이 어느덧 3-4퍼센트로 상승했고, 이에 고무된 제작진들은 공중파가 따라가기 힘들 정도의 순발력과 유연성 또는 공감대를 불러일으키는 현실적 설정과 대사로 점점 영향력과 인기, 양쪽에서 성장하고 있다.

또한 영화 제작비 축소에 따른 제작편수 감소나 제작환경 변화 등 영화산업이 하향곡선을 그리는 상황은 한때 "드라마는 안 찍어요, 영화인이라 불러주세요"라며 촌스럽게 장르의 편식을 부르짖던 배우들의 입맛까지 고치게 만들면서 브라운관 속 배우 풀을 다양하게 넓혔다.

1990년대 말 〈거짓말〉로 '컬트드라마'라는 신조어를 만들어낸 노희경의 드라마는 한국 드라마의 의미 있는 터닝포인트였다. 드라마란 자고로, 보고 나면 잊혀져야 하는 것이라고 말하던 대한민국 드라마 세계에서 노희경 드라마는 폐가 아니라 아가미나 기문쯤으로 숨을 쉬는 변종임에 틀림없었다. 일회성 즐기기를 떠나 보고 난 뒤에도 그 여운이 일상을 뒤흔드는 드라마. 그렇게 노희경은 시청자로 하여금 드라마에서 전개되는 사건들이 마치 자기 주변에서 지금 일어나는 일인 듯 느끼게 하면서 쉴 새 없이 선택을 강요하고 판단을 요구했다.

그러나 자칫 묻힐 뻔 했던 이 드라마의 인기를 증명하고, 그 열정을 응집한 것은 바로 '하이텔 세대'라 불리는 초창기 통신세대의 힘이었다. 시청률로는 증명되지 않던 드라마의 가치를 인정하고 함께 음미하는 이런 사이버 공간의 탄생은 〈거짓말〉로 그 방향을 찾았다.

이처럼 90년대 후반 노희경 드라마로 대표되는 마니아 드라마와 〈다모〉의 성공 이후 수면으로 올라온 '드라마 폐인'의 존재는 2007년 〈마왕〉이나 〈메리대구공방전〉처럼 고매한 장르드라마나 유쾌한 상상력으로 무장한 독특한 드라마의 탄생을 부추기기도 했다.

물론 이 와중에서 의심할 여지없이 한국 드라마를 히트상

90년대 후반 노희경은 문학적 감수성이 묻어나는 직설적 대사로 마니아층을 형성하며 대한민국 드라마계에 파문을 일으켰다.

노희경의 〈거짓말〉은 한국 드라마의
의미 있는 터닝포인트였다.

〈다모〉의 성공 이후 수면으로 올라온
'드라마 폐인'의 존재는 〈마왕〉이나
〈메리대구공방전〉처럼 고매한 장르
드라마나 유쾌한 상상력으로 무장한
독특한 드라마의 탄생을 부추겼다.

품으로 만든 건 이런 마니아 드라마가 아니라 〈겨울연가〉
였다. 〈가을동화〉에 이은 윤석호 PD의 이 두 번째 계절 시
리즈는 범 아시아적으로 한류열풍의 주역이 되었다. '욘
사마 목도리'처럼 주인공들의 패션은 곧 유행이 되었으
며, 전국팔도를 찾아다니며 헌팅한 아름다운 장소들은 여
행상품으로 등장할 만큼 인기를 끌었다. '겨울연가 박물
관'을 찾고 춘천을 성지순례 하는 등 꽤 오랜 시간이 지난
지금에도 일본 중년여성들에게 인기를 누린다.

하지만 〈겨울연가〉는 사실 한국 드라마가 가진 전통 아닌
전통을 모두 끌어 모은 작품이었다. 고등학교 시절의 '첫
사랑', 불의의 '교통사고', 첫사랑을 가슴에 묻고 사는 '순
정'의 여자, '출생의 비밀'과 '닮은 얼굴' 그리고 '불치병'까
지. 일본 현지에서 〈겨울연가〉의 인기비결을 두고 "세련
된 장르와 꽉 짜여진 이야기만 추구하는 일본 드라마와는
달리 어린 시절 보았던 드라마를 떠올리게 하는 신파가 매
력적"이라는 칭찬도 아니고 욕도 아닌 평가가 나왔던 것
도 무리가 아니다.

물론 그 뒤에도 '천국시리즈'로 대표되는, 한류의 명맥을 이어가는 드라마가 계속적으로 만들어졌지만 2000년이 넘어가면서 이 신파 일변도의 드라마는 다양성의 옷을 입게 되었다. 그 신호탄은 바로 2002년에 방영된 〈네 멋대로 해라〉였다. 월드컵이 끝나고 모두가 방심하던 사이, 조용하게 시작했던 미니시리즈 한 편. 시한부 인생, 소매치기, 결손가정, 삼각관계, 졸부집 딸과 가난한 청년. 낡은 설정임을 거침없이 드러내며 시작한 이 드라마는 그러나, 첫 회부터 뭔가 심상치 않은 기운을 풍겼다. 복잡한 가족사가 얽혀있을지언정 질척거리지 않고, 꼬인 애정관계에서도 괜히 심각한 척 폼을 잡지 않았다. 회를 거듭할수록 보란 듯이 그 낡음이 새로움을 표현하는 도구에 불과했음을 증명하더니 급기야 "뜯어내면 심장마비로 죽어버릴 만큼 너무나 심장에 깊이 박혀"버렸다.

90년대 후반에 들어서면서 젊은이들은 변했으나 드라마는 단순히 "짱나, 캡숑, 열나" 등의 말투만을 옮겨오는 데 그쳤을 뿐 변화된 청춘의 모습을 온전히 담아낸 적이 없었다. 하지만 〈네 멋대로 해라〉는 그들의 대화법, 그들의 사

2000년 이후 신파 일변도의 드라마는 다양성의 옷을 입게 되었다. 그 신호탄은 인정옥의 2002년 작 〈네 멋대로 해라〉였다.

고방식, 그들의 세계관을 투명하게 드러내면서 어떤 드라마나 영화를 통해서도 소화되지 않았던 새로운 시대의 청년문화를 월드컵 이후 사회 변화와 발맞추어 시원하게 세상으로 방출했다.

하여 가족을 중심으로 한 특유의 화법으로 80년대 드라마를 평정했던 김수현이 그러했고, 90년대 후반 문학적 감수성이 묻어나는 직설적 대사로 마니아층을 형성했던 노희경과 표민수 PD 콤비가 그러했듯이, 2002년 최강의 트리플을 이룬 감독과 작가, 배우가 합주한 〈네 멋대로 해라〉는 한국 드라마사를 바꾼 작품으로 기억될 것이다.

결국 〈네 멋대로 해라〉와 함께 시작된 21세기 한국드라마는 이제 80년대 후반부터 90년대 초중반까지 계속되던 '실장님'이나 '캔디' 세계에 안주하며 미성숙한 사랑타령을 하지 않는다. 2007년의 브라운관은 때론 사랑을 뒤로하고 연쇄살인범의 뒤를 쫓는 여자 형사가, 막돼먹은 성격에 77사이즈 원피스를 입은 터질 듯한 몸매의 주인공이, 활주로를 시원하게 달리는 국정원 요원이, "여자들이 침대 위에서 솔직하기 시작하면 남자들이 과연 제대로 발기나 할 수 있을까?" 같은 솔직한 대화들이, 시시각각 스펙터클하게 등장하는 곳이다.

이러한 변화는 한국방송인프라의 성숙도 한 요인이겠지만, 어쩌면 글로벌라이징이라는 케케묵은 구호의 가장 실질적 대답이기도 하다. 드라마 좀 본다는 사람들은 더 이상 위대한 공중파 방송사들이 편성해주는 시간에 딱 맞추어 텔레비전 앞을 지키지 않는다. 텔레비전을 켠 이 순간, 시선을 붙잡는 프로그램이 없다면 과감히 리모컨을 버리고 컴퓨터 앞에 앉는다. 그리고 며칠 동안 못 봤던 〈쩐의 전쟁〉을 한번에 다운로드 해서 보거나, 누군가 자막까지 곱게 만들어놓은 미국 드라마 〈히어로즈〉나 일본 드라마

2007년 한국드라마는 더 이상 '실장님'이나 '캔디' 세계에 안주하며 미숙한 사랑 타령을 하지 않는다. 그리고 그 자리를 활주로를 시원하게 달리는 국정원 요원이 대신한다. 〈에어시티〉의 한 장면.

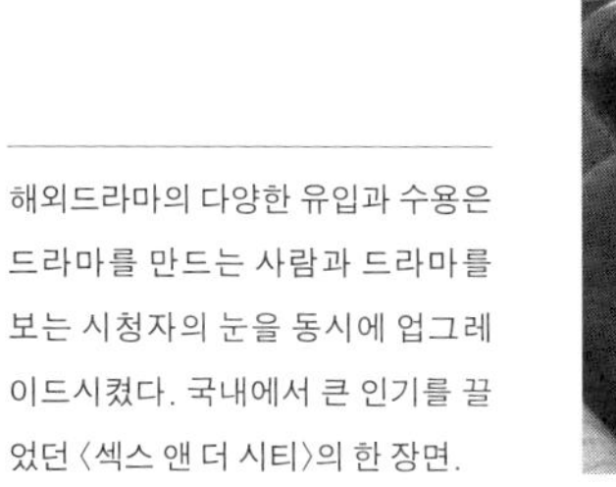

〈돌아온 시효경찰〉을 야금야금 음미한다. 지구촌이 동시에 같은 드라마를 시청하면서 '세계화'로 뭉치는 가장 빠른 휴전구호는 바로 뚜렷한 장르물이거나 확실한 캐릭터 드라마다. 국내에서 큰 인기를 끌었던 〈CSI 과학수사대〉 〈프리즌 브레이크〉 또는 〈섹스 앤 더 시티〉 〈프렌즈〉의 성공요인을 살펴보자면, 액션이나 수사, 추리물 또는 촘촘한 캐릭터쇼야 말로 태평양과 현해탄을 무사히 건너 올 수 있는 가장 근성 있는 선수들임을 증명한다.

또한 이런 해외드라마의 다양한 유입과 수용은 드라마를 만드는 사람과 드라마를 보는 시청자의 눈을 동시에 업그레이드시켰다. 회당 제작비가 기본 몇십 억을 훌쩍 넘는 해외드라마에 길들여진 시청자들은 좀더 세련된 화면과 더 잘 만들어진 스토리를 원했고, 이에 따라 제작진의 부담도 580배 상승한 상태다.

결국 이러한 기대와 부응은 국내 드라마의 질을 높이는 효과를 낳기도 했고 시행착오를 불러오기도 했다. 하지만 이것은 선택이라기보다는 생존적인 위협이었을 가능성이 크다. 게다가 조만간 현실이 될 한미 자유무역협정FTA

이후 무한경쟁의 풍경을 상상해본다면 불가피한 선택인 셈이다.

"10대와 20대가 TV 앞을, 드라마를 떠나고 있다"는 보도가 간간히 등장한다. 물론 이는 텔레비전이나 드라마를 제외하고도 젊은 세대가 누릴 만한 문화생활의 영역이 훨씬 다양해졌다는 말일 수도 있다. 관람해야 할 전시회도, 보고 싶은 연극도, 들어야 할 연주회도 많아진 것이 사실이다. 하지만 다른 한편으로는 과연 10대 20대가 어떤 드라마를 보는지, 언제 그것을 보는지 파악할 만한 기준이나 장치가 존재하지 않는다는 뜻이기도 하다. 과연 지금 이 시간 그들이 어떤 드라마를 보는지, 그 세대가 어떠한지에 대해 자신 있게 말할 수 있는 자는 누구인가. 적어도 명확한 기록이나 눈에 보이는 수치로 그렇다는 말이다. 오히려 10대와 20대가 증발해버린 버뮤다 삼각지는 텔레비전 수상기 앞이 아니라 '시청률'이라는 성기디 성긴 뜰채다. 한때 드라마의 인기를 평가하는 절대적 기준이었던 시청률이 더 이상 최선의 바로미터가 되지 못하는 시대가 온 셈이다.

편성시간에 텔레비전 앞에 앉아있는, 또는 텔레비전을 켜놓은 사람들을 대상으로 하는 시청률이라는 잣대는 점점 주부나 노인들의 취향을 담아내는 단위로 바뀌었다. 만약 10대 소년들이 다운로드로 밀린 〈거침없이 하이킥〉을 보고, 젊은 직장인들이 상사 몰래 근무시간에 다시보기로 〈내 남자의 여자〉를 본다면, '50퍼센트 시청률, 국민드라마'에 열광하지도 않고, 시청률의 그물망에 걸리지도 않는 시청자들을 싸잡아 '드라마를 보지 않는 세대'라고 섣불리 단정하기는 어려울 것이다. 결국 넥스트 코

리안 인벤터들이 발명해야 할 가장 시급한 발명품은 아
마도 '시청률'이 아닌 수치로 치환되는 아주 새로운 형태
의 '시청집중도' 단위일 것이다.

다운로드 또는 다시보기에 익숙한 드라마 시청자군은 광
고를 의도적으로 스킵핑하는 '재핑zapping족'을 넘어 아예
광고 자체에서 해방되어 버린 세대다. 이들은 원하는 프로
그램을 원하는 시간에 원하는 장소에서 원하는 형태로 본
다. 텔레비전 수상기에 광범위하게 노출된 시청자에 비해
훨씬 집중도가 높은 시청자인 셈이다. 대신 이런 시청자들
은 드라마 시청을 그저 시간 때우기 용이 아니라, 마치 돈
을 지불하고 극장에 들어가는 행위처럼 자신이 선택한 문
화생활의 일부로 받아들인다. 이런 세대들은 또한 한 편의
드라마 시청에 보다 진지한 의미를 부여한다. 드라마의 제
작진이나 배우에게 적극적 애정표현을 서슴지 않고, 마침
내 취향의 공동체를 만들기 위해 노력한다.

그 대표적인 예가 〈디씨인사이드〉다. 디지털 사진기기 및
장비의 정보를 공유하는 사이트에서 시작해 기묘한 성장
을 이룩한 이 사이트는, 인터넷을 주름잡는 패러디 사진
이나 유머의 원조를 찾아가다 보면 언제나 발걸음이 닿게

되는 곳이다.

그 가운데 2006년 상반기를 가장 뜨겁게 달구었던 〈하얀거탑〉 갤러리의 유저'(줄여서 '거탑갤러') 들은 자신이 숭배하는 드라마를 가지고 가장 즐겁게 노는 방법의 진수를 보여줬다. 캐릭터의 말투나 성격은 그대로 가져오되 그 배경을 명인대 의대가 아니라 녹색의 농촌으로 옮겨놓은 패러디물 '녹색거탑'을 만든 기발함도 그렇지만, 지난 백상예술대상 시상식 때 의사가운을 입고 단체로 참석하는 등그 행동력에서도 '거탑갤러'들을 따를 자 없을 정도다.

2007년, 이렇게 한국의 드라마는 바뀌어가고 한국의 방송산업은 큰 변화의 시기를 맞이했다. 하지만 골라먹는 재미가 있고 원할 때 먹는 자유가 있는 이 시대의 시청자들로서는 그 어느 때보다 즐거운 나날일 것이다. 물론 만드는 이들은 그래서 괴로울지 모르겠지만, 드라마 시청자로서 이만큼 텔레비전이 흥미진진했던 시대는, 대한민국역사상 없었다.

◆ **드라마를 쓰다** 매거진t 편집부 엮음, 씨네21, 2006

시대는 드라마를 만들고 드라마는 시대를 이끈다. 한 시대를
풍미한 드라마 작가들은 그저 글을 쓰는 '작가writer'가 아닌,
작품을 통해 자신의 철학을 담아내는 '작가auteur'로 자리매김했다.
황인뢰, 노희경, 인정옥, 신정구의 작품 이야기와 대표작을 통해
풀어보는 작품론까지. 21세기 대한민국 드라마의 중심에 있는
4명의 드라마 작가를 통해 이 시대 드라마의 모습을 조명한다.

◆ **바보상자의 역습** 스티븐 존슨, 비즈앤비즈, 2006

◆ **엔터테인먼트 위클리** www.EW.com

미국 주간지 〈엔터테인먼트 위클리〉 온라인 사이트. 영화, 음악 등 엔터테인먼트
콘텐츠도 강하지만 드라마, 리얼리티 쇼 등 미국 텔레비전 방송 소식을 접하는
가장 빠른 창구이기도 하다. 하이라이트 예고인 '오늘밤 최고의 TV'로 꼭 봐야 할
프로그램을 체크하거나 에피소드가 방영되자마자 올라오는 관련 리뷰는
다른 평론가들의 생각을 읽어볼 기회다. 가장 재미있었던 대사나 코멘트를 뽑는
'TV's funniest lines'도 놓치지 말아야 할 볼거리다.

◆ **매거진t** www.magazinet.co.kr
◆ **디씨인사이드 드라마갤러리** www.dcinside.com
◆ **드라마틱** www.dramatique.co.kr

밀레니엄 시대 또 하나의 탐험

김화성

놀이는 변한다. 기성세대들은 '더 빨리,
더 멀리, 더 높이'를 추구한다. 요즘 아이들은
'더 짜릿자릿, 더 아찔아찔, 더 아슬아슬'을
즐긴다. 기성세대에게 도시는 복잡하고
숨 막히지만 어쩔 수 없이 사는 곳이다.
하지만 요즘 아이들에게 도시는 삶의 터전이자
놀이터다. 어른들은 더 힘들고 더 자극적인 것을
찾는다. 자신의 한계를 시험하고 싶어
한다. 아이들은 그냥 논다. 순간을 즐긴다.
익스트림 스포츠는 퓨전이다. 도시적이다.
극한적이다. 독창적이다. 아슬아슬하다.
짜릿하다. 10년 후엔 '더! 더! 더!' 그럴 것이다.

———나는 늘 고래의 꿈을 꾼다/ 언젠가 고래를 만나면 그에게 줄/ 물을 내뿜는 작은 화분 하나도 키우고 있다// 깊은 밤 나는 심해의 고래방송국에 주파수를 맞추고/ 그들이 동료를 부르거나(…)// 누구나 그러하듯 내게도 오랜 꿈이 있다/ 하얗게 물을 뿜어 올리는 화분 하나 등에 얹고/ 어린 고래로 돌아오는 꿈—송찬호,「고래의 꿈」.

1970년대 젊은이들은 청바지 차림에 생맥주를 마시며 이렇게 '고래의 꿈'을 꾸었다. 동해바다로 '고래 잡으러 가자'고 울부짖었다. 기성세대들은 개미처럼 일만 했다. 두 귀는 아예 꽁꽁 틀어막았다. 캠퍼스는 삭막했다. 도시는 사막 같았다. 우물은 그 어디에도 없었다. 젊은이들은 속이 터질 듯했다. 그들은 대부분 어린 시절을 시골에서 보냈다. 산과 들판이 그들을 키웠다. 도시에서는 '어디가 늪인지, 어디가 뭍인지' 도무지 알 수 없었다.

요즘 젊은이들은 도시가 키운다. 아파트 숲에서 태어나 빌딩 숲에서 자란다. 콘크리트 숲에서 놀고 길거리에서 춤을 춘다. 빌딩은 그들에게 산이고 길거리는 들이다. 산과 들은 둥글다. 하지만 도시는 직선이다. 빌딩은 모두 삐쭉삐쭉한 직사각형. 콘크리트 바닥은 딱딱하다. 일부는 그 '직선의 놀이동산'에서 바퀴 달린 도구 등을 타고 논다. 바로 익스트림 스포츠다. 스케이트보드, 롤러스케이트, 인라인스케이트, 웨이크보드, 도로썰매타기, BMX(자전거 묘기), 스카이 서핑, 비보이…. 도시는 사막이지만 도시의 구조물들은 그들에게 멋진 놀이기구일 뿐이다. 도시의 시멘트 광장이나 아스팔트길은 축구경기장이나 육상 트랙과 다를 게 하나도 없다. 관중이 없으면 어떤가? 언제는 누가 눈길 한번 준 적 있는가?

그냥 도시 뒷골목에서 맨몸으로 노는 아이들도 있다. 쿠션운동화 한 켤레만 있으면 된다. 동네 공원 담벼락을 훌쩍 뛰어넘거나 담장과 담장을 휙 한번에 날아간다. 지붕과 지붕을 가볍게 훌쩍 뛰어넘는 프로도 있다. 원, 세상에! 8층 건물 옥상에서 5층 건물 옥상으로 고양이처럼 가볍게 뛰어내리는 아이들. 바로 요즘 인기를 끌고 있는 신종 익스트림 스포츠 야마카시(Free Running, 파쿠르)다. 야마카시란 아프리카 링갈라어로 '강인한 사람' 곧 '초인'을 뜻한다. 일본어와는 전혀 관계가 없다. 야마카시는 1990년 프랑스 젊은이들이 맨몸으로 건물 오르기를 하면서 시작됐다. 이들에게 도시의 모든 구조물은 다 놀이 대상이다. 건물 오르기는 나무 타기나 똑같다. 담장을 뛰어넘는 것은 개울을 훌쩍 뛰어넘는 것과 같은 개념이다.

한국엔 2003년 4월에 들어왔다. 김영민과 김영수 등 몇몇 마니아들이 야마카시코리아라는 인터넷카페를 만들고 보급에 나선 것. 이는 지난해 영화 〈13구역〉이 성공을 거두면서 날개를 달았다. 야마카시 창시자 가운데 한 명인 데이비드 벨이 영화에 직접 출연해 각종 묘기를 펼쳤다. 건물과 건물 사이를 뛰어넘고 고층 건물을 맨손으로 기어올랐다. 기계체조 선수보다 현란한 텀블링, 유도선수보다 부드러운 낙법, 거미인간보다 능숙한 건물 타기. 모두 입이 떡 벌어졌다. 2007년 5월 현재 카페 회원수만 4만 3000여 명.

'야마카시'나 '프리러닝' '파쿠르'는 이름만 다르지 다 똑같다. 창시자 그룹이 분화하면서 이름도 달라졌다. 이를테면 1인자 데이비드 벨이 이끄는 그룹은 '파쿠르'라고 하고, 여기서 떨어져 나온 2인자 세바스찬 푸캉이 이끄는 그룹

야마카시는 1990년 프랑스 젊은이들이 맨몸으로 건물 오르기를 하면서 시작됐다. 이들에게 도시의 모든 구조물은 다 놀이 대상이다. 몸의 액션을 보여준 영화 〈13구역〉의 한 장면.

은 '프리러닝'이라고 하는 식이다. 야마카시는 프랑스 일류고수들이 모인 클럽 이름이기도 한데, 2001년 프랑스에서 개봉된 영화 〈야마카시〉로 널리 알려졌다. 프랑스나 영국 등 유럽에는 젊은이들이 야마카시를 맘껏 즐길 만한 공원이 있으며 전국 규모의 대회도 있다.

야마카시 마니아 가운데에는 중고생들이 유난히 많다. 청룡열차나 바이킹을 탄 듯 기분이 짜릿하다는 것이다. 남들이 안 하는 것을 즐기는 10대들의 특성도 한몫한다.

2년 경력의 중학교 조정선수인 정성환은 "텔레비전에서 처음 보고 '저건 내꺼'라는 필이 확 꽂혔다. 현재 내 인생에서 이걸 빼면 아무것도 없다. 이건 해본 사람만 안다. 너무너무 좋다"며 몸 풀기에 바쁘다. 3년 경력의 대학생 노국래는 "우슈(1단)를 하다가 야마카시 재미에 빠졌다. 공중에 떠있을 때, 귀에 스치듯 들리는 바람소리가 날 미치

게 한다. 짧은 순간이지만 내가 영원히 떠있을 것 같은 그
짜릿함은 이루 말할 수 없다. 야마카시는 경쟁자가 없다.
자신과의 싸움이다. 이걸 하면서부터 모든 일에 자신감이
커졌다"고 말한다.

다음카페엔 여자회원도 5-10퍼센트나 된다. 3년 경력의
카페관리자 안시내는 "아직 근육을 키우는 초보단계다.
여자라서 못할 것은 없지만 아무래도 남자들보다 순발력
이 떨어지는 게 사실이다. 무섭긴 하지만 담장을 뛰어넘
었을 때 성취감은 이루 말할 수 없다"며 웃는다.

대부분 익스트림 스포츠의 주인공은 신세대다. 영화나 광
고가 그걸 놓칠 리 없다. 프랑스에서 제작된 영화 〈야마카
시〉엔 일곱 명의 실제 야마카시가 등장한다. 컴퓨터그래
픽, 스턴트맨, 와이어 등은 전혀 쓰지 않는다. 100퍼센트
맨몸 액션. 아이들은 그걸 보고 자지러지고 까무러진다.
햐아! 그만 침이 꼴깍 넘어간다. 캐논 디지털 카메라 광고
에서 카메라를 들고 건물 사이를 뛰어넘는 이도 창시자 가
운데 1인자로 인정받는 데이비드 벨이다. 영화 〈007 카지
노 로얄〉 초반부 추격전도 마찬가지. 야마카시 2인자 세

바스찬 푸캉이 건물과 건설 장비를 훌쩍훌쩍 뛰어넘는 묘기를 펼친다.

익스트림 스포츠 가운데엔 널리 알려진 것들도 있다. 산악자전거MTB, 번지점프, 래프팅, 윈드서핑, 서바이벌 게임, 스노보드, 스키보드, 스노크로스, 스포츠 클라이밍 등. 하지만 이러한 것을 즐기기엔 돈이 너무 많이 든다. 쓸 만한 자전거 한 대 값이 자그마치 600-700만 원. 게다가 번지점프, 래프팅, 서바이벌 게임 등은 이미 신세대들에겐 '꼴은 것'이고 '쉰 것'들이다. 한참 놀다가 싫증이 나서 버려둔 장난감 같은 것이다. 아이들은 남들이 많이 하는 것엔 금세 싫증을 느낀다.

어른들이라고 익스트림 스포츠를 즐기지 말란 법은 없다. 아이들이 도시에서 주로 논다면 어른들은 '좀더 센 것, 좀더 힘든 것'에 올인한다. 그들은 충동적이지 않다. 하나하나 계단을 밟아나간다. 마라톤에 싫증이 나면 울트라마라톤(42.195km보다 긴 거리)이나 철인3종 경기에 빠진다. 그러다가 그도 시시해지면 본격적으로 극한마라톤에 도전한다. 서울 100mile 마라톤대회, 제주일주 200km 및 한라산 종주 148km대회, 서해강화도-동해강릉 308km 대회, 부산태종대-임진각 537km 대회, 전남해남 땅끝-강원고성 643km 대회 등이 바로 울트라마라톤대회다. 국내에만 그런 대회가 벌써 30여 개나 있다. 30-50대가 주 연령층. 마니아만 3000여 명으로 추산된다. 1년 동안 펼쳐지는 챌린지컵이란 것도 있다. '24시간 달리기(봄)-철인3종 경기(여름)-100km 카누(가을)-100km 크로스컨트리(겨울)'를 모두 통과해야 한다.

국내가 답답하다고 느끼는 사람들은 아예 밖으로 눈을 돌린다. 만리장성 달리기, 툰드라달리기, 안데스산맥 가로지르기, 에베레스트산맥 가로지르기, 북극마라톤, 자전거로 히말라야 능선 넘기 등에 나선다. 그러다가 마침내 세계4대 극한마라톤에 도전한다. 이집트 사하라사막마라톤(250km), 중국 고비사막마라톤(250km), 칠레 아타카마사막마라톤(250km), 남극마라톤(250km)이 그것이다. 남극마라톤은 앞의 3대 사막마라톤을 모두 완주한 사람만이 참가할 수 있다. 2007년 1월에 열린 남극마라톤은 한국인 1명을 포함해 전세계에서 19명만 참가했을 정도로 바늘구멍. 참가비용도 1만 5000달러나 된다.

사막마라톤은 참가자들이 직접 옷과 식량 등 자기가 필요한 물품을 짊어지고 7일 동안 달린다. 대회조직위에서는 숙박텐트와 하루 물 9리터를 제공하는 게 전부다. 섭씨 50도를 웃도는 한낮 더위와 영하로 떨어지는 밤 기온, 시도 때도 없이 불어 닥치는 모래바람을 뚫고 달려야 한다.

등산 패턴도 비슷하다. 산에 오르다가 싫증이 나면 암벽타기로 눈을 돌린다. 북한산 인수봉(810.5m)엔 바윗길이 60여 개 있다. 도봉산 선인봉(708m)엔 40여 개의 루트가 있

어른들이라고 익스트림 스포츠를 즐기지 말란 법은 없다. 아이들이 도시에서 주로 논다면, 어른들은 '좀더 센 것, 좀더 힘든 것'에 올인한다. 사진=창용찬.

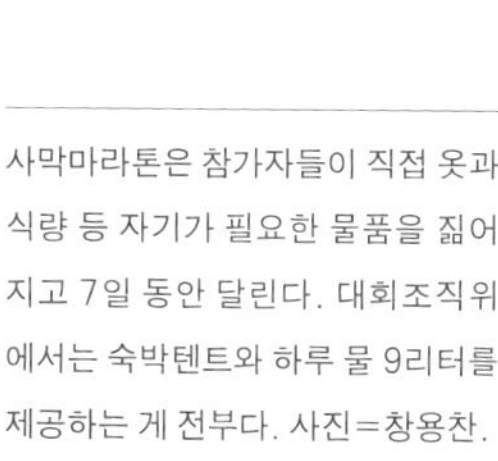

사막마라톤은 참가자들이 직접 옷과 식량 등 자기가 필요한 물품을 짊어지고 7일 동안 달린다. 대회조직위에서는 숙박텐트와 하루 물 9리터를 제공하는 게 전부다. 사진＝창용찬.

다. 인수봉은 1925년 한 외국인이 첫 발을 디딘 이래 30년대부터 많은 루트가 개발됐다. 밑쪽 둘레 400-500, 높이 200여 미터의 화강암. 여의도 63빌딩(264m)보다 조금 낮다. 미국 요세미티 계곡의 거대한 화강암절벽 엘 캐피탄(2695m)엔 1000개가 넘는 길이 있다. 엘 캐피탄은 수직 바위만 1086미터.

하지만 종착역은 결국 히말라야다. 요즘은 히말라야도 어떻게 오르느냐가 중요하다. 단독 무산소등정은 기본. 1996년 한스 카말란더는 무산소 단독등정으로 에베레스트에 오른 뒤 꼭대기에서 사상 처음으로 스키활강으로 내려왔다. 요즘은 패러글라이딩으로 내려오는 산악인도 있다. 암벽은 히말라야 낭가파르바트 루팔벽이 가장 유명하다. 중앙 직등 루트의 수직암벽이 무려 4500미터나 된다. 안나푸르나 북서벽 4000미터, K2 남쪽암벽 3200미터, 몽블랑 수직벽 3960미터, 쉽게 부스러지는 석회암 암벽인 알프스 아이거수직북벽은 1830미터. 무시무시하다.

똑같은 암벽이라도 어느 길로 올랐느냐가 중요하다. 아무도 가지 않은 가장 어려운 길, 이른바 난이도가 가장 힘든 코스다. 난이도는 50년대 말 미국에서 정립된 '요세미티 십진법 등급체계YDS'가 보편화됐다. 암벽등반은 5.0급부터 시작된다. 보통 5.4급 이하는 특별한 암벽등반 기술이 없어도 오를 수 있는 루트, 5.4-5.7급은 기본적인 기술을 요하는 루트, 5.7-5.9급은 지속적인 훈련과 안전장치를 능숙하게 사용해야 오를 수 있는 루트다. 5.10급은 처음 등급을 만들 당시엔 최고난이도 루트. 세계적인 암벽화 회사 '파이브 텐'이라는 브랜드도 여기서 나왔다.

하지만 5.10급보다 더 어려운 루트가 나타나자 5.10a, 5.10b, 5.10c, 5.10d급으로 표시했다. 이런 식으로 70년대엔 5.11abcd가, 80년대부터 5.12abcd, 5.13abcd, 5.14abcd의 난이도가 차례로 추가됐다. 현재 최고 등급은 5.15b. 미국 캘리포니아 레이크 타호에 있는 '그랜드 일류전'은 5.13d이고, 독일 프랑켄유리의 145도로 기울어진 길이 12미터의 오버행 암벽 '액션 다이렉트'는 5.14d의 고난이도 등급이다. 국내 암벽은 5.14급까지 있다고 알려졌지만 사람에 따라 그 평가가 조금씩 다르다.

미국의 로열 로빈스는 '거벽의 철학자'로 통한다. 그의 놀이터는 요세미티 국립공원. 1957년 요세미티 하프 돔 북서벽을 초등했고 1968년엔 엘 캐피탄 단독초등에 성공했다. 그는 말한다. "바위에 오르는 것은 소년이 맨발로 나무에 오르는 것과 같다. 그것은 즐거운 놀이이며 새롭고 흥미로운 것일 뿐, 그 이상도 그 이하도 아니다."

한국이 낳은 세계적 산악인 박영석은 서울에만 오면 늘 "피가 끈적끈적하다"고 말한다. 답답해서 미칠 듯하다는 뜻이다. 어느 날 보름밤엔 막걸리 한 통을 짊어지고 인수봉에 오른 적도 있다. 밤새 통음하며 뜨겁게 달아오른 피

거벽의 철학자로 불리는 미국의 로열 로빈스는 "바위에 오르는 것은 소년이 맨발로 나무에 오르는 것과 같다. 그것은 즐거운 놀이이며 새롭고 흥미로운 것일 뿐, 그 이상도 그 이하도 아니다"라고 말한다.

를 식힌 것이다. 그는 서울에 오래 머물지 않는다. 끊임없이 어렵고 힘든 뭔가를 찾는다. 남극 북극을 거쳐 그는 지금 에베레스트에서 가장 힘든 코스를 초등하기 위해 히말라야로 날아갔다.

그렇다. 놀이는 변한다. 기성세대들은 '더 빨리, 더 멀리, 더 높이'를 추구한다. 요즘 아이들은 '더 짜릿짜릿, 더 아찔아찔, 더 아슬아슬'을 즐긴다. 더 새롭고 더 신기하고 더 퓨전적인 무엇에 정신없이 빠져든다. 비보이나 야마카시가 그 좋은 예다. 이것들은 도시가 낳은 놀이다. 기성세대에게 도시는 복잡하고 숨 막히지만 어쩔 수 없이 사는 곳이다. 하지만 요즘 아이들에게 도시는 삶의 터전이자 놀이터이다. 건물은 나무고, 콘크리트 광장은 들판이고, 아스팔트 도로는 논둑길이다.

어른들은 '더 힘들고, 더 자극적인 것'을 찾는다. 자신의 한계를 시험하고 싶어 한다. 아이들은 그냥 논다. 순간을 즐긴다. 어른들은 한발 한발 앞으로 나간다. 산꼭대기에서 발엔 스키, 등엔 패러글라이딩을 매고 내려오는 것이 바로 그렇다. 패러글라이딩이나 스키 하나만으론 성이 안 차는 것이다.

익스트림 스포츠는 퓨전이다. 도시적이다. 극한적이다. 독창적이다. 아슬아슬하다. 짜릿하다. 때론 돈이 많이 든다. 어른들이 하는 익스트림 스포츠일수록 더욱 그렇다. 10년 후엔 '더! 더! 더!' 그럴 것이다. 야마카시를 즐기는 지금의 10대가 20대가 될 때쯤이면 이미 야마카시보다 더 짜릿한 것이 유행할지도 모른다. 지금의 극한마라톤은 한물갔을지도 모른다. 한여름 섭씨 57도까지 올라가는 미국 캘리포니아 죽음의 계곡(220km) 달리기 같은 게 여행상품으로 인기를 끌지도 모른다. 언젠간 우주선을 타고 달나라로 날아가 사막마라톤 같은 걸 할지도 모른다.

◆**위대한 탐험가들** 파울로 노바레시오, 생각의나무, 2004
미지의 땅을 찾아 모험에 나선 탐험가들의 용기와 그 극한의
발견사. 전 지구를 대상으로 새로운 발견과 탐험에 정열을
불살랐던 인간의 역사를 담았다. 세계 최고 탐험가들의
여행담을 따라 수많은 항해를 살펴본다. 손으로 그린 실제
지도와 탐험가들의 일지 등 풍부한 자료를 통해 그들이 어떻게
신세계를 발견했는지 흥미진진하게 묘사한다.

◆**죽음의 지대** 라인홀트 메스너, 한문화, 2007
◆**그러나 정상이 끝은 아니다** 한스 카멀란더, 랜덤하우스코리아, 2004
◆**방랑보다 황홀한 인생은 없다** 박인식, 초당, 1996
◆**벌거벗은 산** 라인홀트 메스너, 이레, 2004
◆**퀘스트 ― 자연에 도전한 인간의 역사** 크리스 보닝턴, 생각의나무, 2004
◆**아이거 빙벽** 트레바니언, 황금가지, 2006
◆**거친 산 오를 땐 독재자가 된다** 김경준, 에디터, 2006
◆**땅끝에서** 키어런 멀바니, 솔, 2005

◆**야마카시코리아** cafe.daum.net/yamakasikorea
2003년 야마카시가 한국에 들어오면서 생긴 카페. 김영민과 김영수 등
야마카시 마니아들이 만들었다. 야마카시가 한국에 정착하는 데
가장 큰 영향을 미쳤으며 중학생들부터 30대까지 회원 층도 다양하다.

사랑과 정성과 소통의 매체

김수현

음식을 먹는다는 것은 생존을 이어가기 위한
행위일 뿐 아니라 한 시대의 사회, 정치, 경제,
교육 수준을 모두 반영하는 문화 현상이다.
전통 음식을 계승하고 음식을 직접 만들어
먹으며 고유의 문화를 지키고자 하는
슬로푸드 운동은 식생활 문화를 바꾸어나가는
첫걸음이다. 자신의 생명을 돌보는 일은
살아가는 힘이고 안정감이다. 제대로 된
먹거리는 우리 몸을 살리고 생명과 환경을
모두 살리는 먹거리다.

우리의 식생활은 빠른 속도로 변화했다. 인류가 4만 년 동안 먹어왔던 음식들은 거의 비슷했고 농경사회가 시작되고 1만여 년 동안의 식생활도 비슷했다. 산업혁명 이후 세계적으로 음식의 가공도가 높아지고 획일성이 가중되는 가운데 예전과는 무척 다른 음식들을 먹고 있는 셈이다.

인류는 3000가지가 넘는 식품을 즐겨 먹었고 우리 조상들은 산과 들에 나는 250여 가지 이상의 풀과 뿌리들을 나물로 무쳐 먹었다고 한다. 하지만 다국적 식품 재벌들에 의한 식품 획일화 현상은 우리의 식탁을 왜소하게 만들었다. 현재 전세계 사람들이 먹는 음식 수는 150가지를 넘지 않는다고 한다. 우리가 일년 열두 달 먹는 음식들은 모두가 거기서 거기로 채 2,30여 가지를 넘지 않는다. 언제나 먹고 싶은 음식을 풍요롭게 먹고 있다고 착각하지만 시장에 나온 몇 가지만을 사서 먹을 수밖에 없는 영양의 빈곤을 경험하는 셈이다.

200여 년에 걸쳐 식생활 변화가 이루어지면서 한 나라 안에서 다양한 세대들이 비슷한 음식을 먹는 유럽에 비하면, 우리의 식생활은 거의 35년 동안 빠르게 변화하면서 세대별 큰 차이를 보이며 또 하나의 문화적 충격을 남겼다.

전후 세대는 1970년대 녹색 혁명을 겪으며 이밥에 고깃국이 최고의 밥상인 세대였다. 그들은 왕과 양반이 즐겼던 흰쌀밥과 고기를 먹어야 잘 먹었다고 생각하는 세대다. 그 후 산업화가 가속화되면서 우리 식생활도 빠르게 서양화되었다. 지금 3,40대는 서양인처럼 우아하게 먹는 커피한 잔과 토스트 한 쪽 같은 빠르고 편리한 아침 식사가 자기 가치를 더 높여줄 거라 믿는다. 이들은 호텔 레스토랑과 패밀리 레스토랑에서 스테이크를 먹고 각종 퓨전 요리를 즐기면서 자신의 삶이 업그레이드된다고 생각한다. 또한 그것은 세계화 시대에 다양한 정보의 체험으로 이해되기도 한다.

우리나라의 경우 88올림픽을 치르면서 또 한번 식문화의 격변기를 맞는다. 패스트푸드점과 패밀리레스토랑과 퓨전요리점이 우후죽순으로 생겨나면서 90년대에 태어난 아이들은 극단적인 인스턴트, 가공식품과 정제식품, 각종 화학 첨가물이 넘쳐나는 음식 문화에 노출되었다.

갑작스런 식생활 변화와 환경오염은 먼저 사회적 약자에게 피해를 줬다. 발에 흙을 묻히거나 돌이 지나면 없어진다는 태열은 극심한 아토피성 피부염으로 다가왔다. 20대의 생리 불순과 정자 수 감소를 비롯한 불임률은 사상 최고치로 치닫고 있으며 골다공증 비율도 40대보다 높다. 먹고살기 힘든 서민층은 라면 같은 인스턴트식품과 길거리 음식에 더 많이 노출된다.

음식을 먹는다는 것은 생존을 이어가기 위한 행위일 뿐 아니라 한 시대의 사회, 정치, 경제, 교육 수준을 모두 반영하는 문화 현상이다. 식품산업이 고도로 상업화하면서 가공식품 산업의 소비주체로서 큰 축을 이루는 신세대들은 제품의 용도나 필요성보다는 제품의 이미지나 감성에 따라 상품을 구입한다. 마찬가지로 음식도 콘셉트와 이미지에 따라 구입하고 먹는다. 더 이상 생명 현상을 이어가려는 목적만으로 음식을 선택하지는 않는다는 말이다. 음식 또한 새로운 아이디어와 맛과 향과 모양을 최대한 발휘해야 구매가 이루어진다.

또한 근거지를 두어야 했던 아날로그 세대가 아닌 인터넷과 모바일로 대표되는 디지털 세대의 테이크아웃 문화는 한 자리에서 음식을 먹어야 할 이유를 사라지게 만들었다. 그들은 21세기 새로운 유목민 생활을 꿈꾸듯 길거리에서 한 끼를 때우거나 음식을 사들고 어딘가 혼자 조용히 먹을 수 있는 곳을 찾아 떠난다.

채식과 육식, 자연식과 가공식, 슬로푸드와 패스트푸드 정도로 대비되는 식문화가 공존하는 서양에 반해, 우리나라는 세대 간에 시대 문화적 특징을 강하게 동반하는 식생활 문화가 공존한다. 뿐만 아니라 음식을 따져 먹는 사람을 제 몸만 챙기는 이기적인 사람으로 여기거나 유기농법, 친환경 식사, 자연식 등은 일부 돈 많고 여유 있는 사람들의 전유물로 취급한다. 그 탓에 우리가 지향해야 할 음식과 식생활 문화에 대한 공식적 논의가 이루어지지 않은 상황이며 어떤 대중적 합의점도 찾지 못한 형편이다.

따라서 우리에게는 풀어야 할 두 가지 과제가 있다. 하나는 생물학적 본능을 가진 인간으로서 어떻게 생명 활동을 잘 유지하는 음식 문화를 형성할 것인가다. 또 다른 하나는 문화라는 사회적 관계 맺음, 소통의 상징성을 어떻게 음식 문화에 담아내며 인간만의 문화적, 사회적 행동의 장을 만들어낼 것인가 하는 문제다.

사람들은 하나의 개체로서 생명을 유지하기 위한 생물학적 본능과 도덕, 윤리, 규범 같이 사회적 관계를 통해 만들어지는 사회적 합의라는 두 가지 가치 기준 사이에서 갈등한다. 동물은 배가 고플 때 먹고 배가 부르면 더 이상 먹지 않는다. 하지만 사람은 입맛이 없거나 신경이 예민해지면 밥을 굶기도 한다. 배가 부르지만 맛있어서, 비싼 음식이라서, 옛 추억이 그리워서, 그리고 심리적으로 불안해서 먹기도 한다. 이미 동물적 생명 활동과는 다른 인간의 정신 영역 안에서 식생활 문화가 형성된 셈이다. 하지만 생명 현상을 거스르면 자연은 다시 생명을 회수한다. 그것이 자연의 이치다. 현재 자연의 생명 법칙이 통하지 않는 인간만의 식생활 문화는 생명체가 타고난 수명을 다하지 못하게 하고 질병에 걸릴 가능성마저 열어놓았다.

5000년 농경 사회를 살아오면서 우리 몸은 곡류와 채식 위주의 식사에 익숙해졌고 또 그런 음식을 원한다. 우리 몸은 우유와 육류를 먹어온 서양인보다 위장이 작고 장이 1미터 이상 길다. 자연 상태의 식품은 혀로 하여금 맛을 보게 하고 위장 운동을 촉진한다. 또한 소장으로 하여금 몸이 처리할 만한 수준으로 영양 흡수 속도를 조절하게 하고 대장에서 완전한 배설을 도와준다. 치아나 혀의 미각이나 신체 모든 기관들은 존재 이유가 있고 나름의 역할이 있다. 치아는 씹으라고 있는 것이고 혀는 다양한 음식을 맛보고 경험하고 기억하라고 있듯이, 신체 장기들의 기능을 제대로 살려주는 식품을 먹는 것이 생물학적 본능에 충실한 식사다. 제대로 된 먹거리는 우리 몸을 살리고 생명과 환경을 모두 살리는 먹거리다.

남을 위해 배고픔을 참고 콩 한 쪽도 나누어 먹으려고 하는 데에서 자연의 생명 활동과 차원을 달리하는 인간 정신 활동의 진보성을 찾을 수 있다. 그것은 사회적 합의에 해당한다. 도덕과 규범과 윤리와 사회적 잣대 등이 형성되는 것이다. 아이들에게 좀더 좋은 먹거리를 주며 잘 크기를 바라는 마음을 전하고 어른들에게는 앞서 삶을 살아낸 수고를 치하하며 좋은 음식을 내드리는 것. 인간만이 그것을 무엇보다 우선시할 수 있다. 친해지면 함께 밥을 먹고 싶고 불쌍한 마음이 들 때도 밥 한 끼 나누고 싶을 만

아이들에게 좀더 좋은 먹거리를 주며 잘 크기를 바라는 마음을 전하는 것. 인간만이 그것을 무엇보다 우선시할 수 있다. 정성과 사랑으로 마련한 엄마의 밥상을 받고 자란 아이들은 정서적으로 안정된다. 사진＝최정규.

큼, 음식은 이미 사회적 행위의 장에서 사람과 사람의 소통 매체로서 기능을 수행한다. 정성과 사랑으로 마련한 엄마의 밥상을 받고 자란 아이들은 정서적으로 안정된다. 밥은 사랑이고 마음이기 때문이다. 이른 아침 정성어린 아내의 음식을 먹고 출근하는 남편의 어깨에는 힘이 들어간다. 그 절대적 사랑과 존중과 지지는 이 세상 어디에서도 경험할 수 없다. 그렇게 밥은 이미 사람들에게 자신의 생명 활동을 유지하기 위한 영양보충 수단의 기능을 넘어, 사회적 합의 아래 사람과 사람이 소통하는 매체로서의 기능을 수행한다.

결국 식생활을 개선하는 과정에서 봉착하는 문제는 개인의 건강을 선택할 것인가, 사회적 관계를 선택할 것인가다. 곧 다른 사회적 문제와 똑같이 생물학적 본능에 충실한 것인가, 아니면 사회적 합의에 더 충실할 것인가라는 선택 상황에 놓이게 된다. 식문화의 개인적 수용과 형성 과정 또한 선택과 결단의 문제를 남긴다.

하지만 어느 하나를 선택한다고 해서 해결될 문제도 아니 며 선택할 수 있는 문제 역시 아니다. 내 몸을 건강하게 만 드는 먹거리를 챙기면 유난 떠는 이상한 사람이나 이기적 인 사람이라는 평가와 비난으로부터 결코 자유롭지 못해 서다. 뿐만 아니라 누군가와의 사회적 관계를 위해 사회가 제공하는 음식들을 먹다 보면 이러다 큰일 나는 것이 아닌 가 하는 의구심이 들고 갈수록 불안감에 휩싸인다. 아는 게 병이 되는 단계다. 아는 것이 힘이었다가 자연식을 알 고 식생활을 바꾸면 하루아침에 아는 것이 병이 되어버린 다. 실제로 어느 한 집단에 속해 한 가지 이념에 충실할 때 는 건강한 신체를 유지한다. 하지만 어떤 집단과도 함께할 수 없다고 느끼며 소속감과 안정감을 잃어버리면 정신적 갈등과 에너지 소모를 거쳐 질병 상태로 접어든다.

따라서 음식에 관심을 가진다는 것은 생물학적으로 건강 한 상태를 유지하기 위해 필요한 음식을 어떻게 먹을 것인 가 하는 문제를 푸는 일일뿐 아니라, 음식이 지니는 소통 매체로서의 기능을 어떻게 잘 구현하여 건강 상태를 개선 하고 유지하는 데 긍정적으로 기여하게 할 것인가라는 문 제를 푸는 일이다.

가족 안에서 조상과 기성세대의 음식 전통이 계승되지 못 하는 지금 우리 사회에서, 음식을 먹는다는 행위를 삶의 질을 높이는 범주 안에 포함시킨 지금의 3, 40대는 음식을 영양 보충 수단이나 보양 식품 차원에서 다룬다. 뿐만 아 니라 필요나 용도에 따라 식품을 구매하는 게 아니라 이미지, 사회적 가치, 커지는 욕망에 따라 구입하고 섭취한다. 실제 기능은 크게 달라지지 않은 채 모양과 외형만 달라져서 새로운 구매 욕구를 창출하는 디지털 첨단 기기들과 다르지 않은 셈이다.

식품가공 기술이 고도화됨에 따라 나타나는 음식의 극단적 퓨전화와 상업화 전략은 우리 식탁 전체를 흔들어놓았다. 그 결과 세대를 불문하고 현대 의학으로 치료되지 않는 만성 질환, 조기 퇴행성 질환, 면역 질환 등이 증가하는 실정이다. 우리나라의 식문화는 앞으로 더욱 더 극단적으로 양분될 듯하다. 의학적 치료 영역에서도 영양 상태를 개선하여 질병을 치료하려는 시도는 갈수록 확산될 것이다. 현대 의학에서도 현대인의 질병을 잘못된 생활 습관에 따른 생활 습관병으로 규정하며 생활 습관을 개선했을 때 질병을 예방하고 치료할 수 있다고 본다. 치료자 입장에서는 잘못된 생활 습관 때문에 균형이 깨졌거나 부족한 영양소를 보충하도록 하는 것이 중요한 문제로 떠오를 수밖에 없다.

음식은 생명활동을 유지하는 데 필요한 수단일 뿐만 아니라 사랑과 정성과 소통의 매체다. 집에서 엄마가 정성껏 마련해준 음식은 상대에 대한 존중과 지지와 사랑의 전달체로서 기능한다. 상대의 몸에 해로운 음식을 차려주고 싶은 사람은 없다. 밥은 되도록 집에서 가족과 함께 제때 먹어야 하고 음식을 장만하는 사람은 온 정성으로 식사를 준비해야 한다. 그것이 자신과 가족을 살리는 일이기 때문이다. 전통 음식을 계승하고 음식을 직접 만들어 먹으며 고유의 문화를 지키고자 하는 슬로푸드 운동은 식생활 문화를 바꾸어나가는 첫걸음이다.

아무리 세상이 빠르게 돌아가고 현대인들이 미정착 생활에 익숙해졌다고 해도 그렇게 살면 안 되는 삶의 영역도 있다. 몸을 만들고 그 기능을 유지하게 하는 밥을 내 손으로 준비하며 제때 정해진 장소에서 먹는다는 건 중요한 문제다. 자신의 생명을 돌보는 일은 살아가는 힘이고 안정감이다.

집에서 밥을 먹을 때는 생물학적 본능에 충실하여 몸에 맞는 자연의 먹거리들로 건강한 식사를 해야 한다. 밖에서 먹었던 맛있고 편리한 음식을 그리워하지 않는다. 집에서 먹는 밥은 그것대로 맛있고 소중한 것이다. 또 밖에서 밥을 먹을 때는 소통의 매체인 음식의 상징성에 충실하여 즐겁게 식사를 해야 한다. 또한 건강을 잃을까봐 두려워하지 말아야 한다. 그것은 내가 선택한 관계이므로 책임만이 따를 뿐이다. 관계를 선택하는 것 또한 삶의 영역에서 부정할 수 없는 소중한 부분이다.

바로 이것이 생물학적 본능과 사회적 합의에 모두 충실할 수 있는, 곧 개인의 건강과 사회적 관계 가운데 어느 하나도 놓치지 않는 길이다. 다시 말해 모두가 자신의 의지와 선택대로 살아갈 수 있는 길이고, 그래서 후회와 두려움 없이 만족하며 책임을 지는 주체적 삶을 사는 길이며, 자신이 원하는 삶을 살아가면서 가장 큰 기쁨을 얻는 길이다.

우리가 지금 한 끼를 때우기 위해 먹는 음식이나 더 큰 인생의 가치를 실현하기 위해 챙기는 건강 밥상은 자연의 한 생명으로서 살아가야 한다는 사실을 자각하게 한다. 또한 사람과 사람, 사람과 자연은 서로의 관계를 떠나서는 존재하지 못하는 상호 의존적 연관적 관계 속의 존재임을 느끼게 한다.

◆ **로컬푸드** 브라이언 핼웨일, 이후(서울), 2006
지속 가능한 농촌과 도시의 관계, 새로운 세계 식량체계의
지향 등을 다뤘으며, 지역 먹거리local food를 통해 나쁜 농업과
나쁜 먹거리가 문제가 되는 이유를 밝힌다. 또한 로컬 푸드를
해야 하는 당위성과 대량 농업의 위험, 농업의 도산과 농산물
시장의 대안 등을 풍부한 사례를 통해 이해하기 쉽게 다룬다.

◆ **먹거리의 역사** 마귈론 투생 사마, 까치글방, 2002
◆ **자연을 담은 소박한 밥상** 녹색연합 엮음, 북센스, 2005
◆ **농부의 밥상** 안혜령, 소나무, 2007
◆ **밥상머리 마음공부** 김수현, 중앙생활사, 2004

◆ **한살림** www.hansalim.co.kr
한살림은 생명의 가치관과 세계관으로 모든 생명이 한집 살림하듯 더불어
살자는 뜻이다. 자연과 더불어 살며, 우리 후손에게 건강하고 밝은
생활터전을 물려주고, 농촌과 도시, 이웃과 이웃의 문을 활짝 여는 생명살림의
공동체 운동이다. 먹거리와 자연생태계가 조화를 이루는 농법으로 생산하고
먹거리를 이웃과 함께 나누는 소중한 일을 바탕으로 생명살림운동을 펼친다.

◆ **두레생협연합회** www.dure.coop
◆ **생협전국연합회** www.co-op.or.kr
◆ **여성민우회생협** www.minwoocoop.co.kr

'잘 죽음,' 또 하나의 목표

유호종

한국사회 구성원들은 '우리도 한번
잘 살아보자'는 기치 아래 지난 수십 년 동안
'잘 삶'을 목표로 온갖 노력을 다했다. 그런데
'잘 삶'이라는 목표를 성취한다고 해도
그것이 영원히 지속되지는 않는다. 인간은
누구나 죽기 때문이다. 죽어가는 과정은 길든
짧든 모든 사람들이 겪는 일이다. 우리가
삶을 소중히 여긴다면 두렵더라도 죽음을
직시해야 한다. 죽음을 외면한 상태로는
'잘 죽음'을 성취하기 힘들고, '잘 죽음' 없이는
'잘 삶'을 완성하기 힘들기 때문이다.

살아있는 사람들은 누구나 '잘 삶well-being'을 목표로 삼는다. 그런데 잘 삶이라는 목표를 성취한다고 해서 그것이 영원히 지속되지는 않는다. 결국 인간은 죽기 때문이다. 그렇다면 인간의 운명인 죽음에 대해서도 목표로 삼을 만한 것이 없을까?

죽음 이후에도 생이 존재하고 살아서의 행적에 따라 사후의 삶이 달라진다고 믿는 사람들은 '좋은 사후의 생' 얻기를 또 하나의 중요한 목표로 삼는다. 그들은 이 목표를 이루고자 독실한 신앙생활을 하거나 열심히 선행을 베푼다. 반면 '죽음 이후는 무'라고 믿는 사람들은 이런 목표를 세우지 않는다. 현생에서 어떻게 살았는가가 뒤에 남겨진 사람들의 '자기에 대한 기억'은 바꿀 수 있지만 '죽은 후 자기'에는 아무런 영향도 미치지 않는다고 보기 때문이다. 이들 가운데 누가 현명한지는 판단하기 힘들다. 죽음 이후 정말 또 다른 생이 있는지 우리는 알 수가 없다. 그런데 죽음과 관련해서 또 하나 생각해볼 것이 있다. 바로 '잘 죽음well-dying'이다. 잘 죽음은 삶에서 죽음으로 진행되는 '죽어감'의 과정을 더 좋고 더 낫게 보내자는 말이다.

죽음 이후의 생과는 달리 죽어가는 과정은 길든 짧든 모든 사람들이 겪는 일이다. 하지만 그것만으로 잘 죽음이 목표가 되지는 못한다. 여기에 덧붙여 죽어감에도 바람직한 것과 그렇지 못한 것, 더 나은 것과 못한 것의 구별이 있어야 한다. 그리고 더 바람직한 형태의 죽어감이 우리의 선택과 노력에 따라 더 잘 성취될 수 있어야 한다. 과연 이런 조건들이 충족되어 잘 죽음이 또 하나의 목표로 성립하는지 살펴본다. 그런 다음 이 목표가 우리 사회에서는 얼마나 성취되고 있는지, 앞으로 더 잘 성취하려면 어떻게 해야 하는지 생각해보자.

어떻게 죽어야 잘 죽는 것인지에 대해서도 사람들의 생각은 나뉜다. 대부분의 사람들은 삶을 잘 마무리하는 죽음이 그렇지 않은 죽음보다 낫다고 생각한다. 너덜너덜한 채로 뚝 끊어진 끈이 아니라 잘 매듭지어진 끈처럼 삶을 마치는 편이 좋다고 보는 것이다. 이를테면 직장을 그만둘 때 어느 날 갑자기 출근을 하지 않는 것보다 마무리할 수 있는 업무는 정리하고 후임자에게 넘길 업무는 확실하게 인계하여 남은 사람들이 당황하지 않도록 해야 한다. 죽음에 임해서도 하던 일은 미완성인 채로 남겨두기보다 완성을 하는 편이 더 좋다. 유산 분배, 장례 절차 등 자기가 아니면 의사결정하기 힘든 일은 미리 다 선택해두어 남은 가족들이 당혹스럽지 않도록 해야 한다. 사람들과의 작별인사도 제대로 나누어야 한다. 살아서 이별할 때에도 작별인사를 제대로 나누지 못하면 허전하고 아쉬운데 영원한 이별일지도 모르는 죽음에 있어서는 더 말할 필요가 없다.

또 하나 많은 사람들이 바람직하게 여기는 것은 고통 없고 평화로운 죽음이다. 육체적으로는 단말마의 고통에 시달리기보다 고통 없이 조용히 눈을 감는 편이 낫다. 심적으로도 분노나 두려움, 절망에 몸부림치기보다 평온한 마음으로 죽는 편이 낫다. 등장인물이 그 이전에 아무리 행복해 해도 막이 내릴 때 극심한 고통 속에 있으면 그 연극은 비극으로 분류되기 십상이다. 오랜만에 친구들과 술자리를 가졌는데 쭉 분위기가 좋다가 사소한 시비 때문에 싸움으로 끝난다면 무척 속상하고 안타까울 터이다. 대부분의 사람들은 육체적 고통과 심적 괴로움 속에 끝나는 삶도 이처럼 안타까울 거라고 생각한다.

많은 사람들은 이렇게 마른 나뭇가지가 툭 떨어지듯 삶을 잘 마무리 짓고 평온 속에 죽음을 맞기를 원한다. 반면 생가지가 찢겨져 나가는 듯한 죽음이 더 바람직하다고 여기거나 인간이 감당해야 마땅한 것으로 여기는 사람들도 있다. 그들에 따르면, 삶처럼 소중한 것은 없다. 그러므로 최대한 살기 위해 노력해야 한다. 이런 노력은 결국 실패할 수밖에 없지만 실패할 때 하더라도 끝까지 삶을 포기해서는 안 된다. 중과부적의 적 앞에서 질 줄 뻔히 알면서도 결코 항복하거나 도망가지 않는 결사대처럼 몸부림과 고통의 흔적만 남을지라도 결코 죽음 앞에서 굴복하지 않는 데에 인간의 존엄성이 있다는 말이다.

바람직한 죽음에 대한 이런 상반된 견해들 가운데 어느 한쪽이 옳다고 단정할 수는 없다. 각자의 가치관에 따라 잘 삶이 무엇인지 달라지듯이 잘 죽음의 모습 또한 달리 생각된다는 것을 인정해야 한다. 하지만 삶이 그렇듯 죽어가는 과정에도 바람직한 것과 그렇지 못한 것이 나뉜다. 죽어가는 과정이 삶의 일부분이라는 점을 생각한다면 당연한 일이다.

어떻게 죽어야 잘 죽는 것인 줄 안다 해도 '잘 죽음'이 목표가 될 수 있으려면 그런 죽음이 선택 가능해야 한다. 사람들이 어떻게 죽음을 맞이하는가는 상당부분 운수에 달려 있다. 갑작스런 사고는 미처 죽음을 의식하지도 못한 채 눈을 감게 만든다. 고령은 잠이 드는 것처럼 편안한 죽음을 맞이하게도 한다. 만성 질환은 오랜 시간 병마에 시달린 뒤 죽게 만들기도 한다. 그래서 사람들은 자기가 원하는 이상적인 죽음을 맞이하는 사람들을 보면 '복 받았다'며 부러워하곤 한다.

하지만 이 죽어감에 대해서도 선택의 여지가 있다. 특히 현대 의학의 발달은 이런 능력을 크게 증진시켰다. 고통 없고 평온한 죽음을 원하는 사람들은 강력한 진통제를 처방 받음으로써 더 이상 극심한 고통을 느끼지 않고 죽음을 맞이하게 되었다. 이를테면 암에 의한 통증은 적극적인 진통제 처방으로 90퍼센트 정도까지 없앨 수 있다고 한다. 반면 최대한 생명을 보존하려는 사람들은 비록 정상적인 삶은 불가능하지만 생명연장 장치를 이용해서 그 목숨을 몇 주나 몇 년까지도 연장할 수 있다.

이렇게 잘 죽음은 각자의 가치관에 따라 그 모습이 다를지라도 분명 존재하고 우리의 선택과 노력에 따라 더 잘 성취할 수 있다. 따라서 잘 죽음은 잘 삶과 함께 목표로 삼는 것이 성립된다. 더 나아가 이 목표는 무척 중요한 것이다. 잘 죽음을 통해서 비로소 잘 삶이 완성되기 때문이다.

한국사회 구성원들은 '우리도 한번 잘살아보자'는 기치 아래 지난 수십 년 동안 잘 삶을 목표로 온갖 노력을 다했다. 그래서 웬만한 나라는 부럽지 않을 정도로 경제적으로나 정치, 문화적으로 향상된 삶을 살게 되었다. 물론 가치관에 따라 평가가 달라지겠지만 대부분의 사람들은 이런 발전으로 우리 사회가 잘 삶이라는 목표에 한 발 더 다가섰다고 인정할 것이다.

최대한 생명을 보존해야 한다고 보는 가치관에 입각한다면 잘 죽음에 있어서도 우리 사회는 그 목표를 상당 부분 달성했다. 한국의 의사와 병원들은 환자의 목숨을 최대한 유지시킬 만한 능력과 자세를 갖췄다. 회복 가능성이 전혀 없이 다만 일시적 생명 연장만이 가능한 말기환자에 대해서도 많은 의사들은 적극적인 검사와 치료를 행하는 데

잘 죽음은 각자의 가치관에 따라 그
모습이 다를지라도 분명 존재하고 우
리의 선택과 노력에 따라 더 잘 성취
할 수 있다. 노원노인종합복지관 주
최 죽음준비학교 4기 한마음캠프.

주저함이 없다.

하지만 삶을 잘 마무리하고 평온하게 죽음을 맞이하는 것
이 잘 죽는 것이라는 가치관에 입각해서 본다면 우리 사회
는 잘 죽음이라는 목표에서 멀리 떨어져 있다. 많은 말기
환자들은 죽음이 임박했는데도 의사로부터 그 사실을 통
보받지 못한다. 그래서 죽음 직전까지도 치료에 매달릴
뿐 삶을 정리할 시간을 갖지 못해 잘 죽음의 기회를 놓친
다. 또한 회복의 가능성이 거의 없는 상태에서 단순한 생
명 연장을 위한 온갖 치료를 받느라 죽을 때까지 큰 고통
을 당한다. 오죽하면 암 환자가 가장 고통 받는 나라라는
자조적인 평가가 나오는 형편일까. 그리고 죽음의 순간에
도 가족과 격리된 채 중환자실에서 온갖 관에 연결되어 혼
자 쓸쓸히 죽어간다.

어쩌면 우리 사회는 잘 죽음의 측면에서 과거보다 오히려
후퇴한 상태일지 모른다. 의학의 도움을 제대로 받지 못
하던 시절, 사람들은 병을 앓다가 죽음이 가까워지면 이
를 운명으로 알고 받아들였다. 그리고 죽음에 이르면 집
에서 가족들이 지켜보는 가운데 마지막 인사를 남기고 세

상을 떠났다. 이런 자연스런 죽음을 오늘날 우리 사회에서는 찾아보기 어렵다.

현대 의학은 그 능력으로만 본다면 삶을 잘 마무리하고 평온한 죽음을 맞이하는 데에도 큰 역할을 할 수 있다. 그런데도 우리 사회에서 의학이 오히려 이런 죽음을 저해하는 요소로 작용하게 된 데에는 먼저 제도의 미비가 있다. 첨단 의료 장비로 무장한 대학병원은 끝까지 죽음과 싸워 생명을 보존하려는 환자를 도울 수 있는 곳이다. 반면 자신의 삶을 정리하고 고통 없이 평화롭게 죽음을 맞이하길 원하는 말기환자에게 적합한 의술을 제공해주는 곳은 호스피스다. 호스피스에서는 얼마간의 생명 연장을 위한 적극적 시술 대신 환자의 통증과 여러 불편한 증상들을 철저히 관리하고 환자가 원할 경우 정신적으로 지지해준다.

미국, 서유럽, 일본 같은 선진국에서는 말기환자 가운데 상당수가 호스피스에서 죽음을 맞는다. 하지만 우리나라는 관련 제도와 법령이 마련되지 않아 호스피스 시설이 절대적으로 부족하다. 그래서 평온한 죽음을 원하는 말기환자들까지 적극적 치료 위주의 3차 병원에서 죽을 때까지 별 효과도 없는 치료를 받거나 집에서 제대로 통증 관리를 받지 못한 채 병마에 시달리다 죽어간다. 때로는 치료를 받지 않을 거면 퇴원하라는 병원의 권유로 퇴원한 다음 죽음에 임박한 증상이 나타나면 병원 응급실로 달려가 응급조치를 받고 다시 입원했다 퇴원하길 죽을 때까지 반복한다.

의료계 관행 역시 문제다. 의사들은 환자의 정확한 상태를 본인에게 알려주지 않는 것을 당연하게 여긴다. 그리고 환자가 어떻게 죽어갈 것인가를 의사가 주도적으로 결정하거나 아니면 환자 가족에게 결정하게 한다. 가족들 역시 환자에게 사실을 숨기고 환자 대신 결정하는 것을 주저하지 않는다.

의사와 환자 가족의 대리 결정 때문에 때로는 끝까지 생명연장 치료를 받기 원하고 그럴만한 재정적 능력도 있는 환자의 치료가 중단되는 일도 일어난다. 하지만 사실을 정확히 알았더라면 삶을 정리하고 편안히 죽음을 맞이했을 환자들이 생명연장을 위해 고통스러운 치료를 받다가 숨지는 일이 더 빈번하다. 의사들은 최대한 환자의 생명을 보존하는 것이 의사의 의무라고 배웠고 가족들은 그것이 환자에 대해 정성을 다하는 길이라고 생각해 환자의 가치관에 비추어봤을 때 결코 바람직하지 못한 죽음으로 환자를 인도하는 셈이다.

끝까지 죽음에 맞서는 적극적 치료를 위한 의료시설들은 비교적 잘 갖추어져 있다. 우리 사회의 더 많은 구성원들이 '잘 죽도록' 하기 위해서는 평온한 죽음을 위한 호스피스 시설의 제도화와 확충이 시급히 이루어져야 한다. 그리고 말기 환자에게 본인의 상태를 정확히 알리고 어떤 치료를 받고 어떤 죽음의 과정을 밟을지 선택하게 해야 한다.

이런 문제제기와 노력이 오래 전부터 이루어졌음에도 사실상 별로 바뀐 것은 없다. 미국 등 선진국에서도 1960년대까지는 적극적인 생명연장 치료가 주를 이루었으며 말기 환자에게 사실을 알리지 않는 것이 관행이었다. 하지만 이것이 많은 환자들에게 원하지 않은 죽음을 맞게 한다는 문제가 제기되자 의료계 안팎에서 사회적 논의와 문제해결을 위한 노력이 진행되었다. 그 결과 지금은 잘 정비된 호스피스 시설을 갖추게 되었으며 죽어감에 있어서 환자의 자율성을 철저히 보장하게 되었다. 하지만 우리나라는 이미 60년대에 호스피스 운동이 시작되었고 그 동안 뜻있는 개인과 단체의 노력이 있었음에도 아직까지 호스피스 시설 제도화를 위한 법규조차 마련하지 못했다. 또한 보라매 병원 사건 등을 겪으면서 많은 문제제기와 논의가 있었음에도 여전히 환자가 죽음의 방식을 결정할 권리를 보장받지 못한다.

그 원인은 죽음에 대한 우리들의 의식과 태도에서 찾아야 한다. 죽음을 생각하기조차 꺼리는 것은 사람들의 공통된 심리겠지만 특히 우리 사회 구성원들은 죽음을 터부시하고 가급적 이에 대해 생각하지 않으려는 경향이 두드러진다. 그것은 죽음에 대해 우리가 더 큰 두려움을 갖고 있음을 보여준다. 이 두려움은 죽음 이후 지옥 같은 것을 걱정하기 때문은 아닌 듯싶다. 그보다는 삶에 집착이 강하다 보니 삶의 상실로서 죽음을 두려워해서일 것이다.

하지만 우리가 삶을 소중히 여긴다면 두렵더라도 죽음을 직시해야 한다. 죽음을 외면한 상태로는 잘 죽음을 성취하기 힘들고, 잘 죽음 없이는 잘 삶을 완성하기 힘들다. 더 나아가 죽음에 대한 두려움은 죽음을 직시할 때 극복할 수 있다. 죽음에 대한 인간의 본능적인 두려움이 죽음의 진실을 드러내주지는 않는다. 죽음에 대해 잘 알수록 죽음이 두려워할 것만은 아니며 긍정적 측면도 갖고 있음을 발견할 수 있다.

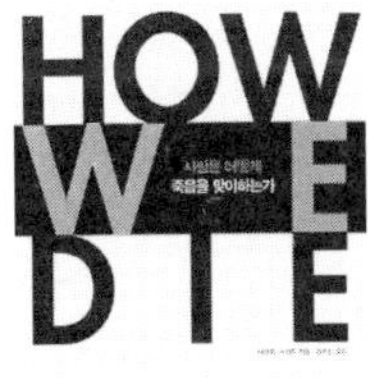

◆**사람은 어떻게 죽음을 맞이하는가** 셔윈 B. 뉴랜드, 세종서적, 2003
사람이 죽음을 맞이하는 전형적인 과정 몇 가지를 객관적이고
과학적으로 꼼꼼하게 설명한다. 여기에 더해 죽음의 정체와
죽음을 맞는 올바른 태도에 대한 필자의 생각을 설득력 있게
제시한다. 풍부한 사례, 일화, 체험담을 바탕으로 서술해
재미있게 읽힌다. 죽음에 대한 진지한 성찰과 인간에 대한 깊은
애정이 가슴에 와 닿는 책이다.

◆**죽음 너머의 세계는 존재하는가** 데이비드 달링, 황금가지, 1998
◆**떠남 혹은 없어짐**— 죽음의 철학적 의미 유호종, 책세상, 2001
◆**못살았지만 잘 죽고 싶다** 〈월간조선〉, 2000.11

◆**한국호스피스협회** www.hospicecare.co.kr
한국호스피스·완화의료 학회의 홈페이지다. 전국의 호스피스 병원과
기관을 찾기 쉽도록 서비스를 제공하고 그 병원이나 기관의 홈페이지로
바로 연결되도록 했다. 완화의료에 대해 개괄적으로 소개하고 호스피스와
완화의료에 대한 전문적 정보를 원하는 사람들이 찾아볼 수 있도록
학회지의 논문들을 올려놓았다.

한국문학의 청사진

김성곤

모든 것이 빠르게 변하는 21세기에 문학의
변화와 변신은 필연적 생존전략이지 더 이상
선택사항이 아니다. 미래의 한국문학은
지금처럼 단일하지 않고 다양한 형태를
띠게 될 것이다. 순수문학이니 본격문학이니
하는 개념은 구세대의 유물로 치부되고
종이에 씌어진 활자문학은 언젠가 선대의
유품으로 분류되어 박물관에 보관될지도
모른다. 시대가 바뀌면 문학도 바뀌어야 하며
모든 것이 변하면 문학도 변해야 한다.

전자시대, 영상시대, 뉴미디어시대 또는 멀티미디어시대
라 불리는 21세기에 한국문학은 어떻게 변할 것인가? 현
대문학이 시작된 이후 일제강점기 문학(1910-45), 전후문
학(1950-60), 산업사회문학(1960-70), 사회주의 리얼리즘
문학(또는 이데올로기 문학, 1970-90), 탈정치·탈이념 문학
(1990-2000)을 거쳐 다양한 스펙트럼으로 전개되는 한국문
학의 미래는 과연 어떤 청사진으로 그 모습을 드러낼까?
해방 이후 변하지 않는 천편일률적인 관습적 소설, 구태
의연한 내러티브를 고수하며 기승전결을 고집하는 진부
한 소설, 한풀이로 가득 찬 분단소설, 철지난 좌파 정치이
념 소설 그리고 보편성이 결여된 개인의 사적 고뇌를 다룬
소설은 독자의 외면 속에 점차 사라져갈 것이다. 독자의
성향과 취향은 급속도로 변했기 때문이다. 모든 것이 빠
르게 변하는 21세기에 문학의 변화와 변신은 필연적 생존
전략이지 더 이상 선택사항이 아니다. 살아남고 번성하기
위해 문학은 이제 보다 매력적이고 보다 강력한 매체들과
경쟁해야만 한다.

다른 나라와 마찬가지로 한국에서도, 소외된 주변부를 조
명하는 포스트모더니즘의 영향으로 그 동안 서브장르로
폄하되었던 판타지나 SF, 추리소설이 수면으로 떠올랐
다. 미래의 문학은 바로 그러한 장르들의 무대가 되는지
도 모른다. 그러나 국내에는 많은 문제들이 산적해 있다.
『드래곤 라자』의 성공에 힘입어 부상한 판타지 소설들 가
운데 김민영의 『팔란티어』(사실 이 작품은 판타지라기보다
는 판타지를 원용한 미래소설이자 가상현실 추리소설이다)
나 김종일의 『몸』(엽기소설이자 호러픽션이기도 하다) 같
은 주목할 만한 작품도 있지만, 수준미달의 저급한 판타

지들이 대부분이기 때문이다.

좋은 판타지를 쓰려면 톨킨의 『반지의 제왕』이나 루이스의 『사자와 마녀와 옷장』 같은 판타지의 고전에 통달해야하고, 그리스신화, 북구신화, 켈트신화, 한중일 신화나 설화를 연구하고 원용할 줄 알아야 한다. 그런데 우리나라에는 판타지를 가상현실 속 국적불명의 무협지 정도로 생각하는 사람들이 많아서 아직까지 좋은 작품을 찾아보기 어렵다.

SF의 경우 국내 동호인들의 수준이나 숫자가 만만찮은 편이다. 무크지와 잡지 쪽을 보면 2004년 행복한책읽기에서 과학소설 전문무크지 『HAPPY SF』(편집주간 구광본) 창간호가 나왔고, 2007년에는 ㈜페이퍼하우스에서 〈판타스틱FANTASTIQUE〉 창간호(편집장 박상준)가 발간됐다. 구광본은 미국작가 커트 보니것처럼 SF적 인식과 시각을 갖는 포스트모던 계열의 작가고, 박상준은 SF 연구에 전념해온 보기 드문 과학소설 평론가다. 특히 〈판타스틱〉은 SF, 판타지, 미스터리, 추리, 만화, 게임 등을 모두 다루는 종합 서브장르지로서 미래의 한국문학을 위해 중요한 안내 성좌의 역할을 할 것으로 기대된다.

유전공학과 인간복제 또는 컴퓨터와 인터넷이 일상이 된 이 시대에, 테크놀로지에 대한 성찰을 통해 인류문명의 파멸과 디스토피아를 경고하는 SF소설에 대한 관심은 점차 확산되었다. 물론 SF 역시 수준 높은 작품의 산출이 가장 시급한 과제로 보인다.

추리소설이나 미스터리나 호러픽션에 보내는 독자들의 열기와 관심 또한 SF 못지않다. 서유럽 추리소설을 번안했던 김내성으로부터 시작해 추리문학을 궤도에 올려놓

SF 전문 출판사 행복한책읽기에서 발간한 과학소설 무크지 〈HAPPY SF〉. 창작 SF소설을 소개하는 과학소설 전문잡지다.

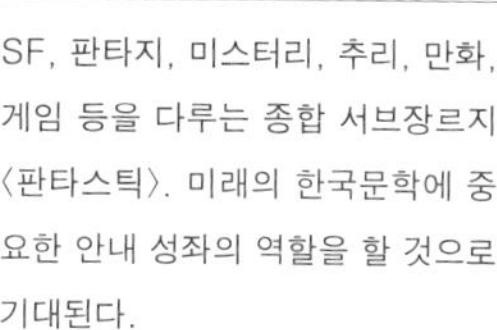

SF, 판타지, 미스터리, 추리, 만화, 게임 등을 다루는 종합 서브장르지 〈판타스틱〉. 미래의 한국문학에 중요한 안내 성좌의 역할을 할 것으로 기대된다.

있던 김성종에 이르기까지 한국의 추리문학은 비교적 오랜 역사를 갖는다. SF는 그 특성상 판타지나 추리소설과도 상통해서 그 스펙트럼이 상당히 넓은 편이고, 미래소설·유토피아·디스토피아 소설로도 그 지평을 넓혀갔다. 최근에는 미스터리나 호러픽션이나 엽기소설들이 젊은 세대의 기호와 맞아 떨어지면서 크게 각광받았다.

하지만 국내 추리작가의 수가 턱없이 모자라고 작품의 수준 또한 아직은 그리 높지 못해 많은 독자들이 해외 추리문학으로 눈을 돌렸다. 그런 면에서 황금가지에서 나온 '아르센 루팡 전집' '셜록 홈즈 전집' '애거서 크리스티 전집', 그리고 '스티븐 킹 전집'과 비채에서 나온 『살인의 해석』 등은 국내 독자들의 갈증을 풀어주는 데 크게 공헌했다. 매튜 펄의 『단테클럽』이나 『포의 그림자』, 댄 브라운의 『천사와 악마』 『다 빈치 코드』 등도 모두 수준 있는 역사추리소설로 국내독자의 환영을 받았다. 또 황금가지의 'SF 시리즈'(윌리엄 깁슨, 어슐러 K. 르귄 등)도 수준 높은 SF 고전들을 소개했다.

그러나 정통의식이 유달리 강한 한국문단에서 서브장르

국내 추리소설은 아직 작품 수와 수준에서 독자들의 욕구를 충족시키지 못한다. 따라서 많은 독자들이 『다빈치 코드』『천사와 악마』 같은 해외 추리문학으로 눈을 돌렸다.

가 주류로 부상하기란 결코 쉽지 않은 일이다. 가장 바람직한 방법은 본격작가들이 서브장르에 적극 참여해 두 장르가 혼합된 수준 높은 작품들을 산출하는 것이다. 미래의 한국문학판을 그려보자면, 기왕에 역량을 인정받은 작가들이 직접 서브장르에 속하는 작품을 쓰거나 아니면 서브장르의 기법을 차용한 작품들을 쓰게 될 가능성이 높다. 사실 그런 움직임은 벌써 시작되었다.

예컨대 복거일은 수준 높은 대체역사소설과 SF를, 김경욱은 영화에서 기법을 빌려온 참신한 소설을, 김탁환과 김훈은 환상적인 분위기를 띠면서도 팩션에 가까운 역사소설을, 김영하는 컴퓨터세대를 위한 새로운 감성의 소설을 쓰고 있다. 또 송경아는 판타지 소설의 수준을 한 단계 업그레이드했으며, 이평재는 그로테스크한 분위기에 성적 판타지를 가미한 특이한 엽기소설로 각광받았고, 박민규의 소설들 역시 독특한 분위기와 재치로 젊은 독자들을 매료시킨다.

조선일보사와 김영사(비채)가 2007년부터 공동 주관하는 '뉴웨이브 문학상'도 한국문학의 미래를 만들어 나아갈 새로운 형태의 문학을 발굴하고 육성하자는 취지에서 만

정통의식이 유달리 강한 한국문단에서 서브장르가 주류로 부상하기란 쉽지 않은 일이다. 가장 바람직한 방법은 본격작가들이 두 장르가 혼합된 수준 높은 작품을 내놓는 것인데, 이러한 움직임은 벌써 시작되었다. 위는 박민규(사진=이장옥), 아래는 김영하(사진=이영균).

들어졌다. 새로운 감성에 부응하고 새로운 문학양식을 탐색하고 새로운 장르를 개척하는 작가들은, 현재 주변부에 위치해 있다고 해도 결국 미래의 한국문학을 이끌어가는 견인차 역할을 하게 될 터이다.

미래의 한국문학은 하이퍼픽션을 적극 활용할 것이다. 인터넷의 멀티미디어 특성과 인터렉티브 기능을 이용해 저자와 독자가 함께 소설을 써나가는 형식의 이 컴퓨터 소설은 종이책 활자소설의 한계를 넘어서 무한한 가능성의 세계로 독자들을 데려간다. 태어나면서부터 컴퓨터 스크린에 익숙한 세대에게는 종이에 씌어진 활자소설보다 스크린에서 자유롭게 읽으며 직접 스토리를 만들어나가는 하이퍼픽션의 호소력이 더 강함을 부인할 수 없다. 활자소설은 구텐베르크와 종이세대의 산물이고 활자와 종이가 편한 구세대 독자들을 위한 것이다. 반면 하이퍼픽션은 전자·영상 매체 세대를 위한 문학양식이고 스크린과 마우스가 종이나 펜보다 더 편한 신세대독자를 위한 문학양식이다.

그렇다면 미래에 어떤 양식의 문학이 더 경쟁력이 있을지는 자명하다. 국내에도 류현주 같은 하이퍼픽션 전문가가 있고, 문학세계와 기법으로 미루어 보아 컴퓨터 키보드 앞에 앉으면 쉽게 하이퍼픽션 작가가 될 만한 최수철 같은 작가도 있다.

미래의 한국문학은 또 문학과 컴퓨터 게임의 개념이 혼합된 상태로도 나타나게 될 것이다. 사실 문학은 본질적으로 작가의 지적 게임이고 독자들은 그 게임의 수수께끼를 풀어나가는 역할을 하며, 위대한 작가들은 언제나 게임의 기법을 자신의 작품에 투영해왔다. 그리스 신화(예컨대

헤라클레스의 모험이나 테세우스신화)는 말할 것도 없이 그 자체가 훌륭한 컴퓨터 게임이며, 판타지나 SF 또는 추리소설이나 역사소설도 좋은 컴퓨터 게임의 소재가 된다. 이미 게임으로 나온 단테의 『신곡』이 그 대표적인 예다. 도처에 매복한 위험과 모험, 끝없는 시련과 역경의 극복, 그리고 악의 화신과의 최후 대결 구도는 위대한 문학작품과 게임에서 동시에 발견되는 공통요소다. 그러므로 앞으로 한국문단에서는 컴퓨터 게임으로도 만들어질 만한 성격의 문학작품들이 크게 각광받을 것이다.

좋은 컴퓨터 게임 또한 영화로 만들어지고 궁극적으로는 좋은 문학작품으로 확대될 수 있다. 예컨대 〈레지던트 이블〉이나 〈둠〉 같은 게임은 그 자체가 한 편의 훌륭한 문학작품이 될 수 있다. 문학이 즐겨 다루는 중요하고도 중후한 주제들을 내포하고 있으며, 플레이어에게 우리가 처한 상황과 삶에 대한 심오한 깨우침을 주기 때문이다. 〈레지던트 이블〉은 과학기술의 오용과 남용, 통제사회와 인간의 노예화, 인간의 탐욕, 닫힌 사회의 필연적 파멸 등을 주제로 다루고, 〈둠〉은 상업주의와 과학기술의 야합, 인간의 기계화, 휴머니즘의 상실 그리고 역시 닫힌 체계와 폐쇄적 조직 문제를 다룬다.

문학과 멀티미디어(예컨대 컴퓨터 게임)의 제휴 가능성을 적극적으로 탐색하는 국내작가로 이인화가 있다. 머지않아 미래의 문학을 특징지을 새로운 형태의 문학작품이 그의 실험실에서 탄생하게 될는지도 모른다. 만일 문학과 컴퓨터 게임이 결합한다면, 컴퓨터 스크린에 쓰는 소설인 하이퍼픽션보다 한 단계 더 나아간 형태의 새로운 문학작품이 탄생하지 않을까?

미래의 문학은 영화와도 손을 잡게 될 것이다. 영화 때문에 문학이 죽어간다고 경고하는 작가도 있지만, 영화는 이미 문학이 무시할 수 없는 막강한 힘을 갖는다. 오늘날 문학과 작가를 살리는 것은 영화다. 문학작품이 영화화되어 성공하면 원작소설이 베스트셀러가 된다. 영화를 보고 관심이 생겨 원작을 사서 읽는 현상을 두고, 독일비평가 요하임 패히는 영화가 마치 잠자는 미녀(문학)를 깨우는 왕자와도 같다고 했다. 1960년대 컬러텔레비전이 보급되면서 영화인들은 이제 영화는 죽었다고 걱정했다. 그러나 오늘날 영화는 더욱 융성해졌다. 영화는 극장에서 돈을 벌고 그 다음 DVD로 만들어져 돈을 벌며 마지막으로 텔레비전 방송국에 팔려서 돈을 번다.

물론 영화가 가만히 앉아서 성공한 것은 결코 아니다. 텔레비전과 경쟁하느라 시네마스코프와 70밀리 대형영화를 만들었으며 6채널 입체음향을 개발했다. 그런데 우리 작가들은 새로운 시대에 부응하는 새로운 양식의 문학을 개발할 생각은 하지 않고 그저 앉아서 영화 탓만 한다. 미래의 문학은 소설과 영상매체가 결합된 새로운 형태가 될

영화 때문에 문학이 죽어간다고 경고하는 작가도 있지만, 영화는 이미 문학이 무시할 수 없는 막강한 힘을 갖는다. 게다가 문학작품이 영화화되어 성공하면 원작소설이 베스트셀러가 되기도 한다.

는지도 모르는데 말이다.

미래의 한국문학은 지금처럼 단일하지 않고 다양한 형태를 띠게 될 것이다. 순수문학이니 본격문학이니 하는 개념은 구세대의 유물로 치부되고 종이에 씌어진 활자문학은 언젠가 선대의 유품으로 분류되어 박물관에 보관될지도 모른다. 문학이 고고한 성단에서 내려와 다른 매체와 손을 잡음으로써 고급문학과 대중문학 사이의 경계도 소멸될 것이다.

그러한 변화는 이미 도처에서 시작되었다. 시대가 바뀌면 문학도 바뀌어야 하며 모든 것이 변하면 문학도 변해야 한다. 우리의 인식이 코페르니쿠스적 변화를 겪는 이 시대에 변화를 거부하는 것은 모두 퇴출될 것이고, 문학도 결코 예외는 아니다. 미래의 문학은 미래의 한국사회와 더불어 나란히 변해갈 것이다.

◆**What Was Literature?** Leslie A. Fiedler, Simon & Schuster, 1982
1960년대 '소설의 죽음'을 선언했던 비평가 레슬리 피들러가
문학이란 원래 무엇이었으며, 왜 죽을 수밖에 없었는지를 천착한
특이한 문학이론서다. 피들러가 말하는 죽은 문학은 모더니즘적
예술소설들이다. 순수문학의 종말과 중간문학의 부상, 그리고
대중문화 시대의 도래를 예언하고 있는데, 비슷한 상황을 겪고 있는
한국문학에도 그대로 적용된다는 점에서 주목할 만하다.

◆**인터랙티브 스토리텔링** 자넷 머레이, 안그라픽스, 2001
『홀로데크 위의 햄릿: 사이버 공간에서의 내러티브의 미래』라는
원제답게 저자 자넷 머레이는 디지털 시대 문학의 미래를 다각도로
예시한다. 1부에서는 스토리텔링을 위한 새로운 매체들을,
2부에서는 스토리와 게임의 결합이 만들어내는 새로운 문학형식을,
3부에서는 스토리텔러로서 컴퓨터의 가능성을 다룬다.

◆**퓨전시대의 새로운 문화읽기** 김성곤, 문학사상사, 2003

◆**뉴미디어 시대의 문학** 김성곤, 민음사, 1996

◆**글로벌 시대의 문학** 김성곤, 민음사, 2006

◆**하이퍼픽션 네트워크** www.hyperfiction.net

◆**Surfiction: Fiction Now and Tomorrow** Raymond Federman, Swallow, 1975

환금성의 투자재인가, 삶을 즐기는 공간인가

서화숙

한국사회에서 아파트는 집이 아니라 돈이다.
돈과 연결된 집은 집이 아니라 환금가치이며
보험이자 저축이다. 한국은 그렇게
주거지의 안전이나 쾌적함보다는 집값이
우선시되는 사회였다. 그러나 아파트 가격이
떨어지면서 환금성이라는 가치가 무너지자
집을 집으로 누리자는 생각이 번져갔다.
사람들은 서서히 행복하게 살려면 어떤 집이
좋은가를 가늠하게 되었다. 그렇다고
아파트의 인기가 곧장 주저앉지는 않았다.
신도시 계획이 흘러나오자 가라앉던 집값은
다시 주춤했다. 결국 아파트의 몰락이냐
부활이냐가 주택의 미래를 읽는 키워드다.

집은 돈과 바로 맞바꿀 수 있는 투자재일까, 아니면 삶을 즐기는 공간일까? 한국사회는 지금 선택의 기로에 서 있다. 종합부동산세 실시로 집값이 떨어지면서 집은 삶을 즐기는 공간이 되리라는 분석이 가능한가 하면, 정부의 신도시 계획에 다시 집값이 들썩이면서 집은 여전히 환금가치로 따지는 재테크 수단이라는 의견도 집요하다.

첫 번째 시나리오에 따르면, 집은 집이 된다. 사람이 쉬고 잠들고 가족들과 따뜻한 밥을 지어 먹고 도란도란 대화를 나누는 즐거운 휴식처가 된다. 집값이 오르느냐보다는 공간을 즐길 수 있느냐에 따라 가치가 달라지므로 비좁은 아파트보다는 마당 있는 주택이 인기를 끈다.

두 번째 시나리오에 따르면, 집은 환금가치로 평가된다. 아무리 좁고 낡았어도 규격에 맞춰 가격이 형성되고 거래가 잘 이루어지며 가격이 오를 가능성이 큰 아파트가 인기를 끈다. 어느 쪽 시나리오대로 가느냐에 따라 도시의 모습이 달라지고 관심을 끄는 책이 달라지고 문화가 달라진다. 한마디로 요약하면 아파트의 몰락이냐 부활이냐가 주택의 미래를 읽는 키워드다.

한국사회에서 아파트는 집이 아니라 돈이다. 아파트 관련 기사는 대부분 가격, 돈과 연결된다. 아파트가 아니라 주택으로 표현될 때도 있지만 가격을 언급하는 기사는 어김없이 아파트에 대한 내용이다. 주택에서 아파트가 차지하는 비중은 전국적으로 53퍼센트, 서울에서 60.5퍼센트나 된다(2005년 통계). 그 정도 비율의 집이 돈과 연결되어야만 관심거리가 된다.

돈과 연결된 집은 집이 아니다. 집은 보험이자 저축이었다. 가치가 불어나느냐 줄어드느냐를 시간마다 고심해야 하는 투자대상이었다. 그래서 신문들은 아파트 가격 변동을 주마다 신문에 실었고 입주자들은 집값이 떨어지는 것을 막기 위해 단지나 건물에 문제가 터져도 쉬쉬하는 쪽을 선택했다. 주거지의 안전이나 쾌적함보다는 집값이 우선시되는 사회, 그런 사회에서 집은 집이 아니었다.

2007년 초 아파트 가격이 떨어지면서, 더 떨어질 거라는 예측과 함께 집은 집으로 돌아왔다. 가격이 계속 올라주지 않는다면 무엇 때문에 35평, 실평수는 28평에 불과한 공간에 12억 원을 넘게 주고 머물겠는가. 절반 값이면 100평짜리 땅에 들어선 35평짜리 단독주택을 구할 수도 있는데 말이다. 비싼 집이 경제적으로 유망하지 않다는 전망이 나오자 고가 아파트 인기는 시들해졌고 신규 분양에도 예전처럼 사람들이 몰려들지 않았다. 서서히 사람들은 행복하게 살려면 어떤 집이 좋은가를 가늠하게 되었다.

아파트 가격이 떨어지기 전부터 집에 대한 생각은 달라지고 있었다. 변화의 조짐은 역설적으로 아파트 광고에서 가장 먼저 나타났다. 인터넷으로 연결되고 밖에서 자동조절 되는 첨단기능을 가진 집임을 강조하던 아파트 광고들이 2000년대 중반에 들어서면서 공원이 있고 실개울이 흐르고 단지 내에 차가 없는 아파트라는 점을 강조하기 시작했다. 고급아파트일수록 고층건물 사진은 조그맣게 넣는 대신 숲이 우거지고 호수가 반짝이는 친환경 사진으로 광고지면을 도배했다. 아파트의 특성인 획일성과 폐쇄성 대신 단독주택의 특성인 자연친화가 아파트를 홍보하는 수단이 됐다.

이때부터 사람들은 마음속으로 아파트가 아닌 단독주택을 그리워하게 됐다. 하지만 사고팔기 쉽고 가격이 잘 올

집값이 떨어지자 재테크로서 부동산을 다룬 책들은 시들해졌고 주택 관련 책들이 인기를 끌었다. 아흔이 넘은 미국 작가 타샤 튜더의 아름다운 시골 정원 이야기를 다룬 책들은 출판사가 놀랄 만큼 뜨거운 반응을 얻었다. 위는 『행복한 사람 타샤 튜더』, 아래는 『행복의 건축』.

랐기에 아파트를 선호했다. 환금성, 이 석 자가 아파트의 장점을 가장 잘 대변하는 단어였다. 게다가 그 환금가치는 계속 올랐다. 아파트가 가장 대중적인 주택형태일 때 집은 집이 아니라 투자수단이었다.

집값이 떨어지면서 환금성이라는 가치가 무너지자 집을 집으로 누리자는 생각이 번져갔다. 먼저 마당에 대한 꿈이 살아났다. 아파트라는 갇힌 공간에 살면서 노는 날이면 열심히 차를 몰아 주말농장을 찾는 정도로는 성에 차지 않았다. 골목구경, 집구경, 꽃구경, 정원구경, 인테리어에 대한 관심이 높아졌다. 인터넷 포털사이트 첫 화면에는 이와 관련한 글들이 심심찮게 뜨기 시작했다. 주택 관련 책들이 인기를 끌었다. 재테크로서 부동산을 다룬 책들은 시들해졌다.

아흔이 넘은 미국 작가의 아름다운 시골 정원 이야기를 다룬 『타샤의 정원』 『행복한 사람 타샤 튜더』라는 책은 출판사가 놀랄 만큼 뜨거운 반응을 얻었다. 잘 지은 집을 다룬 『김서령의 가家』라는 책이 화제가 되기도 했다. 전통가옥이나 문화유적으로서 주택을 소개한 책들은 원래 인기가 꾸준했지만 이처럼 현대의 살림집을 다룬 책이 각광받기는 드문 일이었다. 현대식 살림집으로 아름답게 고친 한옥을 다룬 『한옥에 살어리랏다』는 2만 8000원이라는 적지 않은 가격에도 발간 한 달 만에 초판 3000부가 다 팔렸다. 알랭 드 보통의 『행복의 건축』이 서둘러 번역되어 베스트셀러에 올랐다.

『한옥에 살어리랏다』나 『김서령의 가』를 보면, 단독주택으로 옮겨가는 흐름은 2000년 이전에 시작됐다. 서울 가회동의 한옥은 새천년을 맞으면서 구하기 힘들어졌고 가

격도 크게 올랐다. 경복궁과 광화문 인왕산 사이의 창성
동, 통의동, 효자동, 옥인동 집값도 가파르게 올랐다. 처
음에는 청와대가 이전하면 고층건물이 들어서리라는 기
대감 때문이었지만 2007년 양상은 그것만으로는 설명이
안 된다. 이곳에서 인왕산을 넘으면 나타나는 부암동에는
낡고 허름한 집을 그림 같은 단독주택으로 고치는 사람들
이 늘어났다. 제기동이나 아현동에서 아파트 재개발을 거
부하고 주택을 지키려는 이들의 힘겨운 싸움도 오래도록
이어졌다.

주택전문가들은 대중이 선호하는 주택이 국민소득에 따
라 달라진다고 지적한다. 1만 달러일 때는 아파트에 관심
이 쏠리고 2만 달러에 이르면 타운하우스에 관심을 가지
며 3만 달러에 가면 단독주택이 사랑을 받는다고 한다.

한국에 단지형 아파트가 생긴 것은 1962년도였지만 중산
층이 선망하는 주택으로 자리 잡은 것은 70년대 중반 이후
다. 70년대 후반 들어서 아파트 단지가 중앙난방식을 채택
하자 물량도 늘어났다. 날마다 연탄을 갈아주느라 시달리
지 않아도 되고 수도꼭지만 틀면 목욕탕과 부엌에서 뜨끈
뜨끈한 물이 쏟아지는 아파트는 주부들의 로망이 됐다.

하지만 아파트가 단독주택보다 보편적 주거양식이 되었
다는 신호는 아파트 평당 가격이 단독주택의 대지가격을
넘어선 90-91년 부동산 가격 폭등기로 봐야 한다. 이때 1
인당 국민소득은 5886달러였다. 국민소득이 1만 달러가
된 해를 1995년으로 꼽는데, 이 무렵부터 농촌지역에까
지 아파트가 파고들면서 전국에 아파트 전성시대를 예고
했다.

1997년 IMF 구제금융 지원을 받으면서 휘청했던 국민소

잘 지은 집과 그 집에 얽힌 이야기를
다뤄 화제가 된 『김서령의 가』. 전통
가옥이나 문화유적으로서 주택을 소
개한 책은 원래 인기가 꾸준했지만
현대의 살림집을 다룬 책이 각광받
기는 드문 일이었다.

득은 2002년에 다시 1만 달러로 돌아왔다. 그 해는 알다시피 아파트 가격이 다시 폭등하기 시작한 해다. 그 뒤 집값은 해마다 기록을 갈아 치웠고, 특히 서울 강남의 아파트는 오래됐거나 좁거나를 가리지 않고 강북의 어지간한 단독주택의 대여섯 배나 되는 가격까지 올라갔다. 물론 이 차이는 2004년 강북에 뉴타운 바람이 불면서 단독주택 가격이 올라간 덕에 좁혀지긴 했지만, 폐쇄적이고 획일적인 주거공간이 이토록 비싼 대접을 받는 곳은 미국의 뉴욕 정도를 제외하면 한국밖에 볼 수 없을 정도로 신기한 현상이다.

2007년 현재 대한민국의 국민소득은 2만 달러에 조금 못 미친다. 그리고 주택전문가들의 분석과 아울러 타운하우스 안내기사가 2006년부터 요란하다. 파주에 있는 타운하우스는 노무현 대통령 부부가 찾아봤다고 해서 화제를 모았다. 타운하우스는 고급 저층 연립주택이다. 관리나 경비 체제는 아파트의 장점을 빌린 반면 아파트에는 없는 자기만의 공간, 곧 마당이 있다.

한국건설산업연구원 조사에 따르면, 2006년 들어 연립주택의 가격이 급등세다. 전국적으로 7.4퍼센트, 서울지역은 8.1퍼센트가 올라 아파트 상승률을 넘어섰다. 한국토지공사는 2007년 초반에 인천과 경기지역의 공공택지를 분양한 결과 그 동안 미분양되기 일쑤이던 연립주택지와 단독주택지가 모두 수십대 일의 경쟁 끝에 분양됐다고 발표했다. 통계로 연립주택(타운하우스)의 인기가 눈에 잡히기 시작한 것이다.

그렇다고 아파트 인기가 곧바로 주저앉지는 않을 거라는 의견도 팽팽하다. 실제로 정부에서 신도시 계획이 흘러나

한국의 전통 가옥인 한옥의 장점을 살려 생활공간으로서 효율성과 현대적 삶을 이루어 가는 거주 공간으로서 장점을 담은 『한옥에 살어리랏다』. 적지 않은 가격에도 한 달 만에 초판 3000부가 다 팔릴 정도로 각광을 받았다.

오면서 가라앉던 집값은 다시 주춤했다.

미래에 인기 있는 주거지는 어떤 형태가 될까를 검토하기 위해 서울 경기 지역의 20세 여성 11명과 인터뷰를 했다. 이들은 7명이 아파트에, 3명은 단독주택에, 1명은 빌라에 살고 있어서 평균적인 아파트 점유율보다 아파트 비중이 조금 높았다.

돈에 구애받지 않고 주거형태를 선택할 수 있다면 어떤 집에서 살고 싶으냐는 질문에 8명이 단독주택을, 3명이 아파트를 꼽았다. 주택에 사는 사람 가운데 아파트로 바꾸겠다고 한 사람은 3명 중에 1명인 반면 아파트에 사는 사람 가운데 주택으로 옮기겠다는 사람은 7명 중에 5명이었다. 단독주택에 살면서 앞으로도 단독주택에 살겠다는 사람은 3명 중에 2명이었고 아파트에 살면서 앞으로도 아파트에 살겠다는 사람은 7명 중에 2명이었다. 빌라에 살던 사람은 단독주택을 희망했다. 빌라에서 단독주택으로 옮기길 희망하는 사람은 그 이유로 '정원이 좋아서'를 들었는데 저층연립주택이 정원(마당)이라는 측면에서 별로 만족스럽지 못하다는 이야기도 된다.

아파트에서 단독주택을 희망한 이들도 5명 중에 3명이 마당을 그 이유로 꼽았다. 또 층간 소음 때문에 소리를 내지도 못하고 마음껏 뛰거나 실내에서 운동을 하지도 못하며 강아지를 키우지 못한다는 점 등 공동생활에 따른 사생활 제약을 아파트의 단점으로 꼽았다. 아파트가 더 좋은 점으로는 편의시설이 가깝고 경비에 신경 쓰지 않아도 되며 쥐나 바퀴벌레 같은 위생문제가 없다는 점이 꼽혔다. 단독주택에서 아파트로 옮기고 싶어 하는 이는 단독주택의 불편으로 사소한 집수리도 직접 해야 하는 것이 번거롭고 장마철 방수나 겨울철 방한 준비가 귀찮다고 지적했다.

문제는 단독주택의 단점은 보완이 가능한 반면 아파트의 단점은 보완할 수 없다는 데에 있다. 그러나 이들이 실제로 구매계층이 되었을 때 아파트 가격이 계속 올라도 환금가치를 포기하고 집의 가치를 좇을 것인가는 미지수다.

2019년부터 인구는 줄어든다. 가구 수는 그보다 늦게 줄어들겠지만 줄어드는 추세는 피할 수 없다. 집값은 떨어지고 소비자의 선택권은 높아진다. 친환경은 거스를 수 없는 대세다. 개성적인 공간을 찾는 욕구가 높아진다. 도심 또는 도시의 인기도 높아진다. 2018년이 되면 65세 이상 인구가 14퍼센트를 차지하는 본격적인 고령화 사회에 접어들 것으로 통계청은 추산한다. 연금생활을 즐기는 실제 노인들은 다양한 문화를 즐길 수 있고 병원이 가까이 있는 도시를 선호한다. 도시를 즐기되 고층아파트보다는 저층 주택을 선호할 경향이 크다.

어린이를 키우는 가족이냐 독신 또는 맞벌이부부 가족이냐에 따라 선호하는 주거양식은 양극화한다. 집에 머무는 시간이 적은 후자에게는 도심의 아파트나 고층주상복합

이 환영받겠지만 전자에게는 단독주택이 인기를 끌 것이
다. 한국의 빌딩건설이 한계에 이르면서 건축가들은 단독
주택을 짓는 데 적극 참여할 것이고 덕분에 단독주택의 질
은 높아질 것이다.

단독주택이나 저층연립주택이 각광을 받으면서 건축·조
경·원예·가구를 다룬 책에 관심이 쏠리고 관련 직업이 인
기를 얻으며 원예·가구·건축 강좌에 사람들이 몰린다.
아파트의 환금성이 가치를 잃지 않는다면 부동산 강좌와
부동산을 이용한 재테크 책은 여전히 인기를 끌 것이다.
사람들은 집의 쾌적함보다는 외식을 하거나 옷과 차를 사
는 데 더 많은 돈을 쓸 것이다.

아파트 시대가 얼마나 더 지속되느냐는 전적으로 이 글을
읽는 독자 개개인의 선택에 달려있다. 역사는 살아가는
사람이 선택하는 대로 나아간다. 집의 가치를 깨달았을
때는 도시가 이미 돌이키기 힘들 정도로 파괴되지 않기만
을 바랄 뿐이다.

◆**엘리오의 블로그** blog.naver.com/greenbears
외국의 주택건축과 인테리어, 가구에 관심 많은
개인이 만든 블로그. 아름다운 주택 사진을
가장 생생하게 볼 수 있으며 함께 소개된 원본
출처를 따라가다 보면 세계적인 건축가들의
사이트를 모두 둘러볼 수 있다.

◆**건축전문지 〈건축과 환경〉** c3-d.com(c3korea.net)
건축전문지 〈건축과 환경〉 홈페이지. 건축에 대한
수준 높은 에세이와 많은 자료 등 읽을거리가 풍부하다.
건축 관련 다양한 소식들도 접할 수 있다.

◆**한국건축가협회** www.kia.or.kr

◆**건축전문지 〈플러스〉** www.pluszine.co.kr

◆**건축가 김원** www.kimwonarch.com

◆**건축가 김인철** www.archium.co.kr

'해피투스트라'는 이렇게 말했다

조우석

행복과 행복산업이 우리 시대 키워드가
되리라는 전망은 얼핏 엉뚱하게
들릴지 모른다. 하나마나한 소리일 수도
있다. "행복이 얼마나 큰 덩어리인데" 하는
볼멘소리가 들리는 듯하다. 하지만
행복과 행복산업의 재등장은 그 동안의
삶의 패턴과 '사람 죽이는' 모더니티에
대한 총체적 반성을 의미한다. 실제로
그에 토대를 둔 삶의 재구성이 활발해진다는
예후는 무척이나 많다. 해피투스트라의
하산은 그만큼 우리 모두가 목말라했기에
이뤄진 게 아닐까?

'해피투스트라'는 이렇게 말했다

────그렇다. 인간은 더러운 강물이다. 그러므로 우리는 먼저 바다가 되어야 한다. 더러워지지 않으면서, 더러운 강물을 받아들이려면. 보라 나는 그대들에게 초인을 가르친다. 초인은 바다이며, 그대들의 커다란 경멸은 그 속으로 가라앉을 것이다. 그대들이 체험할 수 있는 최대의 것은 무엇인가? 그것은 위대한 경멸의 순간이다. 그대들의 행복, 그리고 마찬가지로 그대들의 이성과, 그대들의 덕까지가 모두 역겨워지는 순간이다. ―프리드리히 니체, 『차라투스트라는 이렇게 말했다』, 민음사, 2004.

19세기 말 프리드리히 니체가 『차라투스트라는 이렇게 말했다』에서 던진 예언적 언어들은 '말종인간'을 구원하기 위한 것이었다. 니체가 고안해낸 용어인 '말종인간'이란 모두가 똑같은 것을 원하고 실제로 똑같은 모습을 하고 있으며 그 결과 불행에 빠진 산업사회의 인간을 지칭한다. 한때는 대담무쌍한 탐구자였기 때문에 대항해 시대 이후 "꾀 많은 돛을 달고 무시무시한 바다를 향했던 자들", 곧 근대적 인간들은 어느 날 갑자기 마법에 걸린 양 음울한 모습으로 변해버렸다.

니체의 표현을 그대로 빌리자면, 왜소한데다가 붕어빵인간에 불과한 난쟁이·두더지에 절름발이 신세의 몰골로. 이런 말종인간 증후군의 구체적 양상을 확인하려면 〈중앙선데이〉의 스페셜리포트 섹션 「마음의 멍 마음의 병」(2007.5.6.)을 훑어보면 된다. 이 섹션에서 정신과의사 우종민은 현대인에게 가장 흔한 정신질환을 알코올, 담배, 대마초 같은 이른바 물질관련 장애에 정신증, 기분장애, 불안증, 주의력결핍, 과잉행동장애 등을 더해 6가지로 분류했다. 그때까지 저널리즘은 정치·경제 영역만을 지겹

도록 다루고 또 다뤄왔으나, 말종인간들이 겪는 괴로움을 더 이상 매스미디어가 외면할 수 없게 됐음을 말해주는 대목이다.

그뿐이던가. 〈동아일보〉역시 2007년 초 1면에 한국 성인 10명 가운데 6명 정도가 정신질환에 대한 지식이 낮은 '정신건강 문맹文盲'으로 나타났다며 그 동안 흔치 않았던 종류의 피처스토리를 내보냈다. 대한신경정신의학회와 함께 일반인의 정신건강 지식지수를 국내에선 처음으로 측정한 결과란다. 말종인간 증후군은 왜 우리를 괴롭히는 괴물이 되었는가? 니체의 문학적 표현을 빌리자면, 그건 "중력重力의 영이 등에 걸터앉아 나의 귓속으로 납을, 나의 뇌 속으로 납과 같은 사상을 방울방울 떨어뜨렸"기 때문이다. '중력의 영'이란 근대문명 시스템 전체를 가리킨다. 해체철학의 봉우리로 불리는 '망치를 든 철학자' 니체는 강제, 율법, 목적과 의도, 선과 악 등을 지목했지만 세월이 흐른 지금 사람들은 니체의 말보다 더 확실하게 스스로를 알고 있다.

니체가 휘둘렀던 망치소리를 짐짓 못 들은 척하면서 결과적으로 행복을 짓밟고만, 욕망이 가득한 변종의 문명인 모더니티의 바벨탑 쌓기에만 코 박고 있던 말종인간들은 이제는 조금 달라질 터이다. 바벨탑에 벽돌 한 장 올리겠다고 낑낑대는 이도 여전히 많겠지만 이를 치유하겠노라고 선언한 각종 처방들이 앞으로 수십 년간 커다란 트렌드를 이룰 것이며, 그것은 그런 접근법을 둘러싼 다양한 논의들과 함께 '행복산업'이라는 범주를 이룰 것이다. 차라투스트라의 하산과 그가 가져온 복음에 무지했던 인간들이 앞으로는 훨씬 곰살궂으면서도 친절한 메시지를 전하

니체가 던진 예언적 언어들은 말종 인간을 구원하기 위한 것이었다. 말종인간이란 모두가 똑같은 것을 원하고 실제로 똑같은 모습을 하고 있으며 그 결과 불행에 빠진 산업사회의 인간을 지칭한다.

는 '해피투스트라'의 등장과 그 메시지에 관심을 가질 수밖에 없기 때문이다.

더는 견디지 못하는 말종인간들이 추구하는 지평선 너머의 가치를 뭉뚱그려 행복이라고 말하고, 그와 관련된 분분한 논의와 처방이 행복산업을 이룰 것이다. 행복과 행복산업이 우리 시대 키워드가 되리라는 전망은 얼핏 엉뚱하게 들릴지 모른다. 하나마나한 소리일 수도 있다. "행복이 얼마나 큰 덩어리인데" 하는 볼멘소리가 들리는 듯하다. 양성평등문화, 환경, 놀이, 디자인 등 30여 개 키워드 전체가 행복 찾기와 무관하지 않다는 판단 때문이리라. 아니다. 행복과 행복산업의 재등장은 그 동안의 삶의 패턴과 '사람 죽이는' 모더니티에 대한 총체적 반성을 의미한다. 실제로 그에 토대를 둔 삶의 재구성이 활발해진다는 예후는 무척이나 많다. 해피투스트라의 하산은 그만큼 우리 모두가 목말라했기에 이뤄진 게 아닐까?

'삶의 질'로서 행복에 대한 국내 언론의 관심 속에 최근 한 외신은 미국에서 '행복학happiness study'이라는 전공으로 박사과정이 생겼다고 전하기도 했다. 기존의 심리학과는 다른 이 학문은 긍정심리학positive psychology의 한 분야라는 보도였다. 그 보도 이전에 행복학은 이미 뜨는 학문의 하나였다. 『행복의 기술』(베리타스북스, 9월 출간예정)의 저자인 정신과의사 존 슈마커는 1999년에 벌써 〈행복학 학회지Journal of Happiness Studies〉가 만들어졌다고 밝힌다. 슈마커는 이런 행복학의 유행을 부정적으로 바라본다. 그에 따르면, 결국 행복이란 주관적 심리상태가 결코 아니며 해당 문화권의 종교와 정서와 감정까지 포함한 건강한 사회, 지속가능한 문화를 점검하기 위한 종합적 측정과 대안 제시여야 한다. 그래야만 우울증과 자폐증을 포함한 사회병리학적 이상심리까지 두루 포괄할 수 있어서다.

하여 지금부터 가히 행복 논의의 백화제방 현상이 치열하게 벌어질 듯하다. 행복산업의 틈새확보 전략이 무시 못 할 지분을 차지할 것도 불문가지다. 행복담론은 프랑스 혁명 이래 근대를 뜨겁게 달궜던 정치적 좌우파 개념 못지않게 '행복좌파'에서 '행복우파'까지 포괄할 것인데, 먼저 급진좌파는 니체 식의 해피투스트라 쪽을 겨냥할 터이다. 반면 행복우파들은 지금의 시스템을 놓아둔 채 행복공학(엔지니어링)을 탐구하는 절충주의적 태도를 보일 것 역시 분명하다. 앞으로 전개될 행복담론의 풍부한 자원은 이토록 무궁무진해서 '삶의 모든 것'을 담아낼 터이다.

행복좌파들이 우상으로 모실 니체는 "그대들이 체험할 수 있는 최대의 것은 위대한 경멸"이라면서 근대적 인간들 식의 행복, 그리고 이성과 덕 전체에 역겨움을 느끼라고 권면했지만, 그런 종류의 도저한 문명비판은 종국에는 근대세계를 뒤엎을 대안문명 쪽으로 치달으리라. 고대 그리스 철학을 재해석한 임마누엘 월러스타인 정치경제학에서 상상력의 일부를 수혈받아 '근대 이후'를 겨냥할 터이기 때문이다. 어차피 월러스타인은 2025-50년 사이에 근대 시스템이라는 엔진은 유통기간이 만료 되며 새로운 지평이 열릴 것이라고 전망했음을 염두에 둬볼 일이다.

흥미로운 점은 행복좌파들은 아프리카와 아시아 등 비 서유럽권에도 큰 관심을 가지며 대안문화 수립까지 마음에 두고 있어, 동양문화에 대한 재발견의 계기로 작용하리라는 사실이다. 과도한 소비상업주의와 물질문명과 현대사회의 경박함에 대한 비판은 동양 종교에 대한 강력한 옹호로 이어지면서 탄력을 받아가는 탈 서유럽중심주의의 움직임을 재확인해줄 터이다. 70년대 이후 불교는 서양사회에서 엘리트 종교로 자리를 굳혔으며, 중국과 일본, 한국의 불교를 '민족 불교ethnic buddhism' 또는 '구불교old buddhism'라고 지칭하는 흥미로운 상황이다.

곧 행복담론이라는 보자기 안에 들어가지 않는 것은 없으며 심지어 고대문명 이래로 전개돼온 종교까지 '역사적 맞교환'이 행복찾기의 차원에서 이뤄질 터이다. 미래학자가 아니니까 대강만 언급하자면, 그 동서문명 사이의 기독교와 불교 맞교환은 앞으로 1-2세기 안에 가장 눈에 띄는 문명교류의 상황으로 등장할 듯하다. 중세 십자군운동과 19세기부터 전개돼온 기독교 선교활동 이후 가장 놀라운 역사적 전변이 행복담론의 생태계 안에서 벌어지는 셈이다.

반면 행복좌파 못지않게 중요한 지분을 갖는 행복우파들은 어떻게 하든 근대 세계를 끌어안고 가려는 태도를 보이는데, 이들이야말로 다수의 지지를 받을 가능성이 높으며 행복산업이 개입할 여지가 많다. 근대적 산업, 가족체계, 공동체 문제에서 종교에 이르기까지 미시적 수정을 거쳐 재활용할 경우 행복지수를 크게 끌어올릴 수 있다고 믿기 때문이다. 알게 모르게 행복의 이름 아래 그런 예측을 한 이로 클린턴 시절 노동부 장관을 지낸 『부유한 노예』의 저자 로버트 라이시를 꼽아야 한다.

그에 따르면, 신경제 등장에 돌팔매질을 해온 신러다이트주의자들은 잘못되었으며, 앞으로 사람들은 단순 의식주 해결을 넘어 보다 큰 욕망 추구와 행복찾기에 돈을 쏟아

행복우파들은 어떻게 하든 근대 세계를 끌어안고 가려는 태도를 보인다. 행복의 이름 아래 그 예측을 한 이는 『부유한 노예』의 저자 로버트 라이시다.

붙고, 이것이 행복산업의 주요축이 되리라 본다. 라이시가 예측한 행복산업의 7개 분야에는 건강장수에 필요한 약품, 기기, 치료술, 운동요법 등 건강산업과 재미와 스릴, 흥분을 가져다 줄 오락산업이 있다. 여기에는 익스트림 스포츠도 포함된다. 매력산업도 그가 전망한 핵심이다. 치아교정과 염색에서 의류, 화장품, 다이어트와 상담 서비스에 이르기까지 매력산업의 영역은 끝이 없다.

라이시는 지적 호기심산업도 커질 것으로 본다. 뇌자극을 포함한 뉴스와 정보에 대한 갈증은 더욱 증가한다. 역시 미국인답게 가족의 평안을 돌보는 각종 서비스산업을 잊지 않고 있으며, 경제적 안정을 돕는 산업들도 지적한다. 투자계획 정보와 보험시장에 대한 수요가 늘 것이라는 말이다. 마지막으로 관심을 끄는 분야로 꼽은 것이 앞서 언급한 매력산업이다. 고립화된 사회에서 다른 사람들의 외로움을 덜어주고 보살펴주는 각종 도우미와 성적 서비스까지를 포함한 각종 접촉상품이 상한가를 보일 것이라는 말이다. 따라서 각종 장르 넘나들기는 기본이다. 라이시에 따르면, '클럽메드' 같은 분위기의 병원이 등장할 터인데 그곳은 "아침에는 스쿠버다이빙을 하고 오후에는 긴급하게 산소를 공급받는" 그런 곳이다.

행복담론 속에서 벌어지는 신좌우 논쟁구도의 길항 관계에서 이상 번식을 할 것으로 예측되는 영역이 또 있다. 소수의 사람들이 행복산업의 모서리에서 문명비판으로서 행복학을 수행하거나 미시적 수정작업을 거듭하겠지만, 대다수는 유사類似 행복, 곧 잠시의 위안으로서 행복에도 목말라할 것이고 그것에 대한 수요는 지금보다도 더 많아져서 뚜렷한 사회 트렌드로 자리를 잡아갈 것이다. 유사행복의 범주에는 사주명리학을 포함한 미아리 철학관 산업이 포함된다. 돈 놓고 돈 따먹는 뉴욕 월가에는 인도의 수정구슬학파 점성술은 물론이고 영어가 조금 되는 미아리 철학관의 일부가 진출한 지 꽤 된다. 이런 형편에서 위안으로서 행복에 대중적 수요가 몰릴 것은 불 보듯 뻔하다.

또 다른 흐름으로 행복경영의 이름 아래 기업문화가 행복에 개입하는 경향이 보다 뚜렷해질 것이다. 이미 '행복십자군'에 해당되는 행복·행복학을 연구하는 적지 않은 대학과 연구소들은 대기업과 밀접한 관계를 유지하며, 경영성공과 높은 근로자 만족도 같은 장밋빛 약속을 내놓았다. 곧 '행복의 비즈니스화' 트렌드다. 구체적으로 가족적 전통이 강한 한국기업들은 이른바 가족친화 경영에 눈을 돌려 구성원의 가정에 일정하게 매니지먼트할 것으로 예견된다(〈뉴스위크〉 2007.5.8).

생산성을 높이기 위해 직장과 가정의 경계를 허무는 그런 결과는 적지 않은 논쟁으로 이어질 것이 분명하다. 이런 트렌드는 행복이 현대사회의 가장 강력한 판타지로 자리 잡아가고 있음을 보여주는 징후다. 일부 사람들은 행복 노하우를 가졌다고 말하지만, 훨씬 많은 대부분의 사람들은 그런 확신이 없으며 그 이유로 스트레스를 받는다. 삶의 질에 관심이 높아진 한국사회도 조만간 그런 사이클에 접어들 것이라는 관측이 유력하다.

다분히 주관적일 수도 있고, 국가와 문화권 별로 편차가 있지만, 세계가치서베이World Value Survey는 몇 해 전부터 주요 국가를 대상으로 행복을 재는 대규모 설문조사를 해왔다. 그 결과를 재가공한 다양한 단행본 등도 각광받을 것이다. 이는 현재 정치적 의견을 묻는 서베이 일변도

에서 벗어난다는 뜻이다. 그와 같은 맥락이지만, 독서시
장에서 자기계발서 열풍도 거듭될 것이다. 이미 19세기
에 출발했던 이른바 자기계발서들은 보다 세분화한 주제
를 가지고 독자들에게 다가가려 할 것이다.

어쨌거나 우리는 행복을 과대포장 하고 있는지도 모른다.
행복에는 우울증, 비만, 스트레스, 불면증 같은 현대인의
많은 질병을 무찌를 만한 비장의 에너지가 있다고 주장한
다. 현재 서유럽사회를 포함한 부자나라들은 행복찾기 열
풍과 함께 '행복 짝사랑'에 빠져들고 있으나 그 때문에 '또
다른 행복비만'으로 추락할지도 모른다. 행복찾기가 균형
을 잡으려면 제3세계의 가치에서 수혈을 받아야 하고, 그
곳에서 유지되는 대가족제도와 사회적 시스템 속에서 황폐
화된 서유럽사회의 '대안문명'을 찾아야 옳다. 자기계발서
의 한쪽에서 이런 성찰과 모색이 새로운 인문서의 형태로
자리를 잡으리라는 점도 쉽게 예견할 수 있다.

앞에서 조금 극적으로 표현하기 위해 행복좌파와 행복우
파 등을 임의적으로 구분했지만, 나라별 기층종교와 문화
적 심성을 포함해 서술하면서도 이를 우울증 등 현대병과
관련해 편안하게 다룬 각종 서적들의 등장을 고대한다.
곧행복찾기 트렌드란 기왕의 자문화중심주의에서 벗어
나 타문화에 열려있는 창문을 발견하는 우회로가 될 수도
있다. 또 바라건대 이 과정에서 니체가 말한 '위대한 경
멸'을 통해 지금까지 공허한 하늘나라 대신 대지에 두 발
딛고 선 삶을 되찾아낼 용기를 사람들이 갖는다면, 그것
이야말로 차라투스트라, 아니 초인과 행복을 가르치는 앞
날의 예언자 해피투스트라가 고대하던 바일 것이다.

◆**행복의 역사** 미셸 포쉐, 열린터, 2007
우리 시대에 거론되는 행복이 얼마나 기형적인가를 알아보기 위해서
행복의 시대사를 훑어본다. 행복의 개념은 시대에 따라 변해왔으며
인간의 사회적, 역사적 조건에 따라 얼굴을 바꿔왔음을 알게 된다. 현대는
행복이 상품화되고 파편화된 세상이라고 저자는 진단한다. 소비와 자원
고갈의 메커니즘에서 탈출해 행복으로의 개종을 권유한다.

◆**빠빠라기** 투이아비, 하서출판사, 2006
남태평양 사모아의 작은 섬의 추장 투비아이의 서양 문명 관찰기.
문명발달의 폐해를 경고하기 위한 기록이며, 1920년대에 출간되었으나
이후 점점 더 가치를 인정받았다. 마가릿 미드 등 저명한
문화인류학자들 사이에 큰 논란을 거친 지금 사모아는 인류의 대안문명,
행복 섬으로 인정받는다. 그 점에서도 설득력이 큰 기록이다.

◆**호모 루덴스** 호이징하, 까치, 2000
◆**일하며 논다, 배운다** 김종휘, 민들레 , 2007
◆**행복의 정복** 버트런드 러셀, 사회평론, 2005
◆**Darwinian Happiness** Bjorn Grinde, Darwin Press, 2002
◆**African Exodus** Christopher Stringer · Robin Mckie, Henry Holt, 1998

◆**세계가치서베이** www.worldvaluessurvey.org
세계가치서베이WVS의 공식 홈페이지. 4년 단위로 사회과학자들이 각국의
행복지수를 재서 발표한다. 나라별 행복지수를 데이터베이스에 저장해놓았다.
여기에 더해 그들이 얼마나 행복하게 사는지를 유기적으로 파악하기 위해
나라별 고유한 사회적 가치나 생활환경에 대한 정보도 축적해놓았다.

인간의 정신세계를 이해하고픈 갈망

하지현

"열 길 물속은 알아도 한 길 사람 속은 모른다"는
진부한 레토릭은 여전히 유효하다. 불확실한
현실, 예측 불가능한 미래로 살얼음판을 걷는 듯한
현대인은 자신을 알고 또 나와 관계 맺는 타인의
마음을 이해하려고 절망적으로 노력한다. 이런
시점에 현대과학의 발달은 지난 100여 년 동안
이루어진 수많은 과학적 노력의 통합을 가능하게
했다. 인문학과 자연과학의 만남과 통합이
급격하게 이루어졌는데 그 접점에 바로 인간의
두뇌와 행동, 정신세계 같은 키워드가 자리 잡고 있다.

아주 오래 전부터 잡지의 뒤쪽 한 자리를 차지하는 꼭지가 있으니 바로 심리 테스트다. 예를 들면 이렇다. '미팅 다음 날 전화가 오면 바로 받지 않는다'는 질문이 나오고 이에 '예스'와 '노'로 답한다. '예스'를 선택하면 '데이트 비용은 더치페이가 속 편하다'는 질문이 이어진다. 이렇게 화살표를 정신없이 쫓아가다 보면 '당신은 소심하고 자신감이 없습니다. 더 적극적인 자세가 필요합니다' 같은 성격분석이 나온다. 나름대로 일리가 있는 듯해서 잡지를 볼 때마다 한 번씩 해봤던 기억이 난다.

그때만 해도 꽤 근거가 있는 테스트인 줄 알았는데, 일본에 갔을 때 그 같은 테스트로 가득 찬 신변잡기류 책이 한 가득 쌓여있는 걸 발견하고는 생각이 달라졌다. 또 공부를 하면 할수록, 그냥 한번 해보고 웃어넘기기에는 테스트의 신뢰도에 문제가 있음을 알게 되었다. 하물며 어떤 때에는 나 역시 요청을 받아 사람들의 성질과 심리를 테스트하는 설문지를 뚝딱 만들어내곤 한다. 과학적 근거를 물어보면 입을 다물고 눈을 가릴 수밖에 없는 그렇고 그런 신변잡기임에도 사람들이 심리 테스트에 꾸준히 열광하는 이유는 뭘까?

아마 나도 모르는 내 마음, 그리고 알 수 없는 당신의 속마음 때문이리라. "열 길 물속은 알아도 한 길 사람 속은 모른다"는 진부한 레토릭은 여전히 유효하다. 한 동네 모여 살면서 남의 집 살림살이까지 훤히 알던 옛날과 달리 지금은 한 술 더 뜬다. 주변이 명징하고 맑다면 그래도 남의 속을 이해하는 게 수월할 터이지만, 지금 우리가 살고 있는 세상은 온통 뿌옇다.

하루에도 몇 명의 새로운 사람을 만나고 헤어진다. 그리고 낯선 사람을 만나 중요한 결정을 내려야 한다. 한숨 돌리고 앞을 내다보면 한 달 뒤, 아니 바로 내일 무슨 일이 벌어질지 알 수 없는 불확실성 그 자체다. 내 주변에서 어떤 일이 벌어질지 알 수 없고, 앞으로 어떻게 전개될지 도저히 예측할 수 없을 때 스트레스는 급격히 상승한다. 매를 맞더라도 왜 맞는지 몇 대 맞을지 알고 맞으면 견딜 만하지만, 이유 없이 선생님이 지나가면서 한 대 때리면 괜히 열이 확 받는다. 그 뒤 그가 지나갈 때마다 가슴이 두근거리는 것도 같은 이치다.

스트레스 지수를 최대한 낮추는 방향으로 몰고 가려는 것은 인간의 자연스러운 생리적 반응이다. 그런 맥락에서 나와 타인의 심리를 이해하려는 행동은 스트레스 긴장지수를 낮추고 싶다는 인간의 생리적 욕망의 일환이다. 때문에 비록 그것이 부질없는 짓이라 하더라도 끊임없이 반복할 수밖에 없다. 갈수록 길고 오래된, 허물없이 편안한, 예측가능하고 안정적인 인간관계는 줄어든다. 우리를 둘러싼 환경은 급격히 변화하고 있으며 앞으로 어떻게 풀려나갈지도 오리무중이다. 그러다 보니 과학이 이렇게 발달한 때에 역술가들이 새로운 부흥기를 맞이하게 된 것이리라. 과학적 방법론으로 풀어내는 답들이 시원찮으니 차라리 초자연적 예측에 몸을 맡기는 편이 낫다고 생각하기 때문이다.

한 편에서는 이렇게 초자연적 뜻풀이로 몰아가지만 여전히 이성과 합리성을 존중하는 세력은 주류로 남아 있다. 그러다 보니 인간의 정신세계를 이해하기 위한 새로운 방법론에 목말라하며 '물 좀 주소'를 외치게 된다. 다행히도 지난 20년 동안 과학은, 똑 부러지게 확실하지는 않지만

전과는 질적으로 다른 물적 토대를 마련했고 최신 과학잡지 수준이 아니라 대중을 위한 단행본 형식으로 풀어낼 만한 양과 질의 결과물을 집적했다. 현재 우리가 파악하고 있는 수준을 이해하기 위해 지난 100여 년의 정신과학 궤적을 간단히 정리해본다.

비엔나의 신경과 의사 프로이트는 인간의 정신세계를 1800년대 말의 최신 신경과학으로 풀어낼 수 있으리라고 믿었다. 당시 해부학이 발달하면서 뇌의 구조를 조금씩 이해하기 시작했고, 모르핀과 코카인 같은 뇌신경중추에 작용하는 약물이 쓰이고 있었다. 프로이트는 인간 정신의 핵심은 '코'에 있다고 믿었던 빌헬름 플리스와 논쟁을 벌이기도 했고, 1870년대 중반에는 파리로 가서 샤르코로부터 당시 유행하던 첨단 치료법인 최면요법을 배워와 히

스테리 치료에 적용하기도 했다. 그리고 1895년 브로이어와 함께 『히스테리 연구』라는 책을 내면서 세상에 정신분석이란 학문을 알렸다. 그리고 감정적 외상이 히스테리 증상의 원인이라는 '감정-외상 이론'에서 무의식과 의식의 존재를 명확히 하는 '지형학 이론'으로, 이드-자아-초자아의 관계를 중요시하는 '구조 이론'으로 나아간다. 이렇게 변신에 변신을 거듭한 프로이트의 이론은 후기 자아심리학과 후학들이 발전시킨 분석심리학, 대상관계이론, 자기심리학 등으로 가지를 쳐나간다. 2차 대전 즈음해서는 전쟁고아가 된 유아의 행동 관찰로 발달이론이 각광을 받았고 정신분석이론은 점차 그 틀이 튼튼해졌다. 기본적으로 정신분석학은 무의식의 존재를 주장하며 그것이 인간의 정신세계를 규정한다는 것을 전제로 하는 미시적인 분석틀이다.

이런 분석틀과 달리 정량적, 객관적이며 현상학적인 방법론으로 인간의 정신세계를 이해할 수 있다고 여기는 사람들이 1930년대 이후 등장한다. 스키너의 유명한 실험이 등장하고, 가짜 엄마를 이용한 애착형성 과정을 관찰하는 할로우의 새끼 원숭이 실험, 전기충격으로 학습된 좌절감을 재연해서 개에게 우울증을 유발하는 셀리그먼의 실험 같은 실험심리적 접근법과 동물의 행동을 통해 인간의 마음을 이해하려는 노력이 60년대까지 이어진다. 한편 사회심리학적 접근법도 하나의 흐름을 형성했다. 최근 많은 책에서 인용되는 깨진 유리창이론, 애쉬의 인상을 통한 인격맞추기 실험이나 남의 행동을 따라하게 되는 동조현상 실험, 짐바르도의 죄수와 간수역할을 통해 환경이 사람에게 미치는 영향을 알아보는 실험 등이 모두 50-80년대까지 이어졌다.

재미있는 점은 앞에 언급한 여러 영역들이 꽤 오랜 기간 동안 각자의 트랙을 배타적으로 지키면서 자기 길을 걸어오다가 90년대 들어오면서 교류가 시작됐다는 사실이다. 자기 방식만으로는 인간의 심오한 정신세계를 이해하는 데 한계를 느꼈기 때문에 당대의 대가들이 수뇌회의라도 한 것일까? 여기에 물꼬를 터준 것은 첨단과학의 진보였는데 그 정점에는 신경영상학의 발전이 있다. 예전의 영상은 뇌의 구조만 볼 수 있을 뿐이었다. 뇌의 구조적 변화만을 볼 수 있었던 CT와 MRI는 뇌졸중의 경우 팔다리 마비 같은 운동기능 이상과 관련된 대뇌의 구조적 변화를 찾아내는 데 크게 기여했다. 하지만 정상인의 정신세계를 이해하는 데는 별다른 역할을 하지 못했다. 그래서 우울증이나 불안증으로 병원을 찾는 사람들은 자기 머릿속이 궁금하다면서 MRI를 찍고 싶어 했지만 의사는 수십만 원을 들여 헛수고하는 짓이라며 만류하는 일이 반복되었다. 뇌의 기능을 보는 방법이 없지는 않았다. PET이란 기술은 방사성 동위원소를 이용해서 뇌의 포도당 대사를 감지해 MRI 검사로는 잡히지 않는 뇌의 기능 이상 부위를 민감하게 감지할 수 있다. 그렇지만 이것 역시 초기 치매 진단에는 예민하지만 괴로움, 슬픔, 기쁨, 기억력 변화 같은 우리가 알고 싶은 내용을 속 시원히 알려주기에는 역부족이었다.

그러던 중에 인간의 사고와 정서의 변화를 실시간으로 감지할 만한 수준에 근접할 정도로 기술이 발전하면서 fMRI가 등장한다. 기능적functional 자기공명영상 촬영술인 이 기술로 뇌의 구조와 기능을 모두 볼 수 있게 되었다. fMRI는 어떤 자극도 주어지지 않은 상태에서 한 번, 그리고 원하는 자극을 받았을 때 다시 한 번 뇌를 찍어서 두 영상의 차이를 본다. 그래서 자극을 받았을 때 반응하는 뇌의 부위를 찾아낼 수 있다. 이는 예전과 달리 빠른 속도로 뇌 영상을 찍을 수 있어 가능해진 일이다. 이 기술이 보편화되면서 기억력의 변화, 애인 얼굴과 미인 얼굴을 볼 때 반응하는 뇌의 부위 차이, 애인을 처음 볼 때와 6개월 후에 볼 때의 변화 같은 흥미로운 실험들을 할 수 있었다. 그러면서 이전에 그저 정신분석이나 심리실험으로 결과를 재해석해서 역으로 유추해왔던 사실들, 또 행동관찰을 통해서 얻은 결과물들이 뇌의 특정영역과 하나하나 짝을 맞춰나가기 시작했다.

미국의 일부 대학 심리학과에서는 자체 연구비로 병원에서만 볼 수 있었던 고가의 fMRI 기계를 대학 안에 설치해서 연구용으로 사용한다. 이런 용도변경 덕분에 게임을 하면서 스타크래프트의 맵이 밝혀지듯이 뇌의 지도가 빠른 속도로 다시 그려졌다.

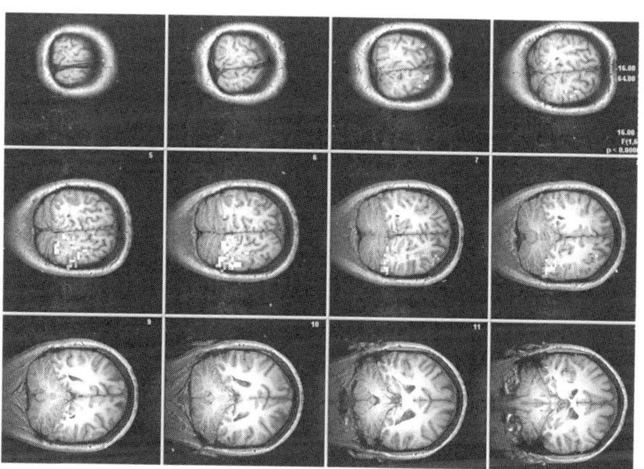

과학 기술이 발전하면서 뇌의 구조와 기능을 모두 볼 수 있는 fMRI가 등장한다. 이 기술이 보편화되면서 정신분석이나 심리실험 결과로 유추해왔던 사실들과 행동관찰을 통해 얻은 결과물들이 뇌의 특정영역과 짝을 맞춰나가기 시작했다.

최근에는 신경정신분석학neuropsychoanalysis이라는 새로운 학문영역도 태동했다. 정신분석학이라는, 어찌 보면 신경과학과 가장 동떨어져 보이는 고루하고 철저하게 임상적인 학문도 신경학의 최신 발견에 눈을 돌리기 시작한 것이다. 전이, 방어, 해석에 대한 반응, 병식의 발견, 분석 후의 변화 같은 정신분석용어가 신경학적 변화와 어떤 연관성을 갖는지 앞에서 언급한 최신 신경학적 발달에 맞춰 새로운 해석을 시도하는 것이다. 그리고 일부에서는 꽤 신빙성 있는 결과들이 나오고 있어서 다시 한번 100년 전 프로이트라는 한 임상가가 얼마나 뛰어난 통찰력으로 환자를 보고 자신이 본 몇 명 안 되는 이들을 통해 인간보편의 정신세계를 이해할 수 있는 논리를 만들어냈는지 경탄하게 한다.

그 밖에도 유전학, 신경생리학, 생화학 등이 빠르게 발달하면서 인문학과 자연과학의 만남과 통합이 급격하게 이루어졌는데 그 접점에는 바로 인간의 두뇌와 행동, 정신세계 같은 키워드가 자리 잡고 있다.

불확실한 현실, 예측 불가능한 미래로 뿌연 안개 속에서 살얼음판을 걷는 듯한 현대인은 자신을 알고 또 나와 관계 맺는 타인의 마음을 이해하려고 절망적으로 노력한다. 이런 시점에 현대과학의 발달은 지난 100여 년 동안 이루어진 수많은 과학적 노력의 통합을 가능하게 하며 질적 전환의 실마리를 열어왔다.

수요와 공급의 일치는 당연히 시너지를 불러일으키는 법. 전에는 궁금한 것이 있어도 답을 내놓을 근거가 빈약했다. 또 과학을 연구하는 사람들 입장에서는 대중이 궁금해하는 내용을 풀어줄 방법론이 마땅치 않았고, 그리 궁금해하는 듯 보이지도 않았다.

그런데 이제는 둘의 궁합을 맞출 만한 토양과 환경이 마련된 셈이다. 그런 의미에서 앞으로 한동안은 뇌와 심리를 다루는 다양한 종류의 저작물이 서가를 채울 듯하다. 비록 책을 읽는다고 내 마음을 또 타인의 마음을 이해할 수 있는 것은 아니지만 말이다. 그렇게만 된다면 얼마나 좋겠는가? 책이란 결국 지금 나의 불안을 잠재워줄 도구일 뿐이다. 책을 읽고 느낀 점을 실행에 옮기지 않는다면 책은 자기 방어를 강화해줄 또 하나의 지적 방패에 불과할 터이다.

◆**프로이트 전집** 지그문트 프로이트, 열린책들, 2003
1998년 총 20권으로 완간되었던 프로이트 전집이 중견 화가
고낙범의 표지화와 재편집 과정을 거쳐 15권짜리 전집으로
재출간되었다. 다시 한 번 원서와 대조하여 문장을 다듬었으며
참고 문헌을 수록하고 구판에서 분권되어 있던 내용을 주제별로
묶어 학술적인 이용 가치를 높였다.

◆**화성의 인류학자** 올리버 색스, 바다출판사, 2005
뇌신경 손상으로 기이한 내면세계와 전혀 다른 삶의 방식을
갖게 된 일곱 명의 이야기가 담겨 있다. 세계적인 신경학자이자
뛰어난 글쟁이인 올리버 색스는 자신이 담당했던 환자들의
임상 사례를 소설처럼 흥미롭고 생생하게 전한다. 저자는 신경병
환자들의 병리적 상태뿐 아니라 내면의 감춰진 부분까지 파고들어
질병의 습격으로 인해 달라진 인간의 존재 방식을 들여다본다.

◆**아내를 모자로 착각한 남자** 올리버 색스, 이마고, 2006
◆**데카르트의 오류** 안토니오 다마지오, 중앙문화사, 1999
◆**왜 우리는 사랑에 빠지는가** 헬렌 피셔, 생각의나무, 2005
◆**요람 속의 과학자** 앨리슨 고프닉 외, 소소, 2006
◆**900일간의 폭풍, 사랑** 송웅달, 김영사, 2007
◆**매트 리틀리의 본성과 양육** 매트 리들리, 김영사, 2004
◆**꿈꾸는 뇌의 비밀** 안드레아 록, 지식의숲, 2006

모든 시민은 미디어다

이희용

'모든 시민은 기자다'라는 슬로건 아래 창간된
〈오마이뉴스〉의 등장은 기존 뉴스의 생산과
유통 방식을 뒤흔들어 놓았다. 그러나 이제는
'모든 시민은 미디어다'의 시대로 접어들었다.
일반 시민이 기자가 되어 기사를 올리는 데에서
더 나아가 스스로 각기 미디어를 운영하며
언론활동을 하는 셈이다. 디지털 카메라와 캠코더,
카메라폰과 영상휴대전화 같은 정보통신기술의
발달은 블로거들의 활동 영역을 넓혔다.
블로거들은 이제 뉴스 현장에서 방송사 기자처럼
리포트를 하며 생생한 소식을 전하고 있다.

2000년 2월 22일 '모든 시민은 기자다'란 슬로건 아래 인터넷신문 〈오마이뉴스〉가 창간됐다. 언론사에 채용돼 취재와 기사작성 요령을 훈련받은 기자들이 짜여진 조직과 정해진 시스템의 틀 안에서 기사를 내보내는 수십 년 아니 수백 년 된 관행과 패러다임에 균열이 생기는 순간이었다. 이에 앞서 〈한겨레〉의 하니리포터 등 일부 언론사가 시험적인 방식으로 시민이 쓴 기사를 자사 인터넷 홈페이지 등에 올린 적은 있었지만, 〈오마이뉴스〉처럼 '뉴스 게릴라'란 이름의 시민기자를 전면에 내세운 언론은 일찍이 없었다.

이들 시민기자는 전방과 후방이 따로 없이 비정규전을 수행하는 게릴라처럼 다양한 방식으로 취재원과 현장에 접근해 새로운 양식의 뉴스를 쏟아내면서 기존 뉴스의 생산과 유통 방식을 뒤흔들어 놓았다. 뉴스 수용자들의 태도도 달라졌다. 예전처럼 뉴스를 일방적으로 소비하고 끝나는 것이 아니라 댓글을 통해 적극적으로 참여하며 뉴스 생산에 개입하는 것은 물론 스스로 생산자로 나섰다.

이러한 혁명적 방식의 등장은 단지 언론계에만 변화를 일으킨 것이 아니라 사회 전반에 영향을 미쳤다. 그 대표적인 사례가 2002년 12월 대통령 선거에서 노무현 후보가 열세를 뒤집고 당선된 것. 국내외 유수 언론은 이를 '네티즌이 이뤄낸 선거 혁명'으로 규정하며 그 진원지로 시민기자를 주목했다.

그러나 이제는 '모든 시민은 기자다'의 시대를 넘어 '모든 시민은 미디어다'의 시대로 접어들었다. 일반 시민이 기자가 돼 인터넷언론에 기사를 올리는 데에서 나아가 스스로 각기 미디어를 운영하며 언론활동을 하는 셈이다.

'모든 시민은 기자다'란 슬로건 아래 창간된 인터넷신문 〈오마이뉴스〉. '뉴스 게릴라'란 이름의 시민기자를 전면에 내세우며 기존 뉴스의 생산과 유통 방식을 뒤흔들어 놓았다.

1인 미디어의 기반은 정보통신기술. 시민기자를 낳았던 모태가 인터넷이듯이 1인 미디어를 잉태한 것 역시 인터넷. 이는 휴대전화와 와이브로, HSDPA(고속하향접속패킷) 등으로 확장되며 수많은 쌍생아를 낳았다.

여기에 탯줄을 대 자양분을 공급한 것도 디지털카메라와 캠코더와 카메라폰과 영상휴대전화 같은 정보통신기술이다. 언제 어디서나 글 기사를 작성하고 사진과 영상을 찍어 배포할 수 있게 됐고 수용자 역시 컴퓨터와 모바일만 있으면 시간과 장소에 구애받지 않고 기사를 볼 수 있기 때문이다.

1인 미디어의 효시는 본격적인 시민기자의 탄생 이전으로 거슬러 올라간다. 미디어와 정보기술IT 업계에서는 1997년 4월 미국 유저랜드 소프트웨어 설립자인 데이브 와이너가 만든 '스크립팅 뉴스'란 이름의 블로그를 1인 미디어의 기원으로 꼽는다.

블로그blog는 인터넷을 뜻하는 '웹web'과 항해일지를 가리키는 '로그log'의 합성어. 새로 올리는 글이 맨 위로 올라가는 일지 형식으로 돼 있어 이런 이름이 붙었다. 데이브 와이너는 날마다 인터넷의 바다를 항해하며 들른 웹사이트 목록을 올려놓는 수준으로 블로그를 운영했다.

블로그 대중화에 불을 댕긴 것은 블로거닷컴이다. 1999년 블로그 포털 사이트 블로거닷컴이 일반인도 손쉽게 만드는 블로그 서비스를 시작하면서 1인 미디어는 젊은 네티즌을 중심으로 폭발적으로 번져나갔다. 2007년 4월 현재 세계적으로 블로그는 7000만 개에 이르는 것으로 추산된다. 매일 12만 개, 1초마다 1.4개의 새로운 블로그가 생겨나고 있는 셈이다.

웹 게시판, 개인 홈페이지, 컴퓨터 기능이 혼합된 블로그는 소프트웨어를 무료 또는 싼 값에 구입할 수 있는 데다 인터넷 홈페이지 제작과 관련된 지식이 없어도 쉽게 자신만의 공간을 만들 수 있다는 장점이 있다. 이와 함께 독자적인 자료 보관이 가능하고 저장된 파일을 이메일로 보내거나 광범위한 커뮤니티를 형성할 수 있다.

블로그의 글과 다른 블로그, 게시판 등에 실린 관련 글을 엮는 트랙백 기능도 특징. 블로그 독자는 클릭 한 번으로 다른 블로그의 연관글로 쉽게 옮겨가며, 트랙백과 댓글로 블로그 이용자들은 활발한 상호작용을 벌이면서 블로그와 블로그의 네트워크인 블로고스피어blogosphere를 만들어낸다. 여기에 실린 글은 네티즌들의 스크랩이나 '펌질'을 통해 삽시간에 전파된다.

개인의 블로그가 얼마든지 자체 독자와 시청자를 거느린 신문사이자 잡지사이자 방송국 기능을 할 수 있어 말 그대로 1인 미디어로 불리게 된 셈이다.

1인 미디어가 본격적으로 국내에 상륙한 시기는 2001년으로 잡는 게 타당하다. 1999년 8월 법인을 설립한 싸이월드가 9월 커뮤니티 서비스 싸이월드를 개설한 데 이어 2001년 9월 개인형 커뮤니티 서비스 '미니홈피'를 오픈했다. '일촌'이란 이름의 독특한 인맥 커뮤니티는 선풍적인 인기를 누리며 새로운 사회적 네트워크social network의 토대가 됐다.

블로그란 이름의 사이트는 2001년 12월 국내 개발자가 모여 만든 웹로그인코리아가 국내 원조로 꼽힌다. 기업 서비스로는 에이블클릭이 2003년 초 선보인 블로그사이트가 처음이다.

블로그 확산의 일등공신은 역시 포털 사이트. 싸이월드 미니홈피와 함께 네이버와 다음이 잇따라 다양한 블로그 서비스를 내놓으며 수많은 블로거를 양산했다. 2007년 현재 SK커뮤니케이션즈의 싸이월드2, NHN의 네이버 블로그 시즌2, 다음의 티스토리가 블로거들을 위한 포털 3사의 전략 상품. 이와 함께 블로그들을 연결해놓은 메타블로그 사이트인 올블로그, 미디어몹, 블로그코리아, 이올린, 그리고 전문 블로그 사이트인 이글루스 등이 가세하며 블로거를 불러 모았다. 한국인터넷진흥원이 실시한 '2006년 하반기 정보화 실태 조사'에 따르면, 국내 인터넷 이용자 3412만 명 가운데 39.6퍼센트에 해당하는 1351만 명이 블로그를 운영하고 있다.

블로그의 팽창과 함께 블로거들도 진화, 분화되는 양상을 보인다. 스포츠나 영화, 과학, 정보기술 등은 물론 시시콜콜한 취미에 이르기까지 분야별로 전문화돼 마니아를 불러 모았고, 스타 블로거가 속속 탄생해 프로페셔널과 아마추어의 합성어인 프로튜어proteur란 신조어나 블로거blogger와 기자repoter를 합친 블로터bloter란 말도 생겼다.

이들 가운데 야구의 민훈기나 영화의 이동진처럼 이른바 제도권 언론사에서 기자로 활약하다가 독립해 1인 미디어를 차린 인물도 등장했고, 1인 미디어 뉴스 공동체를 표방한 사이트 블로터닷넷도 개설됐다. 반면 영화 전문 블로거들이 만드는 영화 웹진 〈영화진흥공화국〉, 서울대 여대생들의 대안적 여성 웹진 〈걸스팟〉 등 1인 미디어의 한계를 극복하기 위해 연대의 틀을 꾸린 팀블로그도 활성화되었다.

블로그에 이동성을 결합한 것도 1인 미디어에 날개를 달아준 격이다. 모바일과 블로그의 합성어인 모블로그moblog는 카메라폰으로 사진을 촬영한 뒤 간단한 메시지와 함께 자신의 메일로 보내면 자동으로 유선 블로그에 게재되는 서비스. 싸이월드와 SK텔레콤, 엠블로그넷과 LGT 등 인터넷 사이트와 이동통신사가 앞 다투어 개설했는데, 모바일 플랫폼에서도 웹2.0 환경의 구현이 이뤄짐으로써 모블로거들이 기하급수적으로 늘어났다.

더욱이 카메라폰에 이어 '쇼'나 '3G+' 같은 영상휴대전화가 등장하면서 모블로거의 활동 영역은 훨씬 넓어졌다.

이제는 뉴스 현장에서 방송사 기자처럼 리포트를 하며 생생한 소식을 전하게 되었다.

사정이 이쯤 되니 인터넷매체의 등장으로 지위가 흔들리던 기존 매체의 위상은 약화될 수밖에 없고 전체의 매체 지형도도 대대적인 재편이 이뤄졌다. 기존 매체도 자사 기자들로 하여금 블로그를 운영하게 하면서 대응에 나섰지만, 특정 분야의 극히 일부 블로그를 제외하고는 역부족임을 드러냈다.

드넓은 평원에서 갑옷과 방패로 중무장한 보병이 날랜 기병에게 쩔쩔맬 수밖에 없듯이, 든든한 방패와 갑옷 구실을 했던 기존 매체의 조직과 시스템이 블로고스피어라는 새로운 영토에서는 거추장스럽고 무거운 짐이 된 것이다. 블로거들이 기존 매체와 직업 기자를 제치고 위력을 과시한 사례는 나라 안팎으로 볼 때 한두 가지가 아니다. 이제는 국내외 기업들도 신제품 설명회에 주요 매체 기자와 함께 인기 블로거들을 초대하는가 하면, 1인 미디어를 활용한 구전 마케팅에 적극적으로 나선다.

1인 미디어가 지닌 가장 큰 무기는 신속성과 광범위한 네트워킹. 2007년 1월 강릉 인근에서 지진이 발생했을 때 기존 언론은 물론 기상청 통보마저 제치고 네티즌들이 가장 먼저 지진 사실을 인터넷에 쏟아낸 것이 신속성을 상징한다면, 2007년 4월 금융노조가 은행 영업시간 단축을 추진하겠다고 밝히자 한 블로거가 외국 은행들의 영업 마감 시간 현황을 알려달라는 '댓글취재'를 제안한 뒤 네티즌들의 제보를 바탕으로 기사를 작성한 것은 광범위한 네트워킹을 잘 보여준다.

또 2003년 2월 대구 지하철 화재사건이나 2006년 10월

서해대교 29중 추돌사고 등에서 보여주듯이 대형 사건사고 현장에는 늘 디지털카메라나 카메라폰을 든 목격자가 있게 마련이고, 이들 가운데 상당수는 블로거여서 이젠 어떤 매체나 어떤 기자도 당해낼 수가 없다. 더욱이 블로거가 늘어남에 따라 프로튜어나 블로터도 갈수록 늘고 있어 목격 사실을 단순히 제보하는 수준이 아니라 언론매체가 이들 1인 미디어의 기사를 인용 보도하는 사례가 점차 많아질 터이다.

살람 팍스라는 필명의 이라크 건축가가 이라크 전쟁 와중에서 생생한 바그다드의 일상을 블로그에 올려 전세계 네티즌의 호응을 얻은 일이라든지, 2002년에 했던 인종차별적 발언이 블로그에서 물의를 일으켜 결국 상원 원내총무 자리를 내놓았던 트렌트로트 미국 상원의원의 예처럼 해외에서도 블로거의 위세가 갈수록 높아진다.

1인 미디어는 발달된 정보통신기술의 터전에 자리 잡고 있지만, 현대 사회와 신세대의 특성이 아니라면 이처럼 번성하지 못했을 터이다. 블로그는 철저히 개인적 매체이면서 연대의 매체이기도 하다. 공동체 파괴에 따라 파편화된 개인은 자신의 세계에 침잠하면서도 외부와 연결고리를 맺기 위해 끊임없이 세상과 소통하려 한다. 글로벌화 추세에 따라 이 끈은 무한히 확장되고 있으며, 자신을 꾸밈없이 드러내려는 신세대의 특성과 맞물려 서로가 서로를 훤히 들여다보게 만든다. 불교 화엄경에서 말하는 제석천의 인드라망網처럼 전세계 인류가 투명한 구슬로 엮여 서로를 비추는 셈이다.

1인 미디어는 정보의 독점을 통한 지배와 피지배의 관계를 수평적 관계로, 일방적 정보 전달 관계를 쌍방향 관계로 만들며 현대 사회를 변모시켰다. 이에 따라 기존 저널리즘의 가치와 패러다임도 바뀌어 수용자 중심의 뉴스 생산과 유통구조가 만들어졌다.

그러나 블로그의 확산이 드리우는 그늘도 더욱 짙어지고 넓어졌다. 1. 사실로 확인되지 않거나 사실과 다른 정보와 뉴스의 대량 유통이 가져오는 혼란 2. 명예훼손과 사생활 노출 등 인권 침해 3. 폭력이나 섹스 등 선정적이고 자극적인 콘텐츠의 확산 4. 1인 미디어를 가장한 상업적 목적의 정보 유통 5. 블로깅 중독 환자의 양산 6. 오프라인 공간에서 개인은 점점 더 파편화되는 반면 온라인 공간에서는 집단주의적 양상을 띠는 경향 같은 부작용이 속속 나타났다.

더욱이 현재까지 극히 일부를 제외하고 1인 미디어는 수익을 내지 못하는 한계를 지녔고 포털사이트나 이동통신사 등도 뾰족한 수익모델을 찾지 못한 형편이어서 미확인, 허위, 선정적, 상업적, 인권 침해적 정보 등의 악화가 양화를 구축하는 현상이 가속화할 우려가 많다는 지적이 나오고 있다.

◆**블로그 파워** 김익현, 커뮤니케이션북스, 2005

블로그 열풍 뒤에 숨겨진 힘의 원천을 탐구한 책이다. 블로그 파워의 원천을 링크, 긴 꼬리, 그리고 신뢰와 평판이란 세 가지로 정리하고 이는 중앙집권적 힘이 아닌 분권화된 힘이며 민초들의 대화를 통해 발휘되고 있음을 파헤친다. 사회과학적인 관점에서 블로그 현상을 해부했다는 점에서 주목할 만하다.

◆**블로그— 1인 미디어의 가능성과 한계** 김영주, 한국언론재단, 2005

◆**살람 팍스의 평화를 위한 블로그** 살람 팍스, 한숲출판사, 2003

◆**나는 블로그가 좋다— 나를 표현하는 나만의 공간** 김중태, 이비컴, 2004

◆**펌킨족 싸이질, 디지털 U목민… 이게 뭐야?** 매일경제신문 산업부 IT팀, 매일경제신문사, 2004

◆**싸이월드는 왜 떴을까?** 채지형, 제우미디어, 2005

◆**블로그 ON** 이글루스 피플 17인, 더북컴퍼니, 2006

◆**올블로그** www.allblog.net

블로그는 일반 게시판과는 달리 분석적이고 전문적인 내용의 글이 많다. 특히 파워 블로그는 그 정보의 깊이가 무척 깊다. 한데 파워 블로거들은 의외로 네이버나 각 포털의 블로그를 잘 안 쓴다. 그렇다면 그런 블로그들은 어디서 찾아야 할까. 바로 올블로그가 있다. 올블로그에서는 파워 블로거들의 블로그를 검색할 수 있다.

◆**위드블로거** www.withblogger.com

◆**미디어몹** www.mediamob.co.kr

◆**이올린** www.eolin.com

◆**블로터닷넷** www.bloter.net

◆**영화진흥공화국** www.0jin0.com/lifeinstcool

◆**걸스팟** www.girlspot.co.kr

◆**민기자닷컴** www.minkiza.com

◆**이동진닷컴** blog.naver.com

◆**유용원기자의 군사세계** bemil.chosun.com

❖**UCC**

미디어 발달사의 혁명

민경배

2006년 연말 시사주간지 〈타임〉은 UCC의
주역인 바로 '당신You'을 올해의 인물로
지목했다. 영국 경제전문지 〈이코노미스트〉는
UCC가 2007년의 메가 트렌드가 될 것이라는
전망을 내놓았다. 그만큼 UCC 현상은 미디어
발달사에 있어 가히 혁명적인 사건이다.
거대 언론 기업이 장악하던 매체 권력이
평범한 개인들의 손으로 옮겨졌으며, 사적
담론과 공적 담론이 섞여서 유포되는 새로운
매체 환경을 만들었기 때문이다.

홍대 앞 무명 밴드에서 연주하던 임정현에게 일약 지미 헨드릭스를 능가하는 기타리스트라는 전세계 네티즌들의 찬사를 안겨준 것은 인터넷에 올라온 한 편의 동영상이었다. 후안 만이란 호주 청년이 시드니 거리에서 2년 반 동안 외롭게 펼쳐왔던 '프리 허그' 캠페인을 순식간에 지구촌 곳곳 젊은이들의 아름다운 축제로 확산시킨 놀라운 기적도 인터넷 동영상에서 비롯되었다. 미국 중간선거에서 당선이 유력시되던 공화당의 조지 앨런과 콘래드 번스 두 명의 상원의원에게 예기치 못한 낙선의 고배를 마시게 만든 것 역시 인터넷 동영상이었다.

캐나다 퀘백 주에 사는 기슬레인이라는 15세 소년의 동영상도 화제가 되었다. 영화 〈스타워즈〉의 제다이 기사를 어설프게 흉내 낸 이 별 볼일 없는 동영상은 9억 회가 넘는 조회수와 1500만 건 이상의 다운로드를 기록, 수백 개가 넘는 아류작을 만들어내며 이른바 '스타워즈 키드' 신드롬을 이끌었는데 이것도 인터넷의 힘이었다. 이 모두가 지난 2006년 한 해 동안 동영상 UCC 사이트 유튜브에서 일어난 일이다.

유튜브는 구글이 16억 5000만 달러(1조 5200억 원)에 인수하면서 다시 한번 큰 화제를 불러 일으켰다. 그해 연말 시사주간지 〈타임〉은 유튜브를 2006년 세계 최고의 발명품으로 선정했으며 UCC의 주역인 바로 '당신 You'을 올해의 인물로 지목했다. 영국 경제전문지 〈이코노미스트〉는 UCC가 2007년의 메가 트렌드가 될 것이라는 전망을 내놓았다. 세계 최고 권위를 자랑하는 종이 잡지들이 마침내 인터넷 UCC 시대가 본격적으로 도래했음을 인정하고 만 것이다.

UCC는 '이용자 생산 정보User Creatied Contents'의 약자로 신문사나 방송사 같은 전통적 미디어 조직에 속하지 않은 일반인들이 직접 만들어 인터넷에 올린 콘텐츠를 말한다. 이러한 UCC의 사전적 의미에 비추어본다면 사실 UCC는 전혀 새로운 현상이 아니다. 애초부터 인터넷 공간을 채워나간 것은 대부분 UCC였기 때문이다. 맨 처음 인터넷 공간에 자리 잡은 다양한 유즈넷usenet과 뉴스 그룹news group이야말로 UCC의 선조들이었다. 저 수많은 게시판과 토론방에 올라온 네티즌들의 게시물과 댓글도 따지고 보면 다 UCC라고 할 수 있다. 포털사이트의 지식검색에 쏟아지는 무수한 질문과 답변도 결국엔 네티즌의 손으로 만들어진 UCC인 셈이다.

〈오마이뉴스〉에 기고되는 시민기자들의 기사와 헤아리기 힘들 정도로 많은 블로그에 날마다 포스팅되는 온갖 글과 사진들도 분명 UCC다. 뿐만 아니라 미니홈피에 게시된 네티즌들의 디카 사진과 촌철살인의 시사 패러디물 역시 UCC임이 틀림없다. 이렇듯 UCC는 인터넷 공간이 형성되었을 때부터 늘 존재해왔다. 어쩌면 정보의 생산자와 소비자, 제공자와 이용자 간의 구분이 무색한 쌍방향 공간인 인터넷에서 UCC를 뜻하는 '이용자 생산 정보'는 애초부터 모순적 표현일지도 모른다. 정작 새로운 것은 UCC 현상이 아니라 UCC라는 단어다.

국내에서 UCC가 언론에 처음 등장한 것은 2000년 〈매일경제신문〉 기사를 통해서였다. 당시 「뜨는 콘텐츠 지는 콘텐츠」라는 제목으로 보도된 이 기사에는 "비주얼과 오디오적 요소가 결합되는 멀티미디어 인프라가 구축되면서 사용자가 콘텐츠 창조에 참여하는 UCC가 두각을 나타내

동영상 UCC 사이트 유튜브. 〈타임〉
은 유튜브를 2006년 세계 최고의 발
명품으로 선정했다. 또한 유튜브에
대해 "사용자들이 직접 제작과 공유
에 참여하고, 커뮤니티를 형성해 정
보를 교류하는 사회 문화적 혁명의
단계로 발전했다"고 평가했다.

고 있다"라고 기술되었다. 그러나 UCC라는 단어가 한국
에서 본격적으로 사용되기 시작한 것은 2006년부터다.
그렇다면 왜 이제 와서 새삼 UCC에 대한 관심이 높아졌
을까? 이는 인터넷 공간을 휩쓸고 있는 웹2.0이란 새로운
트렌드의 등장과 밀접한 관련을 갖는다.

웹2.0이란 2004년 미국 오라일리 미디어 부사장인 데일
도허티가 닷컴 버블이 붕괴된 이후 살아남아 거대 기업이
된 구글, 아마존, 이베이 같은 인터넷 기업들의 성공요인
을 총칭하기 위해 고안해낸 개념이다. 그는 이들 기업의
공통점이 참여, 개방, 공유, 집단지성, 사용자 중심 철학
등의 원리에 기반한 비즈니스 모델이라고 정리했다. 이후
오라일리 미디어는 일주일 동안 샌프란시스코에서 '웹2.0
컨퍼런스'를 개최하였고 이를 계기로 웹2.0이란 말이 전
세계에 퍼졌다.

웹2.0의 핵심 키워드는 '플랫폼platform'이다. 초창기 인

터넷 공간이 정태적인 HTML 웹페이지와 하이퍼텍스트에 의한 단순한 정보 교류의 장으로 구성되었다면, 이후 인터넷 확산기 단계에서는 포털이 중심 영역에 자리를 잡았다. 곧 포털의 관리 시스템을 통해 콘텐츠와 서비스가 제공되는 중앙집중적 모델이 인터넷 공간을 장악했다. 그러나 웹2.0 모델에서 이제 웹은 플랫폼으로서 기능을 수행한다. 플랫폼으로서 웹이란 누구나 자유롭게 오가며 이용하는 열린 공간으로 웹 환경을 구성함으로써 운영자와 이용자 모두가 이익을 취하는 시너지 효과 창출의 원리를 의미한다.

플랫폼과 함께 웹2.0을 관통하는 또 하나의 중요한 키워드가 바로 UCC의 첫 번째 이니셜인 U를 뜻하는 '사용자 user'다. 데일 도허티는 "웹2.0 시대의 핵심 교훈은 사용자가 가치를 더한다는 것"이라고 말한다. 웹2.0의 가장 대표적인 사례로 인용되는 〈위키피디아 백과사전〉은 이러한 웹의 원리가 창출하는 가치가 얼마나 엄청난가를 잘 말해준다. 사용자들이 모든 내용을 첨가하고 수정하면서 콘텐츠가 모이는 〈위키피디아 백과사전〉은 지금까지 세계 최고의 백과사전이라 손꼽히던 〈브리태니커 백과사전〉보다 무려 3배가 넘는 정보를 담고 있다.

그 밖에도 페이지 링크 알고리즘을 토대로 검색 서비스를 제공하는 구글은 세계 최고의 인터넷 기업으로 우뚝 섰으며, 배너 광고 클릭 수에 따라 과금을 부가하는 CPC(Cost-Per-Click) 광고 비즈니스 모델을 보유한 오버추어는 전세계 인터넷 광고시장을 사실상 장악했다. 이렇듯 사용자의 참여야말로 웹2.0시대 인터넷 공간의 가장 핵심적인 구성요소로 부각된다. 웹2.0이라는 뿌리를 기반으로 하여 울창하게 뻗어나간 줄기가 바로 UCC인 것이다.

앞서 유튜브의 몇몇 사례에서 보았듯이 UCC라는 단어가 갑자기 인터넷의 주요 트렌드로 급부상하게 된 또 다른 요인은 이용자가 생산하는 정보 형태가 텍스트와 이미지의 단계를 거쳐 이제 동영상으로까지 확장되었다는 점이다. 미국의 경우 2006년 소비된 온라인 동영상 콘텐츠 가운데 UCC가 차지한 비중이 47퍼센트였으며, 2010년에는 55퍼센트로 높아질 것이라는 분석도 나왔다. 그러다 보니 심지어 'UCC＝동영상'이라는 편협한 인식이 형성될 정도로 지금의 UCC 열풍을 이끄는 것은 단연 동영상 콘텐츠다.

동영상 UCC가 이처럼 갑자기 활성화되기 시작한 데는 일단 인터넷 회선 속도가 빨라져 고용량 동영상 파일이 끊김 없이 스트리밍 될 수 있을 만큼 안정적으로 구축된 인터넷 환경을 들 수 있다. 곧 광대역 네트워크의 발달, MPEG-4 등 동영상 압축기술, 그리고 대용량 콘텐츠를 저장, 전송하는 서버와 전송장치의 비약적 발전은 인터넷을 통한 안정적인 동영상 서비스 제공을 가능하게 하였다. 또한 굳이 캠코더가 아니더라도 핸드폰이나 디지털 카메라만으로 누구나 손쉽게 간단한 동영상을 찍을 만큼 개인화 미디어의 사용이 일반화된 점도 한몫을 차지한다.

한편 하드웨어적 측면뿐 아니라 소프트웨어 측면에서 일반 네티즌들의 동영상 콘텐츠 진입에 대한 장벽이 낮아진 것이 결정적 요소로 작용했다. 텍스트나 이미지 기반의 UCC와 달리 동영상 UCC는 제작이나 편집 등에 별도의 장비와 고도의 기술이 요구되는 영역이었다. 그러나 보다 간편하게 동영상을 편집하고 가공하는 소프트웨어와 온라인 서비스가 잇달아 등장하면서 동영상 UCC의 대중화

시대가 활짝 열렸다.

기술적 환경 변화와 함께 문화적 요인의 영향력도 무시할 수 없다. 소비의 중심 세력으로 등장한 멀티미디어 세대가 인터넷을 통해 다양한 취향의 콘텐츠에 대한 욕구를 발산하고 있다. 더 나아가 콘텐츠를 즐기고 소비하는 데 그치지 않고 자신을 적극적으로 표현하고 드러내는 것을 즐기는 문화가 형성되었다. 이처럼 디지털 기기와 온라인을 적극적으로 활용해 자신의 감정과 욕구를 표현하는 데 익숙한 신세대의 문화적 특성이 동영상 UCC의 트렌드와 잘 맞아 떨어진다는 진단이다.

동영상 UCC의 급격한 확산과 함께 이에 따른 새로운 문제점들도 다각적으로 제기된다. 가장 자주 이야기되는 이슈는 저작권 문제다. 저작권보호센터가 2006년 7월 현재 6개 인터넷 동영상 서비스 사이트(아프리카, 판도라TV, TV팟, 아우라, 엠군, 야미)를 대상으로 표본조사를 실시한 결과에 따르면, 사용자가 직접 제작한 콘텐츠는 전체 동영상 게재물 300개 가운데 19개로 6퍼센트에 불과했다. 또한 같은 해 7-10월 동안 저작권심의조정위원회가 10개 UCC 전문 사이트를 대상으로 실시한 조사에서는 동영상 UCC 가운데 84퍼센트 정도가 기존 콘텐츠 등을 마구 퍼온 불법 복제물이라는 결과도 나왔다. 나머지는 대부분 기존 방송물을 카피해서 올리는 것이어서 언제라도 저작권 시비에 휘말릴 수 있다.

미국 사정도 크게 다르지 않다. MTV를 소유한 미국 종합 미디어 업체인 비아콤이 유튜브에 무단사용된 자사 동영상 프로그램 10만 여건을 모두 제거하라고 전격 요구했으며, 유튜브는 이를 즉각적으로 받아들였다는 보도도 나왔다.

동영상 UCC는 제작과 편집에 별도
의 장비와 고도의 기술이 요구되었
다. 그러나 보다 간편하게 동영상을
편집하고 가공하는 소프트웨어와 온
라인 서비스가 등장해 동영상 UCC
의 대중화 시대가 활짝 열렸다.

그래서 지금의 UCC는 '이용자 생산 정보'가 아니라 '이용
자 복제 정보User Copied Contents'란 말까지 생길 정도다.
한편 유용하고 가치 있는 정보보다는 자극적이고 유희적
인 정보가 훨씬 많다는 점도 UCC가 안고 있는 심각한 문
제로 지적된다. UCC 가운데 가장 많은 비중을 차지하는
사진 정보만 보더라도 관음증을 자극하는 몰래카메라나
말초적 재미만을 추구하는 엽기 사진들에 조회수가 몰린
다. 또 일부 포털 사이트에서 운영하는 UCC 서비스에 음
란 동영상이 연달아 올라와 사회문제로 번지기도 했다.
여기에 더하여 동영상에 등장하는 인물들의 명예훼손이
나 프라이버시 침해 문제, 그리고 이들 텍스트와 사진 게
시물에 이어 동영상에 어김없이 독버섯처럼 딸려오는 악
성 댓글 등도 여전히 심각한 상황이다. 외국 상황도 마찬
가지다. 미국판 싸이월드인 〈마이스페이스닷컴〉에서도
미성년자 개인정보 노출과 성범죄자 악용 사례가 잇달아
일어나는 등 UCC가 사회범죄와 직접적 연관성을 갖는 사
건이 벌어졌다. 결국 UCC에서 '누가' 정보를 생산하느냐

못지않게 중요한 것이 '어떤' 정보를 생산하느냐다. UCC
가 상업 사이트의 수익 창출 수단으로만 동원되는 구조에
서는 그저 조회수 증가에만 목적을 둔 저급한 정보들이 양
산될 수밖에 없다.

그러나 이러한 문제들보다 더욱 심각한 것은 이른바 낚시
성 동영상의 무분별한 유포가 빚어낸 '신뢰'의 상실이다.
국내 인터넷 공간에 낚시성 동영상이 처음 등장한 것은 아
마도 지난 2006년 초에 화제가 된 '지하철 결혼식' 동영상
이 아니었나 싶다. 결혼식 비용이 없어 지하철에서 승객
들을 하객으로 모시고 결혼식을 치른다는 가난한 연인의
모습은 온 국민의 감동을 자아냈다. 그러나 이 동영상이
모 대학 연극영화과 학생들이 연출한 상황극이었다는 사
실이 알려지면서 사람들은 허탈감과 씁쓸함을 맛봐야 했
다. 그 이후 '개풍녀 동영상' '여학생 성폭행 동영상' 등 연
이은 낚시성 동영상이 속출하면서 네티즌들 사이에 동영
상 콘텐츠에 대한 불신감이 팽배해지는 '양치기 소년 효
과'가 형성되었다.

UCC 현상은 미디어 발달사에 있어 가히 혁명적인 사건이
다. 거대 언론 기업이 장악하던 매체 권력이 평범한 개인
들의 손으로 옮겨졌으며, 사적 담론과 공적 담론이 섞여서
유포되는 새로운 매체 환경을 만들었다. 그러나 UCC에는
이렇게 부족한 것이 많다. 전통적인 언론 매체에게 요구되
던 사회적 책무와 윤리 의식은 이제 UCC의 주체인 '당신
You'도 짊어져야 할 몫임을 잊지 말아야 한다.

◆ **대한민국 UCC 트렌드** 정재윤·장진영, 새빛에듀넷, 2007
제목 그대로 지금 대한민국에서 가장 주목해야 할 트렌드인
UCC 현상을 두루 살피는 책이다. UCC의 특성과 원리, UCC를
둘러싼 주요 쟁점과 전망 등을 최근 사례를 통해 흥미롭게
풀어간다. 그렇다고 UCC가 세상을 변화시킨다든지 하면서
호들갑 떨지는 않는다. 진짜로 세상을 변화시키는 것은 UCC의
주역인 '당신You'이니까!

◆ **유튜브 혁명, UCC의 미래** 간다 도시아키, 위즈나인, 2007
전세계를 강타한 UCC 열풍을 이해하려면 먼저 그 진원지인
유튜브를 알아야 한다. 그리고 유튜브를 제대로 알려면 일단
이 책부터 읽자. 유튜브의 탄생과 1조 5000억 원이 넘는 천문학적
금액으로 구글에 인수되기까지 과정, 유튜브의 가공할 미디어
파워와 사회적 영향력, 유튜브가 창출한 웹2.0 시대의 새로운
비즈니스 모델 등을 속속들이 파헤친 유튜브 개론서이기 때문이다.

◆ **You! UCC**— 세상을 바꾸는 창조세대와 UCC 기업 성공전략
마케팅사관학교 · 김영한, 랜덤하우스코리아, 2007

진정한 배움의 길

현병호

학교붕괴, 교실붕괴 같은 말이 매스컴을
장식하면서 그 동안 탈학교에 대해 많은
오해가 있었다. '탈'이란 말 때문에 학교
탈출이 탈학교인 것처럼 잘못 생각하는
이들도 적지 않았다. 하지만 탈학교론을
펼친 사람들은 결코 사회에서 모든 종류의
학교가 없어져야 한다고 말하지 않는다.
탈학교가 거부하는 것은 학교라는
교육기관이 아니라 학력을 교육의 척도로
삼는 모순된 사회체제다. 탈학교 운동은
단순히 교육문제를 어떻게 풀어보자는
것이 아니라 이 사회의 모순을 총체적으로
변화시키는 사회운동인 것이다.

이제는 학령기에 학교를 다니지 않고 스스로 배움의 길을 찾을 수도 있음을 많은 사람들이 스스럼없이 받아들인다. 이는 10년 전만 해도 상상하기 어려운 일이었다. 그 동안 홈스쿨링이 사회적으로 많이 알려지기도 했고 학교 같지 않은 비인가 대안학교들도 60여 개가 생겨나면서 학교교육에 대한 고정관념이 깨졌다. 국가가 인정하는, 모든 아이들이 의무적으로 다녀야만 하는 '학교school'는 더 이상 절대적인 학습공간이 아니게 되었다.

한국사회에서 '학교탈출' 현상이 나타나면서 이를 둘러싼 사회적 논의가 일어난 때는 1990년대 말이다. 학교체제에 대한 문제의식 때문에 자발적으로 학교를 뛰쳐나온 청소년들이 스스로 탈학교모임을 만들어 목소리를 내기 시작했고, 『학교를 넘어서』를 쓴 이한이 발기한 탈학교실천연대가 활동을 시작하면서 탈학교에 대한 담론이 형성되었다.

1999년 1월에 창간된 대안교육 매체 〈민들레〉에서는 '교육＝학교교육'이라는 근대적 통념을 깨는 일에 주력하면서 전략적으로 홈스쿨링을 집중 소개했다. 미국을 비롯한 영미권 사회에서는 홈스쿨링이 상당히 보편적인 교육방식으로 자리 잡은 때였다. 미국에서는 100만 명이 넘는 아동들이 홈스쿨링을 한다는 통계가 발표되곤 했다(현재는 200만 명이 넘는다고 추산된다).

한국사회에서 10여 년 동안 홈스쿨링 가정과 대안학교가 빠르게 늘어난 데는 여러 가지 요인이 작용했겠지만 학부모들의 주체의식이 높아진 것도 큰 요인이다. 학교에 아이를 볼모로 잡힌 부모가 아니라 교육 주체로서 자신의 교육권에 대해 자각하면서 원하는 교육을 스스로 선택한 결과인 셈이다. 이는 우리 사회의 민주화와도 맞물렸다고 볼 수 있다. 이 사회의 주인으로서 시민의식이 깨어나면서 교육문제 또한 스스로 해결하고자 하는 움직임이 일어났다.

80년대 말에는 교사들을 중심으로 한 전교조운동이 교육의 변화를 이끌었다면 90년대 말 이후 지난 10여 년은 학부모들이 중심이 되어 실제적인 변화를 이끌어냈다. 교사들의 변화 노력은 학교체제 안에 갇혀 집단 이기주의로 변질되는 경향을 보이는 반면, 교육의 실제 당사자인 아이들과 부모들은 학교 틀에 구애받지 않고 더 본질적인 접근을 시도했다. 교육은 결코 삶과 분리될 수 없으며 삶이 곧 교육이라는 대전제 위에 새로운 학습 틀을 만들었다.

90년대 말 이른바 '학교붕괴' 현상이 나타나면서 정부와 교사집단이 한 목소리로 '공교육 정상화'를 부르짖었지만, 그 주장의 실제 내용은 근대적 의미의 학교 정상화에 가깝다. 말 잘 듣는 아이 기르기가 실제적 교육 목표였던 근대학교체제를 유지하면서, 세계화 정보화 시대에 부응하여 창의력 있는 인적자원을 양성하고자 하는 모순된 정책이 오늘날 한국 교육정책의 현주소다. 2001년에 바뀐 교육인적자원부라는 명칭은 21세기에 와서도 근대교육의 패러다임에서 한 걸음도 벗어나지 못했음을 단적으로 보여준다.

한 해 7-8만 명을 헤아리던 중도탈락생이 최근 몇 해 사이에 4-5만 명으로 줄어든 것을 정부는 공교육 정상화 노력의 덕분으로 볼지 모르지만, 실제 학교는 더욱 붕괴 현상을 보인다. 학교를 뛰쳐나오는 탈락생은 줄었지만 학교에서 잠자거나 아무것도 하지 않는 잠재적 탈락생 또는 심정

대안교육 잡지 〈민들레〉는 교육이 곧 학교라는 우리 사회의 고정관념을 깨뜨리며 '삶이 곧 배움'이 되는 새로운 교육문화를 만들어가는 것을 목표로 한다. 〈민들레〉 34호.

적 탈락생은 훨씬 늘어났다. 학교가 아이들을 몰아붙이지 않고 방치하기에 이르렀기 때문에 많은 아이들은 학교 바깥을 택하기보다 그대로 학교 안에서 시간을 죽이는 안전한 방법으로 사실상 학교에서 벗어난다.

학교붕괴, 교실붕괴 같은 말이 매스컴을 장식하면서 탈학교에 대해 많은 오해가 있었다. '탈脫'이란 말 때문에 학교탈출이 탈학교인 것처럼 잘못 생각하는 이들도 적지 않다. 학교를 자퇴한 청소년들이 주축이 된 탈학교모임이 알려지면서 '자퇴＝탈학교'라는 단순한 등식이 사람들 뇌리에 각인되기도 했다. 탈학교모임 아이들은 자신들을 탈학교脫學敎 신자로 보려는 이들이 있는 듯하다고 농담처럼 말한다. 어떤 이들은 '타락교'라고 매도하기도 했다.

'탈학교deschooling'라는 말은 이반 일리히가 『탈학교 사회Deschooling Society』라는 책에서 처음 제시한 개념이다. 60년대 말 서유럽에서는 현대문명과 사회제도에 대해 전방위로 문제제기가 일어났고 국가주도의 공교육 속에 숨어 있는 이데올로기가 비판받기 시작했다. 1970년을 전후해서 학교교육을 비판하는 책들이 줄을 이었는데 『탈학교 사회』를 비롯해 『학교는 죽었다』 『교실의 위기』 『아이들은 왜 실패하는가』 같은 책들이 앞다퉈 쏟아졌다.

일리히에 따르면, 현대사회는 '가치'와 그것을 실현하는 '제도'를 혼동하여 학교, 병원, 복지기관 같은 시설을 확충하는 제도가 받쳐주면 교육, 건강, 복지 같은 가치들이 저절로 실현된다고 착각하고 있다. 또한 가치가 제도적 장치에 의해서만 실현된다고 오해하고 제도에 집중하는 오류를 범한다. 그 결과 학교가 아닌 다른 곳에서는 아무리 학습을 잘 해도 인정받지 못하고 높은 학력과 일류 학벌이

'탈학교'라는 말은 이반 일리히가 『탈학교 사회』라는 책에서 처음 제시한 개념이다. 60년대 말 서유럽에서는 현대문명과 사회제도에 대해 전방위로 문제제기가 일어났고 국가주도의 공교육 속에 숨어 있는 이데올로기가 비판받기 시작했다.

교육의 성취를 보증하는 사회가 되었다고 비판한다. deschooling의 de-라는 접두사는 '없애는, 해체하는, 반대의' 뜻으로, 결국 de-schooling은 schooling을 없애거나 해체해나간다는 뜻이다. 탈학교라는 말은 사실 명사가 아니라 동사이고 또 현재진행형이다. 'schooling'을 굳이 우리말로 옮기자면 '학교화'가 된다. 산업자본주의와 함께 자리 잡은 학교가 사람들로 하여금 이 사회의 구조적 모순에 얽매여서 살아가도록 만드는 과정을 상징하는 말이다. 단순히 학교라는 건물에서 학생들을 교육하는 행위를 가리키는 말이 아니라 이 사회에 사람들이 얽매이도록 가르치는 체제 전체를 일컫는 셈이다. 따라서 deschooling이란 이러한 관계 맺기를 거부하고 그 고리들을 하나하나 해체해나가는 것을 뜻한다.

탈학교라는 말은 자칫 학교가 없어져야 한다거나 학교에서 벗어나야 한다는 의미로 받아들여질 가능성이 있다. 하지만 일리히를 비롯해 탈학교론을 펼친 사람들은 결코 사회에서 모든 종류의 학교가 없어져야 한다고 말하지 않는다. 일리히가 '학교'라고 부르는 것은 특정 연령층을 대상으로 취학의무가 부과되는 공교육제도, 달리 말하면 의무적으로 주어지는 교육과정에 전일제 출석을 요구하는 제도에 한정된다.

일리히가 학교에 대한 대안으로 제안한 기능교환소도 어떤 의미에서는(어떤 형태든 학습이 이루어지는 현장을 학교라고 한다면) 학교라고 볼 수 있다. (탈학교운동이 하나의 사회운동으로 나타난 70년대에 일리히의 탈학교사회 비전에 공감한 이들이 시카고 시를 비롯해 많은 도시에 학습네트워크센터 또는 배움품앗이learning exchange 같은 실험적인

고양자유학교 아이들은 자율적으로 질서를 만들고 지켜나간다. 이처럼 탈학교운동은 생활운동이다. 스스로 삶의 주인이 되어 자신에게 맞는 배움의 길을 찾기 때문이다.

모델을 만들었다. 이는 80년대에 시작된 지역통화운동과도 맥을 같이 하는데, 오늘날에도 다양한 학습네트워크센터들이 운영된다.)

미국에서 70년대부터 시도된 '벽이 없는 학교' 같이 지역의 교육자원을 학교 교육과정으로 끌어들이고, 실제로 학교 담장을 허물어 지역사회와 학교를 보다 밀접하게 연계하는 노력도 탈학교적 상상력에서 비롯되었다. 하지만 탈학교론자들도 때에 따라서는 기존의 학교 같은 제도가 필요함을 인정한다. 10세 안팎의 아이들에게는 보육도 필요한 만큼 초등과정의 교육과 보육 기능은 미래사회에서도 여전히 유효할 터이다.

다시 말해 일리히가 『탈학교 사회』에서 주장한 것은 모든 학교나 학습을 위한 제도의 폐지가 아니라 진정한 학습과 교육을 위한 제도의 근본적인 재편성이다. 탈학교사회는 근대사회 같이 학교가 사회를 통제하고 선별하는 기능을 하는 것이 아니라 본연의 교육 기능에 충실한 그런 사회다. 어떤 의미에서 진정한 공교육이 실현되는 사회다.

곧 탈학교가 거부하는 것은 학교라는 교육기관이 아니라

학력을 교육의 척도로 삼는 모순된 사회체제다. 탈학교운동은 단순히 교육문제를 어떻게 풀어보자는 말이 아니라 이 사회의 모순을 총체적으로 변화시키는 사회운동의 성격을 띤다. 사실상 '교육문제' 같은 것은 없음을 직시하고 거시적인 사회변혁의 관점에서 접근하는 셈이다. 동시에 우리 의식과 생활에 배어 있는 모순들에 대한 미시적 접근 또한 함께 이루어져야 함을 일깨운다.

그런 점에서 탈학교운동은 곧 생활운동이다. 궁극적으로 사회의 변혁을 낳는 것은 이 사회를 구성하는 한 사람 한 사람의 삶의 질이기 때문이다. 스스로 삶의 주인으로서 자신에게 맞는 배움의 길을 찾아가고, 경쟁보다는 협력에 기초한 배움을 선호하며, 나만 잘살기보다 함께 잘사는 사회를 꿈꾸는 이들이 실제 생각한 대로 사는 것이야말로 진정한 탈학교운동이다. 그런 의미에서 탈학교는 타락교가 아니라 '바로살기교'라고 해야 한다.

21세기에 학교는 교육에서 독점적 위치를 잃어가겠지만, 일리히가 말한 탈학교사회가 구현될 가능성은 희박하다. 학교 밖에도 다양한 배움터들이 만들어지고 학교 졸업장이 배움의 증거자료로서 독점력을 잃어가도 학력과 학벌이 갖는 힘은 줄어들지 않았다. 21세기에 대학이 대중을 위한 교육기관이 되다시피 하면서 학력 인플레이션이 일어났다. 우리 사회의 경우 평준화 정책과 학력 인플레이션의 영향으로 중고등 과정의 지역 명문학교는 힘을 잃었지만, 대학의 영향력은 줄어들지 않았다. 근대화 이후 한국사회의 새로운 신분질서로 구축된 학벌체제는 허물어질 기미를 보이지 않는다.

한국사회의 학벌주의는 세계적으로 유례를 찾기 어려울

탈학교가 거부하는 것은 학교 건물이 아니라 모순된 사회체제다. 탈학교 운동은 이 사회의 모순을 총체적으로 변화시키는 사회운동의 성격을 띤다. 대안교육연대와 이라크평화네트워크에서 주최한 행사 〈평화놀이터〉 포스터.

정도다. 오랜 세월 족벌과 문벌 문화의 토양 위에 근대적 학교체제가 도입되면서 구축된 학벌 패거리 문화는 일종의 사회 시스템이 되어 버렸다. 동문의 힘을 키우기 위해 이른바 명문대들은 앞다퉈 입학 정원을 늘리고 최고지도자 과정 같은 다양한 편법을 동원해 자기증식을 해왔다. 인구가 한국의 5배인 미국의 상위 10개 대학 한 해 졸업생이 1만 명 정도인 데 견줘, 한국의 이른바 SKY 3개 대학의 한 해 졸업생이 1만 5000명에 이른다. 이들이 형성하는 전방위적 학벌 구조는 탈학교사회의 가능성을 어둡게 한다.

홈스쿨링 인구가 계속 늘어나지만 대부분 대학 진학을 하고 있고 현실적으로 대학을 대신할 만한 배움터는 거의 없다. 대안 대학 같은 곳들이 생겨나지만 대학의 위상을 흔들기에는 양적으로나 질적으로 턱없이 부족하다. 대학을 정점으로 한 학교체제는 21세기에도 쉽게 허물어지지 않을 듯 보인다.

대형화하는 병원과 함께 현대인들이 자신의 건강을 점점 더 병원에 의지하듯이 대부분의 사람들은 어떤 권위에 기대어 안전을 추구하는 경향이 있다. 자본주의체제와 결합된 학교체제는 권위에 의지하고자 하는 욕구와 힘과 안전을 추구하는 인간의 근본 욕구가 빚어낸 산물이다. 그리고 인간과 마찬가지로 시스템(조직) 또한 그 자체로 생명력을 가지며 힘을 키우는 속성이 있다. 자기증식력을 갖고 생명력을 이어가는 학교체제는 근본적 변화를 기대하기에는 그 덩치가 너무 크고, 그에 비해 인간의 의식 변화는 더디다. 하지만 현대 과학기술의 급격한 발달로 모든 사회 시스템이 변화하지 않을 수 없는 상황에 놓여 있는 만큼, 학교체제 또한 상당히 다른 모습으로 바뀔 것이다. 멀티미디어 기술과 인터넷의 영향으로 정보 독점이 깨어지고 시간과 공간의 제약을 받지 않는 학습 시스템이 만들어지는 21세기에 학교체제는 어떻게 변화할까? 인터넷 이 대의 민주주의의 질적 변화에 별다른 영향을 미치지 못하고 포털이라는 새로운 매스미디어 권력을 낳았듯이, 사이버 학습 공간의 확충이 교육 시스템의 질적 변화를 낳을 가능성은 희박하다.

교육의 본질이 사람과 사람의 만남에 있다고 볼 때, 정보 통신 기술technology 발달이 곧 교육 기술art의 발달로 이어질 수는 없다. 다만 정보 교류와 활발한 연대망에 힘입어 뜻 맞는 이들끼리 다양한 배움의 길을 찾아갈 가능성은 훨씬 높아졌다. 수많은 동호회들이 증명하듯이 미래사회는 자발적인 학습 네트워크가 학교체제 못지않게 중요한 의미를 지닐 것이다. 그 과정에서 자기주도적 학습 능력을 키운 사람들이 끊임없이 스스로를 업그레이드하는 평생학습사회로 나아갈 것은 분명해 보인다.

◆ **학교 없는 사회** 이반 일리히, 미토, 2004
제도에 의존하는 현대인들의 의식구조와 사회구조를 파헤친다.
병원시설을 늘이면 건강사회가 되고, 경찰력을 증강하면 사회가
안전해진다고 착각하듯이 사람들은 학교를 더 오래 다닐수록
더 나은 교육을 받고 수업을 받는 것이 곧 학습을 하는 것으로
혼동한다. 일리히는 삶의 모든 순간에서 배우고, 지식과 경험을
나누면서 서로의 성장을 돕는 학습망을 만들어가야 한다고 말한다.

◆ **학교를 넘어서** 이한, 민들레, 2003

◆ **대안교육 이해하기** 이종태, 민들레, 2007

◆ **강수돌 교수의 나부터 교육혁명** 강수돌, 그린비, 2003

◆ **실험학교 이야기** 윤구병, 보리, 1995

◆ **학교의 탄생** 이승원, 휴머니스트, 2005

◆ **홈스쿨링 오래된 미래** 민들레 편집실, 민들레, 2003

◆ **바보 만들기** 존 테일러 개토, 민들레, 2005

◆ **교실의 고백** 존 테일러 개토, 민들레, 2006

◆ **민들레** www.mindle.org
스스로 서서 서로를 살리는 교육을 구현하고자 출판과 교육, 연구 활동을
하는 사람들이 모인 곳이다. 〈민들레〉라는 교육잡지와 책을 내는
민들레출판사가 모태가 되어 오프라인 공간을 함께 꾸린다. 서울 서교동에
자리한 〈공간 민들레〉에서는 대안적인 교육과 삶에 관련된 다양한 강좌와
모임이 열리고, 아이와 어른이 자연스럽게 어울리면서 서로 가르치고 배운다.

◆ **대안교육연대** www.psae.or.kr

◆ **서울시대안교육센터** www.activelearning.or.kr

영어제국의 탄생

최샛별

전세계 공용어임을 감안한다고 해도
우리나라에서 영어가 지니는 의미는
남다르다. 토플시험 접수에 신청자들이
몰리는 바람에 웹페이지가 다운됐다거나
영어 발음 향상을 위해 아이에게
혀 수술을 받게 하는 부모 이야기가
기사거리로 다뤄진다. 무엇이 우리를
이처럼 영어에 집착하게 만들었을까.
영어를 잘한다는 것이 이 글의 제목처럼
권력이 될 만큼의 어떤 자원일까.
만일 영어가 어떤 권력으로 작용한다면
과연 어떤 체제에서 가능한 것일까.

'영어제국의 탄생', 상당히 자극적인 문구임에도 한국사회 구성원이라면 누구나 공감할 수밖에 없는 말일 것이다. 현재 한국에서 외국어(외국어라는 말을 쓰는 것이 어폐가 있다고 느껴질 만큼 영어에 집중된)와 관련하여 나타나는 기형적 사회현상들 때문이다.

전세계 공용어임을 감안한다고 해도 우리나라에서 영어가 지니는 의미는 남다르다. 대형서점의 베스트셀러는 대부분 영어 관련 서적이며 출판계가 극심한 불황을 겪고 있어도 영어책 출판시장은 늘 호황이다. 유명 영어강사는 부의 상징이고 성공한 사회 지도층으로 대접을 받는다. 또한 어떻게 그만한 영어실력을 갖게 됐는가는 각종 매체에서 주요하게 다루는 기사거리다. 대학생들은 유창한 영어회화를 구사하려고, 영어공인시험을 준비하려고 열심히 영어 학원을 드나들고 많은 비용을 들여 해외로 어학연수를 떠난다.

그 뿐이 아니다. 토플시험 유형이 바뀌기 전에 시험을 보려고 엄청나게 많은 신청자들이 몰려들었다거나, 밤을 새워 신청을 하는 바람에 웹페이지가 다운된 사실이 각 일간지와 포털의 주요기사로 다뤄진다. 한국에서 시험 신청을 못해 토플과 GRE 시험을 보려고 일본으로 원정을 가는 학생들도 상당수다. 게다가 아직 한국말도 잘 못하는 아이들의 영어교육에 쏟아지는 부모의 관심과 투자를 생각하면 사실 앞의 표현만으로도 부족한 느낌이다. 대학등록금보다도 높은 수업료를 내야 하는 영어유치원이 우후죽순으로 생겨나고, 유명한 몇몇 유치원은 그곳에 아이를 보낸 사람들의 소개가 없으면 입학조차 힘들다.

영어 발음 향상을 위해 아이에게 혀 수술을 받게 하는 부

모들과 기자의 질문에 "영어가 더 쉽다"라고 말하는 초등
학생들이 등장하는 텔레비전 프로그램을 보고 있으면, 분
명 소수의 사람들일 것이라고 중얼거리면서도 이게 정상
일까 하는 생각이 머리를 떠나지 않는다.

무엇이 우리를 이처럼 영어에 집착하게 만들었을까? 영
어를 잘한다는 것이 이 글의 제목처럼 권력이 될 만큼의
어떤 자원일까? 이 모든 노력은 그만큼의 보상을 가져오
는 합리적인 선택일까? 만일 영어가 어떤 권력으로 작용
한다면 과연 어떤 체제에서 가능한 것일까? 현재 가장 영
향력 있는 사회학자 가운데 한 사람인 피에르 부르디외
의 문화자본론을 바탕으로 한국사회의 영어에 관한 과도
한 집착, 영어의 권력적 성격과 작동 체제 등을 살펴보고
자 한다.

먼저 부르디외의 문화자본론을 간략하게 정리해본다. 프
랑스 사회학자인 부르디외가 사회과학계에서 갖는 위상과
그의 문화자본론이 학계는 물론 사회전반에 미쳤던 파장
등을 생각하면 상식선에서 그 이론의 주요개념이라든지
주장의 개요 등을 알아두는 것도 나쁘지는 않다. (사실 이
학자가 유명해진 이유 중 하나가 워낙 길고 복잡한 문체 탓에
연구를 하는 사람들이 많아서라는 게 공통된 의견이고 필자도
이에 동의한다. 따라서 굳이 읽어보라고 권하지는 않는다.)
특히 그의 자본capital 개념은 부르디외가 학문적 담론 상
에서 현재의 위상을 차지하는 데 큰 역할을 담당했다.

상식적으로 생각해보면 자본이란 경제적인 것, 쉽게 말하
면 돈과 연결되는 개념이다. 그러나 부르디외는 자본을
우리가 일반적으로 생각하는 '경제자본economic capital'
과 고급문화 등을 즐기는 취향taste을 뜻하는 '문화자본

cultural capital', 그리고 사회적 연줄 등을 의미하는 '사회
자본social capital', 이렇게 세 가지로 확대 구분했다.

부르디외는 그 가운데 특히 문화자본에 학문적으로 관심
을 기울였다. 그리고 문화자본을 다시 세 가지 형태로 세
분한다. 외적인 부(경제적 자본)가 긴 사회화 과정을 거쳐
취향이나 태도 같은 개인의 내적 한 부분으로 자리 잡은
'체화된 상태embodied state', 이러한 체화된 문화자본이
없으면 향유하기 어려운 문학과 예술작품 같은 '객체화된
상태objectified state', 그리고 학위처럼 체화된 문화자본이
사회적 정당성을 획득하여 객관적인 것으로 변화된 '제도
화된 상태institutionalized state'가 그것이다.

그의 주장을 단순화해서 얘기하자면, 계급구조의 근본은
인간이 자신을 남과 차별화하고자 하는 본성이다. 이러한
차별화의 자원이 되는 것이 앞에서 말한 세 가지 자본이
며, 부르디외는 특히 "지배계층이 전수하려고 하는 언어
적이고 문화적인 능력, 문화적이고 사회적인 선별에 사용
되는 고급지위문화의 선호로서 문화적 태도와 선호, 학
력"으로 정의되는 문화자본에 주목한다.

부르디외는 과거에는 직접적인 경제자본이 사회질서 유
지와 지배-권력관계 재생산 과정에서 핵심적 역할을 담당
했지만 이러한 체제는 사회 구조적 변동과 함께 약화되었
으며, 따라서 간접적이면서 비가시적인 문화자본이 지배
계층의 상징적 구분짓기의 수단, 곧 새로운 재생산 기제
로 등장했다고 주장한다. 문화자본이 재생산 체제에 강력
하게 작용하면서 사회적 정당성까지 인정받는 것은 바로
다음과 같은 이유에서다.

첫째, 문화자본을 소유하기 위해서는 오랜 기간에 걸쳐

부르디외는 사회질서 유지와 지배-
권력관계 재생산에서 핵심적인 역할
을 했던 직접적 경제자본이 사회구
조적 변동과 함께 약화되면서 간접
적이면서 비가시적인 문화자본이 지
배계층의 상징적 구분짓기의 수단으
로 등장했다고 주장한다.

출판계가 극심한 불황을 겪고 있어
도 영어책 출판시장은 늘 호황이다.
유명 영어강사는 부의 상징이고 성
공한 사회 지도층으로 대접을 받으
며 어떻게 영어실력을 갖추게 됐는
가는 각종 매체에서 주요하게 다루
는 기사거리다.

많은 투자가 이루어져야 하므로 계급상승을 시도하는 사
람들에게는 극복하기 힘든 장애물로 작용한다. 둘째, 경
제자본과 달리 문화자본은 수량화가 어렵고 사회 구성원
들이 잘 인식하지 못하므로 사회적 재생산에 있어서 이들
자본의 역할이 가시화되지 않는다. 따라서 문화자본의 소
유는 집단 간 문화적 취향의 차이와 사회적 지위의 차이를
발생시키는 역량과 연결된다.

바꾸어서 애기하면, 부모로부터 많은 재산을 물려받아 말
그대로 집세와 이자를 받아먹고 사는 사람들을 우리는
'팔자 좋은 사람'이라고 듣기 좋게 말하지만, 그들이 사회
적으로 능력을 인정받고 권위를 세울 수 있는가는 다른 문
제다. 그러나 그들이 집안 또는 부모로부터 물려받는 것
은 단순히 재산만은 아니라는 게 그의 주장의 핵심이다.
사실상 경제자본이 바탕이 된 중상계급 이상의 가정환경
에서 오랜 시간에 걸쳐 자신의 어떠한 한 부분으로 완전히
체화된 문화자본이, 사회적 기준에서 능력이라고 평가되
어 그들의 계급적 지위를 유지하도록 해주는 것은 '상징
적 폭력symbolic violence'이다. '상징적 폭력'은 신뢰와 개

인적 충성, 환대 같은 방식으로 작용하기 때문에 폭력을 당하는 사람이 그 사실을 인식하지 못하는 부드러운 폭력이다. 권력의 가장 일반적인 정의가 남을 복종시키거나 지배하는 공인된 권리와 힘이라고 할 때 상징적 폭력은 보다 세련된 형태의 권력 행사방식이다.

그렇다면 한국사회에서 영어 실력은 사회적 정당성을 인정받은 문화자본으로 지배세력의 지위와 세력을 더 공고하게 해주는 상징적 폭력으로 작용하는 것일까? 벌써 5년 전의 조사이긴 하지만 필자는 전국 6개 대학생 1719명을 대상으로 영어를 잘하는 사람들에 대한 이미지와 자신의 영어실력에 대해 조사를 한 적이 있다. 조사의 응답결과는 몇 가지 생각거리를 던져준다. 그 조사 결과를 정리하면 이렇다.

첫째, 전체 응답자의 95퍼센트인 1635명이 영어가 중요하다고, 또 64퍼센트에 해당하는 1085명의 학생이 대학 입학 후에도 영어공부를 계속한다고 응답했다. 영어공부를 계속하는 이유로는 70퍼센트가 넘는 754명이 취업 및 진학을 꼽았으며, 전공이나 개인적 흥미 등은 10퍼센트에도 훨씬 못 미쳤다. 이는 얼마나 많은 학생들이 한국사회에서 진학이나 취업을 할 때 영어가 중요하다고 생각하는지를 보여준다.

둘째, 한국사회에서 영어실력자에 대한 이미지는 세 가지로 요약된다. 먼저, 능력 있다, 똑똑하다, 성실하다, 성공할 것이다, 사회에 기여할 것이다 등의 형용사로 표현되는 '능력과 성공의 이미지'다. 다음은, 집안이 부유하다, 부모님의 교육수준이 높다 같은 '사회경제적 이미지'다. 마지막으로, 이국적이다, 세련됐다, 건방지다, 사회의 주변인이다, 위화감을 준다 등의 '이국적 또는 부정적 이미지'다(형용사들의 묶음은 요인분석을 통해 구성했다). 이는 한국사회에서 영어를 잘한다는 것이 단순히 한 가지 외국어를 잘한다는 것을 넘어서 특별한 의미를 갖는 상징임을 함의한다.

셋째, 한국의 대학생들은 국내에서 성장해 영어를 잘하는 사람과 외국에서 거주한 경험이 있어 영어를 잘하는 사람을 구분하여 생각했으며, 이 두 집단에 대한 이미지가 상당히 달랐다. 앞서 말한 세 가지 이미지 중에서 국내파에 대해서는 '능력과 성공의 이미지'를, 해외파에 대해서는 '사회경제적 이미지'를 가지고 있었다. 특히 국내파의 경우에는 능력있다, 똑똑하다, 성실하다 같이 사회에서 요구하는 긍정적인 성향을 나타내는 이미지를 부여했다.

반면 해외파에 대해서는 '능력과 성공의 이미지'가 국내파보다 낮게 나타났으며, 특히 성실하다는 이미지는 무척 낮았다. 그러나 해외파에 대해서도 능력 있다, 성공할 것이다 등은 높게 나타나 한국사회에서 영어를 잘한다는 것이 어쨌든 능력이 있다의 의미로 인식되고 있음을 보여준다. 이 같은 결과를 근거로 영어가 입학이나 입사, 승진 등에서 중요한 기준으로 작용하는 이유를 다음과 같이 유추해볼 수 있다. 한국사회에서 영어실력이란 단순한 외국어 실력이 아니라 그 사람의 능력과 자질, 그리고 성실성을 보여주는 지표로 간주된다.

넷째, 해외파에 대해서는 '사회경제적 이미지' 중에서도 일반적으로 집안이 부유하다는 이미지가 강함을 알 수 있다. 또한 국내파와 비교할 때 성실함을 포함한 능력과 성공의 이미지는 약한 반면, 이국적이고 부정적인 이미지는

〈해외 유학 어학 박람회〉장 모습. 한
국에서 영어실력은 단순히 외국어
실력이 아니라 그 사람의 능력과 성
공의 자질, 그리고 성실성을 보여주
는 지표로 간주된다.

강했다. 곧 해외파의 영어실력은 그 사람의 진정한 능력
이 아니라 부모의 경제적인 도움과 배경으로 운좋게 얻어
진 것이며 자신의 능력과 노력으로 실력을 쌓은 국내파의
영어실력과는 다르다고 인식한다.

앞의 결과를 정리하면 집안환경이 부유하고 부모의 교육
수준이 높은 학생일수록, 또 부모가 전문직이나 관리직에
종사할수록 영어에 대한 자신감, 다시 말해 영어실력이
높다. 한국에서 능력과 성공의 아이콘으로 생각되는 영어
실력이 사실은 부모의 경제자본과 연결된 체화된 문화자
본일 수 있다는 말이다.

영어실력이란 단순히 외국어 실력이 아니라 그 사람의 능
력과 성공의 자질, 그리고 성실성을 보여주는 지표로 간주
된다는 영어실력자들에 대한 이미지분석 결과는 한국사
회에서 영어실력이 왜 제도화된 문화자본인가를 설명해
준다. 부모의 사회 경제적 배경과 긴밀한 관계를 맺는 영

어실력은 영어실력자에 대한 사회적 인식을 통하여 부모의 사회 경제적 배경과 관계없는 개개인의 능력으로 전환된다. 그리고 입학이나 입사나 승진 등에서 중요한 기준으로 작용함으로써 개개인의 사회 경제적 지위의 재생산에도 많은 영향을 미친다. 또한 사람들은 영어를 잘하는 것을 부러워하며 그들의 실력을 인정하고 더 나아가 그들의 성공을 당연시함으로써 사회적 정당성까지 부여한다.

그뿐이 아니다. 국내파 영어실력자의 이미지와 국외파의 이미지를 합친 새로운 유형의 인재들이 나타났다. 한국에서 외고나 특정고교를 졸업하고 미국의 유명대학으로 유학을 가는 학생들이 신문과 잡지에 등장하는 모습은 과거 대학입시 수석입학자를 대서특필하던 모습과 유사하며, 한국의 유명대학들을 미국의 아이비리그, 그 밖의 유명대학들보다 한 단계 낮게 생각하기도 한다.

또한 이들이 향후 한국사회에서 중요한 위치를 차지할 것이며, 한국에서 공부한 사람들은 결국 이들을 도와주는 역할에 그칠 것이라는 전망을 하는 사람들도 있다. 조금은 과장된 듯하지만 이를 흘려들을 수 없는 이유는 제도화된 문화자본이 된 영어실력이라는 무기를 자유자재로 사용하는 새로운 엘리트계층의 등장이 멀지 않았다는 사실을 부인할 수 없기 때문이다.

◆**영어, 내 마음의 식민주의** 윤지관 외, 당대, 2007

어학연수와 조기교육으로도 모자라 어린이들의 멀쩡한 혀까지 수술해가며 영어를 잘하고자 기를 쓰는 나라. 갈수록 심각해지는 영어 열풍을 둘러싼 여러 가지 문제들을 근본적이고 공개적인 관점에서 논의해보려는 의도로 기획된 책이다. '영어가 우리에게 무엇인가'라는 근본 질문을 염두에 두고, 영어를 우리의 상황이나 삶의 질과 관련지어 고찰한 글들을 엮었다.

◆**구별짓기, 문화와 취향의 사회학** 삐에르 부르디외, 새물결, 2005

서양에서는 고전급에 속하는 명저다. 포스트모던 이론에서 보이는 과도한 담론 중심주의나 구조주의의 한계를 멀찍이 벗어나, 부르디외는 이론이 구성되는 과정에서 권력이나 사회계층과 얼마나 밀접한 관계를 갖는지를 이론내재적으로 그리고 실증적으로 분석한다. 정치는 문화이며 문화는 정치일 수밖에 없음을 방대한 자료 분석을 동원해가며 입증한다.

◆**상류계층 공고화에 있어서의 상류계층 여성과 문화자본** : 한국의 서양고전음악전공여성사례

최샛별, 〈한국사회학〉 제36집제1호, 2002

신문, 방송, 통신의 융합을 중심으로

김택환

세계에 다시 미디어 기업 간 인수합병의
바람이 불고 있다. 미디어 환경이 급변하면서
새로운 비즈니스 모델과 경쟁력 강화 방안이
필요해져서다. 전문가들은 "미디어 산업도
세계경쟁 시대로 진입했다"며 생존을 위해서는
무엇보다도 덩치를 키워야 한다"고 주장한다.
나아가 세계화는 미디어 컨버전스를 더욱
재촉한다. 또한 세계적으로 경쟁력 있는 콘텐츠를
생산하는 기업들이 새로운 부가가치를 높여가고
있다. 국제적인 경쟁력을 갖고 수익을 높이기
위해선 미디어 컨버전스가 필수적 환경이 된 셈이다.

세계적인 미디어 황제 뉴스코퍼레이션(이후 뉴스코프사)의 루퍼트 머독은 미국의 최고 경제권위지인 〈월스트리트 저널〉에 인수를 제의했다. 세계 2위의 매출액을 자랑하는 뉴스코프사가 세계 1위인 타임워너를 제치고 1위에 등극하겠다는 야심을 보인 프로젝트다. 또한 구글에 밀린 소프트웨어 제왕 빌 게이츠는 야후 인수를 추진 중이다. 세계에 다시 미디어 기업 간 인수합병의 바람이 불고 있다.

뉴스코프사뿐 아니라 타임워너와 마이크로소프트 같은 세계적 미디어 그룹이 미디어 컨버전스에 관심을 갖는 이유는 무엇일까? 무엇보다도 '미디어 빅뱅'이라고 할 만큼 미디어 환경이 급변하면서 새로운 비즈니스 모델과 경쟁력 강화 방안이 필요해서다. 전문가들은 "미디어 산업도 세계경쟁 시대로 진입했다"며 "생존을 위해서는 무엇보다도 덩치를 키워야 한다"고 주장한다. 경쟁력 강화를 위해선 규모의 경제가 불가피하다는 말이다. 특히 디지털 기술 혁명으로 원 소스 멀티유스 환경이 만들어지면서 경영이 시너지 효과를 낼 수 있는 미디어 구조를 만들어야 한다는 논리다.

강원대 신문방송학과 정윤식 교수 등 많은 학자들은 "신문, 방송, 통신의 겸영이 세계적인 흐름"이라고 한다. 미디어 기업들은 출판, 잡지, 신문, 라디오, 텔레비전, 영화, 통신, 모바일 등 모든 미디어 분야에 진출하거나 인수와 합병을 통해 몸집을 키우는 전략을 구사한다. 이를 통해 주식 가치를 높이거나 경영의 시너지 효과를 높이는 결과를 얻는다.

나아가 세계화는 미디어 컨버전스를 더욱 재촉한다. 미디어 산업이 세계 시장을 형성하고 있어서다. 최근 한국에선

〈프리즌 브레이크〉〈CSI 과학수사대〉등이 인기를 끌며 '미드'족이라는 신조어가 생길 정도로 드라마의 세계화가 진행중이다. 어디 그뿐인가. 할리우드 영화, CNN, BBC 월드 뉴스, 〈코스모폴리탄〉 같은 라이선스 잡지 등 세계적으로 경쟁력 있는 콘텐츠를 생산하는 기업들이 새로운 부가가치를 높이는 형국이다. 새로운 수익원들이 생겨난 셈이다. 사업가들이 이를 그냥 방치할 리 만무하다. 국제적인 경쟁력을 갖고 수익을 높이기 위해선 미디어 컨버전스가 필수적인 환경이 되었다.

그럼 미디어 컨버전스는 어떤 차원으로 진행되는가? 크게 네 가지 차원으로 설명할 수 있다. 먼저, 기술적 측면이다. 아날로그 방식은 문자, 음성, 영상을 따로 제작하고 전달했으나 디지털 기술은 원 스톱 제작과 서비스를 가능하게 한다. 곧 문자, 영상, 음성의 제작, 저장, 편집, 전송, 수신을 하나의 흐름으로 처리할 정도의 환경이 된 것이다. 또한 아날로그 기술이 일방향적이라면 디지털 기술은 소비자들이 참여하는 쌍방향 시대를 열었다. 기술 융합으로 새로운 매체와 새로운 미디어 서비스가 속속 등장했다. 둘째, 제작의 융합이다. 이미 〈뉴욕타임스〉와 〈월스트리트 저널〉 등 많은 언론사들은 온-오프 통합 뉴스룸을 운영할 뿐 아니라 문자 기사와 동영상 기사를 동시에 취재, 제작해 종이신문과 웹 사이트, 방송, 모바일 등을 통해 원 소스 멀티유스를 실행했다. 셋째, 미디어 소비자들이 통합적으로 미디어를 이용하는 미디어 이용의 컨버전스다. 이동전화와 텔레비전이 결합된 DMB가 대표적인 예다. 나아가 와이브로 등 다양한 형태의 미디어 이용이 융합된 서비스가 나오고 있다.

마지막으로, 이를 통합하는 미디어 조직과 비즈니스의 통합이다. 잡지, 신문, 텔레비전, 통신 등 이종매체 간 융합과 경영의 통합이 세계적으로 활발하게 일어나고 있다.

한국에서도 신문과 방송의 융합, 방송과 통신의 융합으로 새로운 미디어들이 앞 다투어 출현했다. 먼저 통신과 방송이 결합한 디지털 멀티미디어 방송 DMB가 세계 처음으로 한국에서 선보였다. 2006년 SK의 자회사 'TU 미디어'가 설립되면서 위성을 통해 이동 중에 방송을 시청하는 새로운 서비스를 제공한 것이다. KBS, MBC, SBS 등 지상파 방송들도 잇따라 지상파 DMB 시장에 뛰어들었다.

또 KT와 다음 등 또 다른 방송과 통신의 융합인 IPTV가 시범서비스를 끝마치고 상용 서비스를 눈앞에 두었다. 인터넷 망에다 셋톱박스로 텔레비전 수상기를 연결해서 실시간 방송 시청은 물론 기존의 영화와 드라마를 원하는 시간에 볼 수 있는 VOD 서비스를 구현할 정도의 환경이 조성된 것이다. 이미 일본, 이탈리아, 독일 등에서는 IPTV 사업이 본궤도에 올랐다.

통신업자들의 방송사업 진출에 맞서 케이블 사업자들 역시 통신 시장에 뛰어들었다. 케이블방송사업자들이 방송에 이어 인터넷과 전화 사업에 진출했다. 누가 방송＋인터넷＋전화의 트리플 플레이 서비스TPS를 장악하는가에 따라 성패가 갈리기 때문이다.

한국과는 달리 신문사가 지상파 방송 사업에 진출할 수 있는 미국과 유럽에서는 신문사들이 방송사업을 시작한 지 이미 오래다. 대표적인 예가 미국의 뉴욕타임스 컴퍼니다. 이 그룹은 〈뉴욕타임스〉를 포함해 16개의 신문사를 갖고 있으며, 8개의 텔레비전 방송국과 2개의 라디오, 1개의 텔레비전 채널을 운영한다. 또한 뉴욕타임스닷컴을 포함해 40개가 넘는 웹 사이트를 운용하며 수많은 잡지를 발간하기도 한다. 최근에는 인터넷 사업 강화를 위해 어바우트닷컴about.com을 인수했다. 다각 경영을 통해 시너지 효과를 거두려는 전략이다. 〈워싱턴포스트〉를 소유한 워싱턴포스트 컴퍼니도 신문과 방송을 겸영한다. 〈뉴스위크〉 등 수많은 잡지를 통해 수익을 올리며 카플란이라는 교육 사업에도 진출했다.

유럽, 일본, 중국 신문사 들도 방송 겸영을 한다. 독일의 대표적인 신문 그룹 악셀 스프링거사와 홀츠브링크사, 일본 아사이신문사, 중국 상하이미디어그룹은 신문과 방송 사업을 함께 한다.

미국과 유럽 등 선진국에선 미디어 컨버전스가 일상사다. 2002년에는 역사상 최대 규모였던 AOL과 타임워너의 합병이 있었다. AOL타임워너는 자산 규모만 무려 1000억 달러가 넘는다. 세계 최대 미디어 그룹인 타임워너는 24시간 뉴스 전문채널인 CNN과 시사주간지 〈타임〉, 그리고 메이저 영화사 워너브러더스를 비롯해 출판과 영화, 인터넷, 케이블방송, 음악 등 5개 사업 분야에 모두 60여 개의 계열기업을 거느린다. 연매출이 472억 달러(약 44조 원)에 달한다.

워너브러더스와 케이블방송인 HBO, 음반회사인 워너뮤직 등을 통해 엔터테인먼트 사업도 다양하게 펼친다. 경제 전문잡지 〈포춘〉과 스포츠 전문지 〈스포츠 일러스트레이티드〉 등 150여 개의 잡지도 발행한다. 인터넷 서비스 업체인 아메리카온라인AOL, 웹브라우저인 넷스케이프도 계열사다. 직원 수는 세계적으로 9만 7000명에 이른

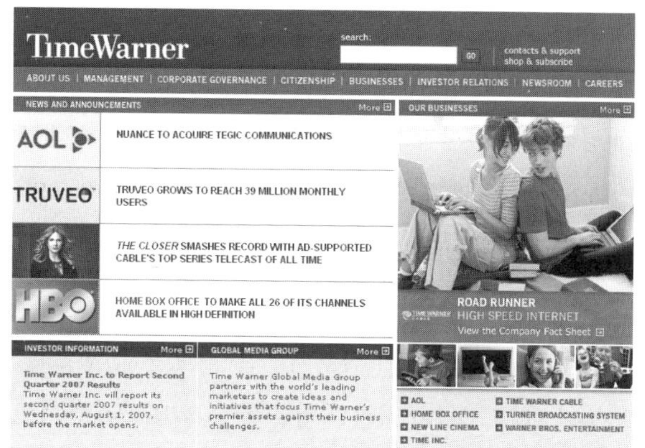

세계 최대 미디어 그룹인 타임워너는 뉴스 전문채널인 CNN과 시사주간지 〈타임〉, 영화사 워너브러더스를 비롯해 출판과 영화, 인터넷, 케이블방송, 음악 등 5개 사업 분야에 모두 60여 개의 계열사를 거느린다.

다. 그야말로 다국적 기업이다.

2005년엔 루퍼트 머독의 뉴스코프사가 60억 달러 이상을 투자해 폭스 엔터테인먼트를 매입했다. 뉴스코프사 역시 잡지, 신문, 인터넷, 방송, 영화 등 모든 미디어 분야에 진출해 세계 시장을 섭렵했다. 2006년에는 미국의 세계적인 사회적 네트워크social network 마이스페이스를 인수해 세상을 또 한번 놀라게 했다. 2006년 매출액은 236억 달러를 넘어섰다.

월트디즈니사 역시 ABC와 ESPN 등 방송 채널과 월드 디즈니 픽처스 영화사, 디즈니 매거진 20개 잡지사, 월트디즈니 북 퍼블리싱 출판사, 그리고 월트디즈니 레코드 음반사를 거느릴 뿐 아니라 중국, 일본 등에 직접 진출하기도 했다. 2006년 매출액은 319억 달러로 타임워너에 이어 세계 2위의 미디어 그룹으로 자리를 잡았다.

독일의 베텔스만 그룹은 멀티미디어 그룹이다. 유럽에서 최고의 민영방송인 RTL 등 20개 채널을 운영하며, 80개 이상의 잡지 출판, BMG 음악 산업에도 진출해 있다. 2006년 총매출액은 222억 달러로 세계 4위의 미디어 그룹이다.

일본에도 세계적인 미디어 그룹이 존재한다. 가전을 포함해 영화 및 음반시장까지 진출한 소니 그룹이다. 소니 엔터테인먼트 등 20개가 넘는 국제TV 채널을 소유했으며, 컬럼비아 영화제작사, 소니 뮤직 음악사업, 가전사업 등을 하고 있다.

2007년 세계 최고의 혁신 기업으로 구글이 선정됐다. 2006년 한 해 구글이 기존 기업을 인수, 합병하거나 새로운 사업을 펼친 건수는 50건이 넘는다. 대표적인 예가 웹 2.0을 실현하는 네티즌 참여사이트 유튜브를 인수한 일이다. 텍스트뿐 아니라 동영상에서도 지존의 자리를 지키겠다는 전략이다. 반면 미디어 제왕인 뉴스코프사 루퍼트 머독은 마이스페이스 인수전에서 마이크로소프트의 황제인 빌 게이츠에 판정승을 거뒀다. 디지털 마인드에서는 머독이 앞선다는 평가를 받을 정도다.

한국에서도 거대통신사인 KT와 SKT가 방송 및 콘텐츠 사업에 적극적으로 진출하고 있다. KT는 위성방송 스카이라이프의 대주주인 동시에 IPTV 사업에 진출하려고 다각적으로 노력 중이다. 또한 영화제작사인 싸이더스FNH와 〈주몽〉〈황진이〉 제작사인 올리브나인 지분을 인수해 콘텐츠 사업에도 관심을 보였다. SKT 역시 'TU미디어'를 통해 위성 DMB 사업에 뛰어들었고, YBM 서울음반, 종합엔터테인먼트 IHQ를 인수하면서 콘텐츠 확보에 전력을 기울였다.

전통 미디어 기업이 뉴미디어 영역으로, 통신사와 비미디어회사들이 미디어 사업에 본격적으로 뛰어들고 있다. 컨버전스를 해야 미래가 있기 때문이다.

이들 세계적인 미디어 그룹은 상호 경쟁관계지만 때론 연합도 불사한다. 2005년 독일 베텔스만과 일본 소니사는 음반부문에서 합병해 소니 BMG라는 새로운 합작기업을 신설했다. 세계 음반시장의 2위와 5위인 소니와 베텔스만의 합병은 영국 EMI와 미국 타임워너사의 음반사업 인수 합병에 따른 대응 조치다. 귀터 티엘렌 베텔스만 대표는 "음반업계는 생존을 위해 단합해야 한다"고 주장했다.

국내에서 출판, 잡지, 신문, 케이블방송PP사업, 인터넷 관련 기업 가운데 미디어 포트폴리오가 가장 잘 짜여진 기업은 중앙미디어네트워크사다. 28개의 다양한 미디어 사업군을 거느리는데, 최근엔 국내 최초로 일요일 새벽에 가정으로 배달되는 고품격 신문 〈중앙SUNDAY〉를 창간했다.

〈조선일보〉역시 방송 시장에 진출하려고 무단히 노력하고 있다. 최근에는 케이블방송 PP 사업자로 비즈니스 채널에 진출했다. 미국 방송사업자와도 연합 제휴를 체결했다. 민영방송인 SBS는 영화 및 음반 사업에 진출해 콘텐츠 확보에 심혈을 기울인다. 하지만 아직 한국에선 미디어 컨버전스에 대한 법적 통제가 너무 많다는 것이 현장에서 들려오는 한결같은 목소리다.

세계적으로 신문과 방송, 방송과 통신의 미디어 컨버전스가 보편화되었지만 한국 상황은 아직 겨울이다. 법적 규제와 통제가 너무 많다. 신문과 방송의 겸영을 허용하지 않은 나라는 OECD 국가 가운데 한국뿐이다. 헌법재판소는 노무현 정권이 신문법 제정을 통해 소유권을 더욱 통제하려 한다고 제동을 걸기도 했다.

또한 방송사는 신문 사업에 진출할 수 있지만 신문사는 지상파 방송 사업에 뛰어들 수 없는 역차별도 문제다. 방송법과 신문법의 모순 때문이다. 실제 방송사인 CBS는 〈노컷뉴스〉를 창간하며 무료 신문시장에 뛰어들었다.

방송과 통신 융합의 발목 잡기도 매한가지다. 일본과 미국, 유럽에선 방송과 통신의 융합인 IPTV 사업이 법적으로 뒷받침되지만, 한국에선 사업자들만 발을 동동 굴리는 상황이다. 법적 제도는 따라주지 않는데 관계 부처는 밥그릇 싸움으로만 일관하고 있어서다. 방송통신융합추진위원회가 운영되고 있지만 기대가 높지는 않은 편이다.

MBC 최문순 사장은 "신문과 방송의 겸영은 불가피하다"고 말하면서 "한국 미디어 기업이 국제 경쟁력을 높이는 것이 급선무"라고 강조한다. 국제경쟁 시대에는 덩치를 키워야 세계시장에서 한판 붙을 수 있다는 게 지론이다. 또한 시너지 효과도 기대할 수 있다.

21세기 한국의 미디어 정책, 다음 정권에 거는 기대가 클 수밖에 없는 상황이다.

◆**미디어 빅뱅, 한국이 바뀐다** 김택환·이상복, 박영률출판사, 2005
미디어 빅뱅을 이끄는 새로운 기술과 뉴미디어의 출현뿐 아니라
이들이 신문과 방송 등 기존 미디어에 미치는 영향을 광범위하게
분석했다. 전통 매체인 신문, 잡지, 출판에서 지상파 방송,
케이블, 위성방송을 거쳐 인터넷, 통신, 영화에 이르기까지 모든
장르의 미디어를 다룬다. 특히 '미디어 트렌드' 분석에 주목하는데,
미디어 간 융합과 함께 무료화 현상 등을 꼼꼼히 짚어냈다.

◆**디지털 컨버전스** 유재천 외, 커뮤니케이션북스, 2004
통신과 방송 융합 서비스 측면에서 디지털 컨버전스에 대한 정책과
전략 그리고 융합 이슈에 대한 논문들로 구성된 책이다. 언론학, 법학,
공학, 예술학 등을 전공하는 15명의 교수들이 참여했다. 디지털
컨버전스에 대해서는 주로 산업계에서만 논의되고 학문적인 논의는
아직 부족한 상황에서 전반적인 통방융합 서비스시장을 이해하기
위한 입문 도서로 활용할 수 있다.

◆**AOL 타임워너** www.timewarner.com
◆**뉴스코퍼레이션** www.newscorp.com
◆**비아콤** www.viacom.com
◆**베텔스만** www.bertelsmann.com
◆**디즈니** disney.go.com

교육 공동체의 희망

김종성

학교도서관이 학교 안의 통합적이며
체계적인 교육 시스템 기능을 표방하고
발전하게 된 것은 현대적 교육체제의
형성·발전과 큰 관계가 있다. 현대
교육체계는 경직되고 폐쇄적인 전근대적
교수학습 체제를 멀리하고 학생의
참여를 보장하는 쌍방향 커뮤니케이션
활성화를 지향했다. 또한 학습 공간을
다양화하고 학습 자원의 범위를 넓혀서
교수학습의 내용을 풍부화했다.
학교도서관은 이러한 교육체제의 변화와
함께 그 가치와 역할이 확대되고 진화해왔다.

학교도서관은 초중고와 그에 준하는 각종 교육기관의 가르치고 배우는 활동을 지원하기 위해 만들어진 시스템이다. 그러므로 학교도서관의 역사는 사실 교육(기관)의 역사와 함께 해온 셈이다. 동서고금을 막론하고 교육이 이루어지는 곳에서는 많든 적든 지식자원(책)을 구비하여 활용한 사실이 이를 증명한다.

하지만 현대적 의미의 학교도서관은 독서 자료를 소장하고 활용하는 기능을 넘어서는 지향점을 가졌고 이 때문에 단순 독서 시설과 차별된다. 학교도서관은 독서자료 지원뿐 아니라 공간, 시설, 기자재, 인력, 자료 등을 적절히 활용하여 교수학습 과정에 개입하고 교육 성과의 극대화를 지향한다는 점에서 통합적 교육 시스템이라 할 수 있다.

학교도서관이 학교 안의 통합적이며 체계적인 교육 시스템 기능을 표방하고 발전하게 된 것은 현대적 교육체제의 형성·발전과 큰 관계가 있다. 전근대적 교육체제에서는 교사가 주도권을 가지고 교사의 지식을 일방적으로 학생에게 전달했다. 학생은 수동적으로 수용하는 형태였고 한정된 교실 공간에서 지정된 교과서에 의존하는 체제였다. 요컨대 교수학습의 방법과 내용은 고정되었고 교사와 학생 사이에는 일방적인 커뮤니케이션만 존재할 뿐이었다. 현대 교육체제는 이런 경직되고 폐쇄적인 교수 학습 체제를 멀리하고 학생의 참여를 보장하는 쌍방향 커뮤니케이션 활성화를 지향했다. 또한 학습 공간을 다양화하고 학습 자원의 범위를 넓혀서 교수학습의 내용을 풍부화했다. 교수학습 과정의 민주화와 개방화가 단행된 것이다. 학교도서관은 이러한 교육체제의 변화와 함께 그 가치와 역할이 확대되고 진화해왔다.

20세기 중반 미국을 중심으로 학생의 참여와 자료 활용을 강조하는 경험주의 교육사조가 일어나면서 학교도서관의 역할과 기능이 확대되었고, 이 시기에 미국의 교육 원조가 이루어지면서 새로운 교육사조와 함께 우리나라에도 학교도서관이 전달되었다. 일제강점기와 6.25전쟁의 상처 속에서 교육을 통해 민족과 국가를 재건하려는 뜻있는 교육자들의 주목을 받은 학교도서관은 1950-60년대에 걸쳐 활발하게 학교 현장에 뿌리를 내린다.

50년대에 진주, 마산, 부산을 필두로 하여 학교도서관이라는 새로운 교육 시스템에 대한 활발한 실험과 실천이 이루어졌고 서울 경기고등학교, 인천 제물포고등학교 등에 현대적 학교도서관이 설립되어 운영되었다. 또한 60년대 경상남도 교육청의 학교도서관 정책은 외국의 도서관 전문가도 감탄해마지않을 정도로 안정적이며 지속적인 성과를 거두었다.

그러나 우리나라 학교도서관은 그 뒤 침체와 쇠퇴의 길을 걷는다. 군사정부의 극단적인 반공정책과 국가주의 교육체제는 교육 내용을 철저히 통제하고 교육 방법을 왜곡했다. 군사정부는 교과서 제도와 각종 국가주의 통치 프로그램으로 학교를 통제하고 학생들의 의식을 통제했다. 그리고 경제개발지상주의 사회체제 속에서 일방적 주입식 교육과 입시경쟁 교육체제가 굳어졌다. 자율적 사고가 억압되고 획일적 입시경쟁 교육이 대세를 이루면서 학교도서관은 숨을 죽일 수밖에 없었다. 창고로 독서실로 전락한 학교도서관은 우리 교육의 비뚤어진 자화상 같이 어두운 모습으로 침묵하게 되었다.

60년대 이후 우리나라 학교도서관이 침체되고 소외되는

과정에서 학교도서관의 기본적인 속성 두 가지를 확인할
수 있다. 먼저, 학교도서관은 기본적으로 획일적 주입식
교육과 어긋나는 민주적 교육원리를 내포하고 있다는 점
이다. 교사중심, 교실중심, 교과서중심으로 요약되는 획
일적 주입식 교육은 일반적으로 교수학습 과정이 교사의
절대적 권력에 따라 통제되고 교실과 교과서의 범위 안에
한정된다. 그러나 학교도서관은 다양한 자료를 통해 학생
의 자율적 탐구와 사고를 자극하고 유도하는 학습 형태를
지지하고, 다양한 형태의 학습이 가능한 유연한 공간을
제공한다. 그리고 다양한 입장과 관점에 근거한 정보와
자료를 교수학습 과정에 활용하도록 고무한다.

이처럼 학교도서관은 근본적으로 획일적 주입식 교육과
는 정반대의 교수학습체제를 표방한다. 그러므로 획일적
주입식 교육이 팽배하면 학교도서관 같은 교육 기제는 자
연스럽게 억압되고, 학교도서관이 활성화되면 획일적 주
입식 교육체제에 균열이 온다. 이런 학교도서관의 속성은
학생들이 자발적이며 자율적으로 교수학습 활동에 참여
할 수 있는 여지를 확대하여 학교 교육에 대한 만족과 정
서적 친밀감을 높여준다.

우리 학교도서관의 역사를 통해 확인할 수 있는 또 다른
한 가지 속성은 도서관의 기본 이념과 관련된 것이다. 학
교도서관은 자율적 사고와 의식을 억압하고 통제하는, 체
제에 저항하는 교육이념을 가진다. 반공주의, 국가주의
이념과 정책이 교육에 고스란히 반영되어 학교를 병영체
제로 변질시키고 자율적이며 개별적인 사유를 철저히 감
금하는 교육이 세를 얻는 과정에서 학교도서관은 소외되
고 왜소화되었다. 학교도서관은 다양한 정보자원을 통해

학교도서관은 다양한 자료를 통해 학생의 자율적 탐구와 사고를 자극하고 유도하는 학습 형태를 지지하고, 다양한 형태의 학습이 가능한 유연한 공간을 제공한다. 사진 = 학교도서관문화운동네트워크.

교사와 학생이 자신의 인식 세계를 넓히고 다양한 이념과 사상을 체험하는 곳이다.

이런 원리 때문에 극단적으로 사유를 통제하는 체제 속에서 학교도서관은 그 기능을 발휘할 수 없게 되었다. 국가 권력이 원하는 방향으로 생각하고, 국가 권력이 허용한 것만 접하도록 통제된 체제에서 학교도서관은 불필요할 뿐 아니라 불온한 것이 될 수밖에 없다. 학교도서관은 기본적으로 획일적 사유와 억압적 체제에 저항하고 인간의 개별성과 자율성을 기반으로 하는 지적 탐구심과 정서적 욕구를 충족하도록 하는 교육 시스템이다. 그러므로 교육이 주체적이며 책임 있는 사회 성원 기르기를 표방하는 한 학교도서관 같은 시스템은 무척 중요하며 필수불가결한 요소다.

지식정보사회의 진전과 IMF 사태 등을 겪으면서 교육문제에 대한 사회적 관심과 함께 구체적 요구가 나타나기 시작했고, 1990년대 중반을 지나면서 학교 안팎에서 학교도서관에 대한 논의가 활발해졌다. 뜻있는 교사들은 학교

도서관을 기반으로 여러 가지 활동을 모색했으며 시민사
회에서는 독서운동 차원에서 학교도서관이라는 구체적
방법을 주목했다. 이런 에너지가 모여 마침내 2000년에
는 학교도서관 문제를 사회적 아젠더로 제기하는 시민단
체가 결성된다.

'학교도서관살리기국민연대'는 교육인적자원부를 움직
여 유사 이래 처음으로 전국적 차원의 학교도서관 사업을
입안한다. 그 결과 2003-07년까지 3000억 원의 예산을 들
여 전국 학교도서관 가운데 70퍼센트 가량을 리모델링하
고 개선하는 '좋은 학교도서관 만들기 사업'을 시행한다.
이런 과정을 통해 수십 년간 잠들어 있던 학교도서관은 잠
에서 깨어나 교육 현장에 많은 변화를 가져왔다. 충북 옥
천의 청산초등학교에서는 지역 주민들이 발 벗고 나서서
도서관을 살리고 지역의 문화센터로 키웠다. 돈을 모으고
책을 모으고 일손을 모아 만든 도서관에서 아이들과 지역
민이 책을 읽고 다양한 문화 자원을 이용했다. 그뿐 아니
라 도서관을 활성화하고 이용하고 운영하는 과정에 주민
자치의 경험을 축적했고, 주민들의 삶이 풍요로워졌다.
이들은 "도서관으로 인해 지역교육 공동체가 되살아난다
면 농촌도 희망이 있다"고 자신 있게 이야기한다. 문화적
으로 소외된 시골 마을의 지역공동체가 학교도서관 덕분
에 건강해진 사례다.

학교도서관은 교직 사회의 문화를 바꾸어놓기도 한다. 경
남 '학생사모'(학교도서관을 생각하는 사람들의 모임)가 좋은
사례다. 2005년 3월, 5명의 뜻있는 교사들이 모여 학교도
서관을 기반으로 책 읽는 학교 문화를 만드는 데 일조하기
위해 조그만 모임을 시작했다. 그해 6월에는 30명의 교사

를 모아 학교도서관과 독서에 관한 공부를 했고 연말에는
주1회 이상 상시모임을 갖는 교사 40명을 포함해 전체 회
원 90명의 규모로 성장했다. 토론회, 초청강연회, 수련회
등을 통해 지속적으로 학교도서관 활성화를 위해 공부하
고 노력해서 2007년 3월 현재 주 1회 이상 모여 2시간씩
공부하는 회원 수가 100여 명, 전체 회원 수 250여 명으로
성장했다.

모임 규모도 의미가 있지만 무엇보다도 자발적으로 모여
아이들을 위해 고민하고 교육 발전을 위한 실천 방법을 모
색해왔다는 측면에서 교육 현장의 희망을 엿보게 한다.
모임 회원들은 학생들을 위해 학교도서관 모임을 만들었
지만 "정작 변화는 우리에게서 일어났다"고 고백한다.
"학교도서관을 통하여 아이를 사랑하는 법을 새로 배우게
되었다"고도 하고 "모임을 하면서 책에 대하여 조금씩 눈
을 뜨고 아이들을 닮아간다"고도 한다. 학교도서관은 이
렇게 교사를 변화시키고 교사들은 학교와 학생들을 변화
시킨다.

또한 학교도서관은 학생들을 변화시키고 학교 교육공동
체를 변화시킨다. 강원도 홍천의 동화중학교는 2005년
12월 마을 주민과 지역 인사들을 초대하여 한바탕 축제로
도서관 개관식을 했다. 학교장의 지원과 담당교사의 헌신
적인 노력으로 지속적인 독서프로그램을 펼치고 학생들
의 도서관 이용과 책 읽기를 자극하기 위해 다양한 행사를
개최했다. 학교도서관을 통해 아이들은 책을 가까이 하고
내면적으로 크게 성장했다고 한다. 담당교사는 "시간이
흐르면서 학교 안에서 유일하게 늘 활짝 열린 글빛나래 도
서관을 무시로 드나드는 아이들의 변화가 놀랍다. 누가

강제하지 않아도 매일 스스로 책을 읽으며 아침을 여는 모습, 도서관을 자연스럽게 탐구학습과 문제해결의 공간으로 인식하며 찾아가는 아이들, 사고력과 발표력이 눈에 띄게 향상된 아이들의 모습을 통해 '교육 공동체의 희망'을 보았다"고 고백했다.

학교도서관이 황폐했을 때 그것은 우리 교육의 위선과 우리 사회의 야만성을 보여주는 표식에 지나지 않았다. 하지만 지금 학교도서관은 학교의 문화적 구심점이 될 수 있음을 보여준다. 자발적이며 주체적인 학습과 통합적인 인간으로 자라기 위한 지적 자원의 기지가 될 수 있음을 보여준다. 일방적 지시와 비인격적 훈육이 지배하던 교사와 학생의 관계를 바꾸어 서로 소통하고 대화하는 만남의 계기를 만들어준다. 구조적 한계와 관행에 눌려 왜곡된 교육 현실에 무기력하게 끌려가던 교사들에게 희망의 단초를 보여준다.

학교도서관은 학부모와 지역이 건강한 교육 공동체를 위해 어떻게 참여하고 협력할지 좋은 방법을 가르쳐준다. 그리하여 학생과 학생, 교사와 학생, 교사와 교사, 학교와 지역이 서로 소통하고 교류하는 문화적 변화를 경험하게 해준다.

오랜 침묵 끝에 되살아난 학교도서관의 운명은 어떻게 될까? 현재 정부의 학교도서관 사업으로 물리적 환경과 자료 수준이 많이 나아졌고 학교 구성원의 관심과 인식이 상당히 높아졌다. 하지만 여전히 많은 과제를 안고 있다. 가장 중요한 것은 학교도서관 운영과 서비스의 핵심 요소인 전문 인력 배치 문제다. 현재 전국 1만여 개의 학교에 배치된 사서교사 수는 600명이 채 못 된다. 대부분의 학교

에 도서관이 만들어졌지만 전문 인력이 상시적으로 책임
지고 운영하는 곳은 많지 않다. 이러한 체제는 장기적으
로 볼 때 도서관의 기능을 제대로 수행하지 못하게 할 뿐
아니라 도서관이 쇠퇴하는 결정적 요인이 될 수 있다. 그
러므로 사서교사 배치를 위한 제도적 노력과 교육 당국의
전향적 노력이 무척 중요하다.

학교도서관 활성화를 통해 우리 사회는 많은 것을 새롭게
경험했다. 교수학습 과정이 민주화되고, 지식 문화자원
의 공공성이 확대되고, 학교 문화가 유연하게 변하는 것
을 체험했다. 이제 이런 경험이 학교도서관을 이끌어가야
한다. 우리 아이들이 행복하게 생활하고 사람과 사람의
만남이 이루어지는 학교를 위해 도서관이 꼭 필요하다는
인식을 가지고 학교도서관을 지켜가고 가꾸어가야 한다.
이제 부정의 경험이 지배하던 학교도서관 역사는 마감하
고 긍정의 경험이 지배하는 새로운 역사를 만들어가게 될
것이다.

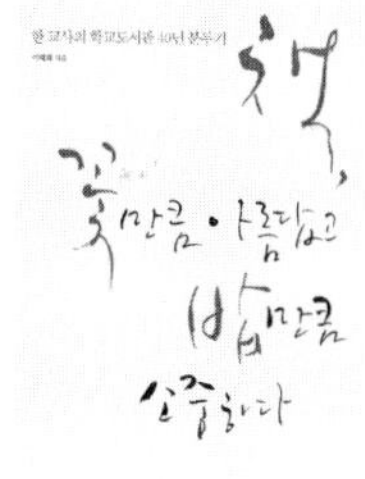

◆ **책, 꽃만큼 아름답고 밥만큼 소중하다** 이혜화, 한국출판마케팅연구소, 2007
학교도서관을 중심으로 책 읽기를 통해 바른 교육을 실천하고자
40년간 분투한 교육자의 생생한 경험이 담겨 있다. 책 읽기가
외면당하는 교육 체제 속에서 학교도서관을 만들어 학교 문화를
바꾸고 교사, 학생, 학부모의 삶을 변화시킨 이야기가 흥미롭고
감동적으로 펼쳐진다. 학교도서관이야말로 학교와 교육을
건강하게 만드는 주요한 대안이라는 사실을 친절하게 보여준다.

◆ **한국 학교도서관 운동사** 김종성, 한국도서관협회, 2000

◆ **학교 도서관 길 찾기** 김종성, 나라말, 2004

◆ **학교도서관, 희망을 꿈꾸다** 전국학교도서관담당교사모임, 우리교육, 2007

◆ **학교도서관 이야기 마당 및 총회 ― 학교도서관문화운동네트워크 창립 3주년 기념 자료집**
학교도서관문화운동네트워크, 2007

◆ **학교도서관문화운동네트워크**(학도넷) www.hakdo.net
학교도서관을 통해 학교를 변화시키고 우리 사회를 건강하게 만들려는
희망을 가진 교사, 학부모, 학생, 전문학자 등이 모여 학교도서관과 독서
정책을 견인하고 개별 학교도서관의 다양한 운영 실제를 확대하기 위해
활동한다. 학교도서관을 기반으로 하여 평등교육 문화교육을 실현하려는
사람들의 생각과 노력이 풍성하게 축적되어 있다.

창작의 활성제인가, 범법의 덫인가

김기태

지난 2007년 4월에 타결된 한미
자유무역협정은 저작권 보호기간을
70년으로 연장하는 등 저작권 환경의
변화를 가져왔다. 협상에서 다룬
쟁점이 무척 광범위했음에도 타결
결과가 실질적 효과에 있어서는 우리에게
불리하다는 견해가 지배적이다. 앞으로
더욱 험난해질 저작권 환경에 대비하여
집행과정에서 나타날지도 모르는
부작용을 최소화하고 나아가 전화위복의
계기로 삼는 노력이 요구된다.

창작의 활성제인가, 범법의 덫인가

2017년 5월 어느 날, 지방 S대 문화콘텐츠학과 K교수는 지난 해 학교에서 지원받은 연구비로 완성한 논문을 앞에 두고 망연자실한 표정으로 비좁은 연구실을 서성거린다. 처음에 제출한 연구비 신청 계획서에 따라 「인터넷을 통한 문화콘텐츠의 국제교류 양상에 관한 연구—미국과 유럽연합(EU)을 중심으로」라는 주제의 논문을 완성했지만, 논문 완성과 함께 이메일 형식으로 도착한 '로열티 산정 내역서'를 확인한 순간 그 동안의 고생이 물거품처럼 여겨졌기 때문이다.

지난 2007년 4월에 타결된 한미 자유무역협정FTA, 그리고 이듬해에 타결된 한유럽연합 자유무역협정이 지적재산권 분야, 그 가운데서도 저작권에 어떤 효력을 미치는지 미처 헤아리지 못한 채 논문을 작성한 것이 화근이었다. 저작권보호재단이란 곳에서 보내온, 이른바 '로열티 산정 내역서'의 내용은 대충 이러했다.

●항상 공정한 저작물 이용에 협조해주시는 귀하의 양심에 경의를 표합니다.

●최근 귀하께서는 아래와 같이 국내법 또는 국제법상 저작권이 유효한 저작물을 이용하였으며, 이에 따르는 저작권 사용료(로열티)를 모두 원화로 환산하여 청구하오니 정하여진 일자에 납부하여 주시기 바랍니다.

●로열티 산정 내역

온라인 콘텐츠의 일시적 저장에 따른 로열티 1,590,000원(총 1325회, 회당 사용료 1200원)

온라인 콘텐츠 검색 및 파일복사에 따른 로열티 1,799,000원(총 514건, 건당 사용료 3500원)

온라인 음악 콘텐츠 사용료 177,000원(총 590분, 분당 300원)

법정손해배상제도에 따른 보험료 356,600원(전체 로열티 액수의 10퍼센트)

합계 금액: 3,922,600원

●위 금액을 납부하지 않으면 귀하의 연구 결과는 무단복제에 해당하여 연구 성과로 인정되지 않을 뿐만 아니라 형사처벌의 대상이 되므로 유념하시기 바랍니다.

500만 원의 연구비 가운데 시청각 자료 및 참고문헌 구입에 쓴 돈만 해도 벌써 200만 원이 넘어가는 마당에 추가 로열티로 부담해야 할 금액이 400만 원 가깝다니 기가 찰 노릇이었다. 논문을 발표할 학술지 발행학회에 지불해야 하는 게재료까지 포함한다면 논문 한 편 때문에 연구자가 부담해야 할 금액이 이만저만 큰 게 아니다.

비슷한 시각, 대학 본관 대회의실에서는 총장이 긴급 소집한 학과장 회의가 열렸다. 학과장들이 모두 참석했음을 확인한 교무처장은 총장의 인사말도 생략한 채 먼저 회의의 소집 사유를 설명했다.

"최근 국내 저작권보호재단을 포함한 미국 저작권 단체, 유럽연합 저작권 단체 등이 저작권을 침해한 우리 학교 학생들을 적발하고 그 명단을 끊임없이 공개했습니다. 정확한 통계를 집계중입니다만, 전체 재학생 가운데 절반 이상이 해당되는 걸로 파악됩니다. 인터넷을 통해 신성한 타인의 저작권을 침해했으니 학칙에 따라 엄벌에 처해달라는 요구가 대부분인데, 아마도 학생들 개인적으로는 이미 손해배상을 요구하는 문서나 경찰에 출두하라는 명령서를 받았을 것으로 보입니다. 우리 학생들의 개인 신상이 어떻게 저작권 단체에 노출되었는지 모를 일입니다."

교무처장에 이어 학생처장이 말문을 열었다.

"일부 학생들은 자기도 모르는 사이에 범법자가 된 현실이 당혹스럽다면서 어떻게 하면 문제를 해결할 수 있는지 학교 차원에서 대책을 마련해 달라고 요구했습니다. 이대로 가면 총학생회 연합 차원의 전국적인 대규모 시위도 염려되는 상황입니다."

이윽고 저작권 침해범으로 지목된 학과별 학생의 명단을 받아든 학과장들은 난감한 표정을 감추지 못한 채 대책 마련을 위한 회의에 돌입했다. 도대체 무엇이 어떻게 잘못된 걸까?

앞의 이야기는 비록 가상사례일망정 전혀 가능성이 없는 허무맹랑한 픽션도 아니다. 지난 2007년 4월 2일 타결된 한미 자유무역협정 저작권 분야의 내용을 들여다보면 이용자들로서는 앞으로 더욱 험난해질 저작권 환경의 미래를 염려하지 않을 수 없기 때문이다. 먼저, 저작권 보호기간 연장에 합의함으로써 저작자 사후 기준 또는 저작물 발행(또는 창작) 기준에 관계없이 저작권 유효기간이 동일하게 70년으로 연장되었다(국회 비준일로부터 2년간 유예되므로 실제 적용이 언제부터일지 현재로서는 알 수 없다). 또 일시적 저장에 따른 복제권을 인정함으로써 보통 컴퓨터의 RAM(전원을 끄면 기억되어 있던 모든 데이터가 지워지는 메모리)에서 실행되는 일시적 복제까지 저작자에게 권리(복제권)를 인정하는 단초를 마련해주었다.

아울러 접근통제Access Control 기술적 보호조치를 신설함으로써 암호와 아이디가 있어야 저작물을 이용할 수 있게 하는 등 저작물에 접근하는 행위를 원천봉쇄하는 기술을 함부로 뚫거나 깨는 행위가 금지된다. 또 온라인서비스제공자의 책임을 강화하여 권리자의 요청이 있을 경우 온라인서비스제공자(인터넷 서비스업체)는 온라인상 저작권을 침해한 자(네티즌)의 개인 정보를 저작권자에게 제공하도록 명시했다. 그 밖에 '상업적 규모'의 저작권 침해시 비친고죄를 적용하고, 실손해배상 원칙에 따라 법정손해배상제도(배상액의 하한을 법으로 미리 정하는 제도)를 도입한 부분도 간과할 수 없는 대목이다.

먼저, 논란이 예상되는 인터넷상의 '일시적 복제'와 관련하여 문화관광부에서는 '일시적 복제권'을 인정하되 교육·연구 목적 등 공익적 목적과 관련하여 예외를 둘 수 있으므로 일반 이용자들은 한미 자유무역협정 이후에도 큰 변화 없이 자유롭게 인터넷을 이용할 수 있다고 밝혔다. '접근통제 기술적 보호조치'와 관련해서는 한미 자유무역협정 협정문에 이미 연구·교육 목적 등을 위한 명시적 예외 조항이 있는데, 우리 정부는 이에 더해 필요할 경우 추가적 예외를 둘 수 있는 각주를 추가했다고 한다. 그렇다면 일시적 저장에 따른 복제권에서 면책이 되는 공정이용의 범위는 구체적으로 어디까지인지 궁금하지 않을 수 없다.

또 이번 한미 자유무역협정 결과로 권리자의 요청이 있을 경우 온라인서비스제공자는 온라인상 저작권을 침해한 자의 개인정보를 저작권자에게 제공하도록 했다. 그렇다면 '권리자의 요청'이란 구체적으로 어떤 것을 가리키는지, 온라인상 저작권 침해 여부를 확인하는 기준은 무엇인지, 그리고 저작권을 침해한 자의 '개인 정보' 범위가 어디까지인지 밝혀야 하지 않을까? 현행 저작권법에서는 "온라인서비스제공자의 서비스를 이용한 저작물 등의 복제·전송에 의하여 저작권 그 밖에 이 법에 의하여 보호되

한미 자유무역협정 저작권 분야의 내용을 들여다보면 앞으로 더욱 험난해질 저작권 환경의 미래를 염려하지 않을 수 없다. 사진=한미FTA 저지 범국민운동본부.

는 자신의 권리가 침해됨을 주장하는 자는 그 사실을 소명하여 온라인서비스제공자에게 그 저작물 등의 복제·전송을 중단시킬 것을 요구할 수 있다"고 규정한다. 이때 소명 절차와 저작권 침해자의 개인정보 요구 절차는 어떻게 다른지 의문이다.

나아가 법정손해배상제도 도입에 따른 의문도 꼬리에 꼬리를 문다. 저작권 집행 강화를 목적으로 실손해배상 원칙에 따라 배상액의 하한을 법으로 미리 정하겠다는 말인데, 비친고죄 도입과 함께 여러 가지 부작용이 예견된다. 과거 우리 저작권법에서는 비교적 무단복제가 손쉬운데도 피해자가 자신이 입은 손해를 입증하려 할 때 이를 구체적인 금액으로 산정하기 어려운 출판물과 음반에 있어서 그 부정 복제물의 부수를 산정하기 어렵다면 출판물은 5000부, 음반은 1만 매로 추정해서 손해배상의 근거로 삼도록 했다.

하지만 이는 출판물이나 음반이 아닌 저작물에는 적용될 수 없으며 그 숫자도 자의적이라는 비판을 피할 수 없는 등 효과를 기대하기 어려웠다. 이에 2003년도 개정법에서는 관련규정을 고쳐 '손해액의 인정'이라는 표현을 썼다. 곧 법원은 손해가 발생한 사실은 인정되나 그 손해액을 산정하기 어려운 때에는 당사자들이 제시하는 각종 자료를 바탕으로 그 손해액을 인정할 수 있다는 뜻이다. 이 같은 국내법의 기준과 법정손해배상제도 사이에는 어떤 차이점이 있는지 궁금하지 않을 수 없다.

또 배상액의 하한선을 미리 정한다면 그 기준은 무엇인지, 비친고죄 도입과 맞물려 법정손해배상을 둘러싼 고소와 고발, 그리고 민사소송이 남발될 경우 그 잘잘못을 가려낼 장치는 어떻게 마련할 것인지 앞으로 논의해야 할 쟁점들이 수두룩하다.

저작권 보호기간 연장 등 이번 한미 자유무역협정 협상에서 다룬 쟁점이 무척 광범위했음에도 타결의 결과 실질적 효과에 있어서는 우리에게 불리하다는 견해가 지배적이다. 물론 "저작권 보호기간을 사후 70년으로 연장하는 문제는 EU·호주 등 선진국을 포함한 세계 약 50개국이 이미 연장 시행중에 있는 현실을 고려할 때, 우리나라가 이를 채택하더라도 큰 문제는 없"다거나 "저작물에 대한 접근을 통제하는 기술적 보호조치의 우회 금지, 일시적 복제에 대한 권리 인정 역시 양국 모두 인터넷 강국이라는 측면에서 권리 강화라는 방향으로 의견일치를 보았다"는 전문가들의 견해가 있으므로 비관적으로만 볼 일은 아닐지도 모르겠다.

어쨌거나 이제 협상과정이나 내용에 대해 왈가왈부할 때는 지났다. 어떻게 하면 집행과정에서 나타날지도 모르는 부작용을 최소화하고 나아가 전화위복의 계기로 삼을 수 있는지 묘안을 짜내기 위해 관계자 모두가 머리를 맞대야 한다. 최근 빠르게 퍼지는 막연한 불안감을 해소하기 위해서라도 정부에서는 관련정보를 적극 공개해야 하며, 출판계 등 문화산업계는 업계 나름대로 대비책을 마련해야 한다.

무엇보다도 먼저 온라인서비스제공자의 책임강화, 저작권 집행의 강화와 관련하여 향후 형사처벌을 요구하는 고소나 손해배상을 둘러싼 민사소송이 폭주할 수 있다는 점에서 대비책이 있어야 한다. 또 가까운 시일 안에 국회비준 절차가 예상되며 국내 저작권법도 개정이 불가피한바, 저작권 보호 수준에 걸맞게 출판권 등 이용자의 권리를 강화하기 위한 대책을 조속히 마련해야 한다. 나아가 '누구나 자유로이 이용할 수 있는 저작물public domain'을 포함하여 연차별 저작재산권 소멸 저작물에 대한 데이터베이스를 구축해야 한다.

저작권 공유와 저작물 자유이용을 주장하는 카피레프트 운동이 봄날 들판을 수놓는 아지랑이처럼 넓게 퍼지는 시대 변화에 발맞추어 저작권을 존중하면서도 너그럽게 이용하도록 하는 사회운동의 확산을 눈여겨봐야 한다. 그리하여 저작권자와 저작물 이용자의 아름다운 상생을 위한 다양한 대책이 마련되어야 한다는 점에서 이번 한미 자유무역협정을 통한 저작권 보호수준의 강화가 일방적인 보호의무 강화로 전락하지 않고 우리 문화산업 발전을 위한 긍정적 계기가 되어야 한다. 무엇보다 상대적으로 피해가 예상되는 분야에 대한 강력한 대책이 수립되어야 한다.

주무부서인 문화관광부에서는 "크게 강화된 권리보호의 반대축에 있는 이용자들을 위한 저작권 이용 활성화 정책을 꾸준히 추진하고, 향상된 저작권을 우리 창작자 및 문화산업이 백분 향유할 수 있도록 창작 지원을 강화해 나갈 계획"이며, "저작물(콘텐츠) 창작 지원은 저작권 분야에 한정하지 않고 문화관광부 전체 기초예술, 문화산업 분야와 연계하여 대응할 것"임을 밝혔다.

나아가 정부가 한미 자유무역협정을 통해 "문화산업이 우리 경제의 핵심산업으로 성장하도록 적극 지원해 나갈 계획"임을 밝힌 만큼 관련업계와 허심탄회하게 협의하고 실질적 지원책을 마련하기를 기대한다. 동시에 "저작자의 권리와 이에 인접하는 권리를 보호하고 저작물의 공정한 이용을 도모함으로써 문화의 향상발전에 이바지함"을 목적으로 한다는 저작권법 제정의 취지에 부합하는 저작권 보호제도의 정착을 간절히 바란다.

◆ **탈산업사회의 도래** 다니엘 벨, 아카넷, 2006

인류의 미래에 대한 '선견지명'을 마음껏 뽐낸 다니엘 벨의 역작.
탈산업사회의 새로운 계급구조인 지식과 기술 등 우리 사회의 변화
방향과 원인 또는 미래사회의 성격을 이해하기 위한 이론적 전거를
선사한다. 저작권을 포함한 지적재산권이야말로 다니엘 벨이 주목한
미래의 재화임에 틀림없다. 읽고 나면 탈산업사회에서 저작권이
얼마나 훌륭한 도구요 수단인지 깨닫게 된다.

◆ **부의 미래** 앨빈 토플러 · 하이디 토플러, 청림출판, 2006

미래학자 앨빈 토플러가 이번에는 제4의 물결과 함께 다가올 새로운
부의 창출 시스템을 예견한다. 경제학적 관점이 아닌, 문화와 문명을
포함하는 거대한 구조에서 '부'가 어떻게 형성되고 변화하며
이동하는지 설명함으로써 우리 삶의 변화를 예측하는 동시에 살아남기
위해 어떻게 해야 하는지 일러준다. 지식기반사회에서 저작권은 과연
어떤 의미를 갖을까? 앨빈 토플러에게 직접 물어보시라.

◆ **한미 FTA 역전 시나리오** 최병일, 랜덤하우스코리아, 2006

◆ **한미 FTA 국민보고서** 한미FTA저지범국민운동본부, 그린비, 2006

◆ **대한출판문화협회 저작권상담실** www.kpa21.or.kr

◆ **문화관광부** www.mct.go.kr

◆ **저작권심의조정위원회** www.copyright.or.kr

◆ **한미FTA저지범국민운동본부** www.nofta.com

❖── 필자약력

김기봉 ── 성균관대 사학과를 졸업하고, 독일 빌레펠트대학에서 철학박사 학위를 받았다. 경기대 사학과에서 서양사를 가르치고 있으며 역사학회 편집이사를 맡고 있다. 지은 책으로『'역사란 무엇인가'를 넘어서』『역사를 통한 동아시아 공동체 만들기』『팩션시대: 영화와 역사를 중매하다』등이 있다.

김기태 ── 경희대 국어국문학과와 동 대학원 신문방송학과를 졸업하고 박사학위를 받았다. 세명대학교 미디어창작학과 교수, 대한출판문화협회 저작권상담실 전문위원으로 있다. 지은 책으로『디지털 미디어 시대의 저작권』『책 든 손 귀하고 읽는 눈 빛난다』등이 있다.

김봉석 ── 영화전문지〈시네필〉〈씨네21〉기자,〈한겨레〉음악담당 기자 등을 거친 후 영화평론가와 대중문화평론가, 일본대중문화전문가로 다양한 매체에 글을 쓰고 있다. 수용자의 입장에서 대중문화가 어떻게 변화하고 발전하는지에 관심이 많다. 지은 책으로『컬처 트렌드를 읽는 즐거움』『공상이상 직업의 세계』등이 있다.

김성곤 ── 서울대 영문과 교수, 문학평론가다. 미국 뉴욕주립대학에서 포스트모더니즘 연구로 박사학위를 받았고, 컬럼비아대학에서 비교문학 박사과정을 수료했다. 문학과 영상학회 초대회장, 서울대 언어교육원장 등을 지냈으며, 지은 책으로『영화 속의 문화』『글로벌 시대의 문학』등이 있다.

김수현 ── 생명치유아카데미, 김수현의 식생활 상담소, 김수현 약국을 운영하며 새로운 영양학과 자연 의학을 연구중이다. 지은 책으로『밥상을 다시 차리자 1,2』『바른 식생활이 나를 바꾼다』『밥상머리 마음공부』『밥상머리 치유와 행복』『김수현의 생명밥상』『잘못된 간식 우리아이 해친다』『우리 아이 똑똑하게 하는 천재 밥상』등이 있다.

김시천 ── 호서대학교 연구교수로 있다. 동아시아 고전 사상이 어떠한 방식으로 현대 한국의 삶의 문맥과 화해할 수 있는가 하는 문제와 현대 사유 속에서 기학 전통의 유의미한 해석에 관심을 갖고 있다. 지은 책으로『철학에서 이야기로─ 우리 시대의 노장 읽기』『이기주의를 위한 변명』등이 있다.

김종락 ── 경북 경주에서 멀지 않은 산골 농가에서 태어났다. 대학을 졸업하고 군대를 마친 뒤, 문화일보 기자로 일했다. 땅으로 돌아가는 단순한 삶을 꿈꾸며 강원도 산골에 밭을 마련하고 손수 오두막을 지었다. 그러나 서울 생활을 청산하지 못한 채 주말과 휴가를 이용한 농사만 6년째 계속하고 있다.

김종성 —— 공부를 통해 세상에 참여하는 삶을 고민하다가 학교도서관에 관심을 갖고「한국 학교도서관 운동사 연구」로 부산대학교에서 박사학위를 받았다. 지금은 계명대학교에서 학교도서관과 독서 문제, 어린이 도서관 관련 서비스에 관심을 가지고 가르치고 배우면서 책과 도서관으로 건강해질 세상을 꿈꾸며 살고 있다.

김종휘 —— 혼자 글 쓰고 만화 그리고 음악 듣고 상상하며 컸다. 서른 살까지 사회 운동에 참여했으며, 출판 기획, 음반 제작 등을 했다. 문화평론가 및 기획자로 활동하면서 하자센터 기획부장과 노리단 단장을 맡고 있다. 지은 책으로『아내와 걸었다』『일하며 논다, 배운다』『내 안의 열일곱』『너 행복하니?』『놀자 깨자 비틀자』등이 있다.

김택환 —— 중앙일보 멀티미디어랩 소장, 미디어전문기자로 있다. 독일 본 대학교에서 언론학 박사를 받았다. 한국언론연구원(현 언론재단) 책임연구위원, 중앙대학교 언론대학원 객원교수, 미국 조지타운대 초빙교수를 지냈다. 한국신문협회 한국신문상을 수상하기도 했다. 지은 책으로『미디어빅뱅』등이 있다.

김화성 —— 〈동아일보〉스포츠전문기자다. 손기정기념재단 이사와 '육상월드' 편집위원으로 있다. 지은 책으로『문득 고개 들어 세상 보니』『한국은 축구다』『CEO히딩크 게임의 지배』『박지성 휘젓고 박주영 쏜다』『책에 취해 놀다』등이 있다.

민경배 —— 인터넷 재미에 빠져 밤새는 줄 모르다가 사이버 공간에 새로운 사회가 만들어지고 있음을 깨닫다. '사이버문화연구소'를 설립하고 인터넷 세상에 대한 글쓰기를 시작하다. 인터넷 사회운동 연구로 고려대 사회학과에서 박사학위를 받다. 지금은 경희사이버대학교 NGO학과 교수로 인터넷을 통해 시민운동을 가르치다.

박석환 —— 복합문화기업인 ㈜시공사에서 콘텐츠연구실장으로 있다. 만화책으로 글을 익힌 탓인지 만화와 책, 콘텐츠의 표현형식과 전달방식에 심취해 있다. 1997년 스포츠서울 신춘문예에 당선되면서 만화평론가로 활동중이다. 지은 책으로『잘가라 종이만화』『코믹스만화의 세계』등이 있다.

박해천 —— 한국 과학기술원 산업디자인학과 박사 과정에 있으며, 몇몇 대학원에서 디자인 역사와 이론을 강의한다. 〈디자인|텍스트〉 01-02, 〈D.T.1〉을 기획, 편집했다. 옮긴 책으로『인터페이스-디자인에 대한 새로운 접근』『디자인 앤솔러지』(공역), 함께 쓴 책으로『한국의 디자인: 산업, 문화, 역사』『열두줄의 디자인사』등이 있다.

백은하 —— 〈씨네21〉 취재기자로 일했고, 2004년 9월 11일, 무역센터가 허망하게 무너졌던 날, 뉴욕으로 떠났다. 그 뒤 영화 에세이 『안녕 뉴욕』과 함께 한국에 돌아왔다. 2006년 엔터테인먼트 웹진 〈매거진t〉를 창간했고 지금까지 편집장으로 있다. 지은 책으로 『우리시대 한국배우』 등이 있다.

서화숙 —— 〈한국일보〉 편집위원. 2005년부터 〈한국일보〉에 '서화숙칼럼'을 쓰면서 개발 중심의 주택정책을 비판했으며 서울시가 공영주택 건축비를 낮추는 데 기여했다. 2006년 봄에는 관훈저널 기고를 통해 부동산 투기를 부추기는 언론의 보도태도를 가장 앞서 비판했다. 동화작가이기도 하다.

원종원 —— 순천향대 신문방송학과 교수, 뮤지컬 평론가 등으로 활동하고 있다. 〈오페라의 유령〉〈지저스 크라이스트 수퍼스타〉 등을 번역했으며, 〈비밀의 정원〉 예술감독, 〈미스 사이공〉 예술 자문 등을 맡은 바 있다. 지은 책으로 『뮤지컬 티켓 없으면 훔쳐라』 『원종원의 올 댓 뮤지컬』 등이 있다.

유호종 —— 서울대학교 철학과에서 박사 학위를 받았다. 미국 케이스 웨스턴 리저브 대학 생명윤리학과에서 연수했고, 죽음, 사형, 생명, 낙태, 배아복제, 우생학, 안락사, 의사 환자 관계 등을 주제로 논문을 썼다. 지은 책으로 『떠남 혹은 없어짐-죽음의 철학적 의미』 『고통에게 따지다』 등이 있다.

이송희일 —— ㈔인디포럼 작가회의 의장을 맡고 있다. 2006년 첫 장편영화 〈후회하지 않아〉로 베를린 영화제 파노라마 부문에 초청을 받았다. 만든 영화로 〈언제나 일요일같이〉〈슈가 힐〉〈굿로맨스〉〈마초 사냥꾼〉〈나랑 자고 싶다고 말해봐〉〈동백아가씨〉〈후회하지 않아〉 등이 있다.

이희용 —— 연합뉴스 여론매체부 차장, 문화부 대중문화팀장을 거쳐 엔터테인먼트부장으로 있다. 2006년에 한국방송기자클럽 홍성현언론상(매체비평 부문)을 수상했다. 한국언론재단의 '주간 미디어 리뷰'를 비롯해 여러 매체에 글을 쓰며, 개인 블로그blog.yna.co.kr/hoprave도 운영하고 있다. 함께 쓴 책으로 『기자가 말하는 기자』가 있다.

정민영 —— 월간 〈미술세계〉 편집장과 미술경제전문지 월간 〈아트프라이스〉 편집이사를 각각 지냈다. 현재 ㈜아트북스 대표이사이자 미술교양지 계간 〈이모션〉 편집인이다. 함께 쓴 책으로 『일그러진 우리들의 영웅』이 있고, 함께 엮은 책으로 무크지 『무대뽀 1,2』가 있다.

조우석 —— 〈중앙일보〉 기자. 서강대 철학과를 졸업한 뒤 신문기자 생활만 28년째다. 문화일보 문화부장과 중앙일보 문화전문기자를 거쳤고 문화부에서 주로 일하며 '문화통 기자'로 평가받고 있다. 지은 책으로 『한국사진기자론』 『배추가 돌아왔다』, 옮긴 책으로 『지구를 구하자』 등이 있다.

조주은 —— 이화여대 여성학과 박사과정을 수료했다. 서울시립대학교에서 강의를 하고 있으며 '어머니급식당번폐지를위한모임'을 통해 어머니들의 행복한 세상 만들기에도 열심이다. 지은 책으로 『현대가족이야기』 『페미니스트라는 낙인』 등이 있다. 누구라도 읽고 이해할 만한 글을 써야 한다는 글쓰기 원칙을 가지고 있다.

조현설 —— 고려대·동국대 연구교수를 거쳐 서울대 국문학과 교수로 있다. 지은 책으로 『동아시아 건국신화의 역사와 논리』 『문신의 역사』 『우리 신화의 수수께끼』, 고전을 풀어 쓴 책으로 『사랑 사랑 내 사랑아』 『손가락에 잘못 떨어진 먹물 한 방울』 『유충렬전』 『장화홍련전』 『심청전』 등이 있다.

최샛별 —— 이화여자대학교 사회학과 조교수로 있다. 문화사회학, 상류계층연구, 예술사회학, 대중문화연구에 관심을 가지고 있으며, 한국사회의 문화자본연구, 상징적경계의 이동, 한국과 미국, 중국, 일본 4개국 사회정체성 비교연구, 동아시아 지역정체성 연구를 수행중이다. 함께 쓴 책으로 『영어, 내 마음의 식민주의』 등이 있다.

하지현 —— 서울의대를 졸업한 정신과 전문의로, 지금은 건국대 의대 정신과 교수로 있다. 토론토 정신분석 연구소에서 연수를 했고, 정신분석학회 홍보이사, 편집위원으로 맡고 있다. 지은 책으로 『전래동화속의 비밀코드』 『관계의 재구성』 등이 있다.

한기호 —— 1998년에 한국출판마케팅연구소를 설립, 소장으로 있다. 지은 책으로 『희망의 출판』 『디지털과 종이책의 행복한 만남』 『우리에게 온라인 서점은 과연 무엇인가』 『e-북이 아니라 e-콘텐츠다』 『디지털 시대의 책 만들기』 『한국출판의 활로, 바로 이것이다』 『출판마케팅입문』 『디지로그 시대 책의 행방』 『열정시대』 등이 있다.

함인희 —— 이화여대 사회학과와 동대학원을 졸업한 뒤 에모리 대학교에서 사회학 박사학위를 받았다. 현재 이화여자대학교 사회학과 교수, 경력개발센터 원장으로 있다. 함께 쓴 책으로는 『변화하는 사회, 다양한 가족』 『한국사회의 문화변동과 세대』 『한국사회의 일상과 몸』 등이 있다.

현병호 —— 교육운동 관련 일들을 해왔다. 대안적인 교육과 삶을 이야기하는 격월간지 〈민들레〉 발행인과 〈공간 민들레〉 대표를 맡고 있다. 펴낸 책으로 『사람됨의 교육, 그 대안을 찾아서』 『두려움에서 자유로운 교육』 등이 있다.

29개의 키워드로 읽는 한국 문화의 지형도

발행일 2007년 7월 30일

발행인 한기호

발행처 한국출판마케팅연구소

출판등록 2000년 11월 6일 제10-2065호

주소 서울 마포구 동교동 184-17 경문사빌딩 4층

전화 02-336-5675　**팩스** 02-337-5347

이메일 kpm@kpm21.co.kr

홈페이지 www.kpm21.co.kr

ISBN 978-89-89420-49-1

값 16,000원

공급처 ㈜송인서적　전화 02-491-2555　팩스 02-439-5088